DU MÊME AUTEUR

Aux Éditions Gallimard

LE PROCÈS-VERBAL (Folio n° 353). Illustré par Baudoin (Futuropolis/Gallimard)

LA FIÈVRE (L'Imaginaire n° 253)

LE DÉLUGE (L'Imaginaire n° 309)

L'EXTASE MATÉRIELLE (Folio Essais n° 212)

TERRA AMATA (L'Imaginaire n° 391)

LE LIVRE DES FUITES (L'Imaginaire n° 225)

LA GUERRE (L'Imaginaire n° 271)

LES GÉANTS (L'Imaginaire n° 362)

VOYAGES DE L'AUTRE CÔTÉ (L'Imaginaire n° 326)

LES PROPHÉTIES DU CHILAM BALAM

MONDO ET AUTRES HISTOIRES (Folio n° 1365, Folio Plus n° 18, Classico Collège n° 34)

L'INCONNU SUR LA TERRE (L'Imaginaire n° 394)

DÉSERT (Folio n° 1670)

TROIS VILLES SAINTES

LA RONDE ET AUTRES FAITS DIVERS (Folio n° 2148 et Écoutez lire)

RELATION DE MICHOACÁN

LE CHERCHEUR D'OR (Folio n° 2000)

VOYAGE À RODRIGUES, *journal* (Folio n° 2949)

LE RÊVE MEXICAIN OU LA PENSÉE INTERROMPUE (Folio Essais n° 178)

PRINTEMPS ET AUTRES SAISONS (Folio n° 2264)

ONITSHA (Folio n° 2472)

ÉTOILE ERRANTE (Folio n° 2592)

PAWANA (La Bibliothèque Gallimard n° 112)

LA QUARANTAINE (Folio n° 2974)

POISSON D'OR (Folio n° 3192)

Suite des œuvres de J.M.G. Le Clézio en fin de volume

HISTOIRE DU PIED

et autres fantaisies

J.M.G. LE CLÉZIO

HISTOIRE DU PIED

et autres fantaisies

nouvelles

nrf

GALLIMARD

Il a été tiré de l'édition originale de cet ouvrage quatre-vingt-dix exemplaires sur vélin pur fil des papeteries Malmenayde numérotés de 1 *à* 90.

HISTOIRE DU PIED

Un

Une surface plane, molle, incurvée au centre, mais pas entièrement évidée.

Ridée, un peu.

Au repos, allongée, ou bien debout, reposant à la verticale au soleil, non loin de la mer. Qu'est-ce qui fait se recroqueviller les cinq doigts de chaque pied, non pas vraiment se recroqueviller, tendus plutôt, arqués vers le haut, écartés, comme on dit en éventail. L'idée du froid, sans doute, la masse mouvante de la mer qui déferle au bord de la plage, non pas le bruit de la mer (les pieds peuvent-ils entendre ?) mais le souffle du vent du large, le souffle venu des profondeurs de l'horizon et remontant la côte au moment de la marée, et glissant sur la jeune femme en bikini, hérissant chaque poil le long des jambes, caressant la peau d'une main froide, le ventre au nombril orné d'un piercing vert, les seins dans le soutien-gorge aux bonnets triangulaires, jusqu'au visage renversé, abandonné, lui, complètement, les yeux révulsés derrière les paupières closes, les cheveux voltigeant s'emmêlant jusqu'à cacher le visage, une mèche folle détachée des autres qui va et vient d'une joue à l'autre par-dessus le pont du nez entre les yeux.

Mais le pied, lui, ne s'abandonne pas. Debout, face au vent et à la mer, comme s'il surveillait, comme s'il résistait. Contre quoi, contre qui ? Tous les muscles et tous les tendons sont prêts, bandés, non pas relâchés. Mollesse de la plante, apparente. À l'intérieur, les nerfs sont tirés, les osselets, les cartilages à leur place. Pas de repos. Pas de sommeil.

C'est une longue histoire. Cela a commencé vingt-six ans auparavant, quand Ujine est venue au monde. Encore tendre, comme flottant dans l'eau. La plante des pieds et la paume des mains toutes fripées, rougies. Les doigts très souples, que sa mère a comptés tout de suite pour être sûre qu'il n'en manquait pas, qu'il n'y en avait pas un de trop. Le gros orteil qu'Ujine suçait pour s'endormir, la jambe pliée jusqu'à son visage, les bras autour des cuisses, comme une sorte de nœud de chair rose, tiède et douce, très chaude, vivante. C'était au temps longtemps. Maintenant, Ujine ne connaît plus le goût de son gros orteil, c'est devenu lointain, étranger. Différent. Tout juste un souvenir, celui de sa mère qui lui a dit un jour : « Tu ressemblais à Bala Râma, le frère de Krishna, en train de sucer son orteil assis sur sa feuille de lotus sur l'eau des rivières. » Maintenant sa mère n'est plus là. Son souvenir la renvoie à un temps qui n'existe pas. Cela s'appelle la solitude, sans doute.

Pour savoir, elle a demandé à Marc, son petit ami, de prendre son gros orteil dans sa bouche. « Quel goût ça a ? » Marc est amoureux. Il aime les histoires étranges, les incartades à la banalité des jours. « Ça a le goût du lait », a-t-il dit, après réflexion, et ses yeux riaient. Il voulait goûter à toutes les parties de son corps, mais Ujine s'est rétractée. Elle a repris son orteil. « Espèce de pervers », a-t-elle dit. Mais elle n'a pas voulu expliquer pourquoi. « C'est toi qui me l'as demandé. » Ujine a mis la main sur sa bouche. « Embrassons-nous, c'est mieux ! »

Cela s'appelle donc la solitude. Être seul comme un gros orteil. Bien sûr la compagnie des autres doigts, les deux pieds. Mais cela ne rend pas leur solitude moins pesante. Sans voir, sans parler. Si loin de la bouche. Si loin de l'âme.

La terre. Le corridor interminable, carrelé en mosaïque noir et blanc, qui conduit à l'escalier de ciment. Du granito. Quelque chose qu'on ne fait plus depuis longtemps, importé d'Espagne, de minuscules dés de pierre de toutes les couleurs qu'on polit longuement à la meule électrique, jusqu'à faire cette surface lisse, froide, et les pieds nus alors se recroquevillent, forment des arcs, marchent sur les côtés, sur les talons, pour fuir le contact avec cette pierre autrefois hérissée de pointes, que le poli n'a pas complètement abrasée.

« Mais tu marches comme un pingouin ! »

« Ujine, tiens-toi droite, marche normalement, enfin ! »

« Cette fille a les pieds plats, il faudra l'emmener voir l'orthopédiste. »

Les pieds plats. Trop longs, affaissés, les pieds qui manquent de cambrure. Des pieds de garçon. Des pieds de vache, ont dit les filles à l'école. Il fallait les corriger, alors, les punir. Les enfermer dans des bottines à tiges métalliques, les exercer, les dominer. Une, et deux. Une, et deux.

« Sur la pointe, Ujine, sur la pointe ! »

Le plancher de la grande salle de danse, avec ses lames vernies, glissantes, au grain très doux, et la douleur qui entre comme une lame, force les orteils, serre, brûle les tendons et remonte le long des jambes, jusqu'aux hanches, jusqu'à l'aine.

« Je ne peux plus, madame, j'ai trop mal.

— Allons allons, pas d'apitoiement sur soi-même, mademoiselle. Une, et deux. Une, et deux. »

Et la longue canne du maître à danser, qui touche ses fesses, touche son dos, à peine, légèrement, et les pieds reçoivent la décharge électrique qui les jette, les fait bondir, les fait voler !

Courir. Après des années, courir. Sur la plage de sable fin, en Bretagne, la lieue de grève comme on l'appelle, le sable durci par le vent et la mer à marée basse, courir de plus en plus vite, en sautant par-dessus les goémons et les taches grises des méduses échouées, courir de plus en plus loin, les pieds volent sur la plage, plongent dans les flaques en jetant des gerbes de gouttes salées et tièdes.

« Ujine ! U-jine, arrête-toi ! »

Être libre, à seize ans. Frapper le sol, s'élancer, voler l'espace de quelques secondes. Danser, bondir. Comme si le sol renvoyait les coups, ici, n'importe où. Sur le ciment des trottoirs, sur le goudron des routes. Les rondeurs sous les orteils, les coussins de peau souple et dure, les talons ronds comme des galets, usés, très doux, et les tendons sensibles sous la peau, cet avers de la vie, avers de l'être, sans cesse sur le sol, sans cesse en contact avec la terre, sur lequel repose tout le poids de l'existence, quarante-deux kilos de femme, dans sa robe de travail, dans son complet trois-pièces gris anthracite, dans le hall où elle accomplit son boulot d'hôtesse d'accueil, pour le salon du Prêt-à-porter ou du Cheval, le salon du Pacemaker, des Éditions médicales, des Agents de voyage...

« Vous porterez obligatoirement des escarpins à talons. »

« Ni baskets ni ballerines. »

« Chaussures fermées. »

Les rires des autres filles, leurs plaintes aussi :

« Mes pieds, mes pauvres pieds ! »

« Ils me tuent ! »

« Je ne les sens plus. »

« J'ai l'impression d'avoir des sabots de bois. »

Et après cela, le bain d'eau chaude, calmant, émollient, pour dormir, pour oublier, les orteils debout au fond de la baignoire, dix îlots surnageant dans la mer de mousse, une famille de petits canards. Comme jadis, toute petite, la voix de sa mère en train de compter et recompter :

« Un deux trois quatre cinq... et dix ! Et dix ! » Tenant

le dernier comme avec une pince, petit bout rose avec son minuscule ongle de nacre.

Avancer, toujours.

Frapper du bout du soulier, et porter le poids sur le talon minuscule. Un apprentissage. La première fois, c'était naguère, Ujine était encore petite. Elle avait mis les souliers de sa maman, trop grands, c'était comme marcher avec des boîtes. C'était pour entendre le bruit, clac-clac sur le plancher du salon, et les applaudissements et les rires de maman, de tante Annie, de papy Robert, de papy Dany, de tonton Jacques. Leurs rires, leurs commentaires. « Une vraie petite femme ! — Et puis tu as vu comme ça la cambre ! — C'est incroyable, c'est tout de suite un bout de femme, le dos creusé, les fesses sorties ! »

Mais la vraie première fois, c'était longtemps après, pour une fête, un mariage peut-être. Une grande salle sonore, un plancher de bois verni, une véranda, un jardin d'hiver décoré de guirlandes, de plantes en pots, l'air était parfumé, un orchestre jouait quelque part, des *trotts*, des mambos, du cha-cha-cha. Ujine a enfilé les escarpins en cuir dur, elle était pieds nus malgré la fraîcheur du printemps.

C'était la première fois, elle avait l'impression de flotter, plus grande que la plupart des hommes, plus mince, plus haute, les talons devaient mesurer douze centimètres, tout à coup le sol était lointain, léger, au début elle le touchait du bout du pied, attendant le contact des talons, très précautionneusement, l'un, puis l'autre. Elle dansait. Ses pieds s'envolaient maintenant, portés par le rythme de la musique, les talons claquaient sur le sol, servaient de pivots, tout était devenu facile, rapide.

« Vous dansez bien, mademoiselle. — Vous allez souvent en boîte ? » Elle y était allée, après cette permission, tous les week-ends, même tous les soirs pendant les vacances. Le bac était loin. C'était ça la chose urgente, la chose à faire en priorité, cette aventure qui commençait sa vraie vie, qui faisait d'elle une femme, une vraie femme, plus une enfant timide et dépendante. Ce n'étaient plus le tango ou le *trott*, c'étaient les danses violentes, sauvages, sous les coups de la guitare basse et de la batterie, un rythme mécanique, oppressant, serré, à peu près le rythme du cœur qui bat dans les artères. Le sang pulsait du bas vers le haut, pressé par les tendons, par les muscles des mollets, les muscles des cuisses. Le sang montait à la tête, si loin la tête, enflammait les joues, enivrait le cerveau. Mais c'était le sang venu du sol, de la piste de danse phosphorescente, le sang venu de la plante des pieds, le sol qui ondulait et frappait ses pieds, la musique cachée, libérée par coups sourds dans tout son corps. « Tu es belle, tu danses comme une pro, tu es bandante, regarde, tous les garçons te désirent quand tu danses ! » Elle n'écoutait pas. Elle ne voulait pas qu'on s'approche. Dans les boîtes, les garçons venaient toujours par-derrière, à toucher, jusqu'à la frôler, c'était un petit jeu, ils se branlaient contre ses fesses. Elle avait ça en horreur, elle les repoussait d'une bourrade, la main à plat sur leur poitrine, elle sentait la sueur qui trempait leurs T-shirts. Ils étaient vicieux, minables, ils s'écartaient un instant, comme de petits chiens peureux, puis ils revenaient.

Ses jambes nues, tous ses muscles tendus, son ventre plat, son nombril percé d'un bouton vert pomme, couleur de ses yeux. Elle rentrait à quatre heures du mat', crevée, énervée, électrique, elle se jetait sur son lit sans même se déshabiller, juste quatre heures de sommeil avant le cours, psycho demain, puis *commercial english*, un peu de maths, n'importe quoi, elle n'y pensait même pas. Ses plantes libres, endolories, les orteils en éventail, la musique qui frémissait encore, un tremblement dans ses fibres, une racine électrique qui ne mourait pas, et cela glissait, s'en allait, hors d'elle par la peau dure des talons, par les phalanges des doigts, par les ongles.

C'était l'année où sa mère était morte à l'hôpital d'un cancer du pancréas, il n'avait pas fallu trois mois. On l'avait enterrée dans le petit cimetière de Villejuif, mais comme elle était bouddhiste on l'avait d'abord brûlée dans un four. Son père parti pour le tour du monde, jamais revenu.

Ujine ne pouvait plus s'en passer. Elle savait courir, sauter, marcher, attendre, perchée sur ses talons de douze centimètres, appuyée sur le bout des orteils. Elle pouvait tout, oui, elle pouvait tout faire. Ben, son petit ami du moment, se moquait un peu. « Comment vous faites, les nanas, pour tenir en équilibre là-dessus ? » Lui, avec ses éternelles baskets, des trucs rouge et blanc comme des bottines de scaphandrier. Il lui arrivait à l'épaule. « C'est ce qu'on sait faire de mieux, nous les nanas, comme tu dis, tu n'étais pas au courant ? »

Dans le métro, en retard pour les cours comme toujours, en retard pour le boulot au salon Ambassador à l'aéroport, pour accueillir les P-DG, les Parfumeurs, les Cosmétiques. Elle descendait les marches, elle les remontait deux par deux, les talons bloqués contre le nez de marche, elle courait sur les pavés mouillés, à travers les chaussées craquelées, sur la terre caillouteuse des chantiers. Mais elle n'aimait pas les tapis mous et parfois elle était prise au piège des grilles de débordement, et les terrasses en caillebotis étaient ses ennemies. Les employeurs lui pardonnaient, ils l'aimaient bien parce qu'elle avait ce type eurasien, les cheveux clairs et les yeux obliques, et qu'elle était mince comme une liane, ça faisait bien dans les salons, ils disaient qu'elle portait bien les robes fourreau noires. « Pourquoi tu crois qu'on t'engage, hein ? Parce que tu es jolie, voilà, mais ça ne te dispense pas d'être à l'heure. »

Chaque matin. Se lever, poser la plante du pied sur le carrelage froid. Après le sommeil (l'amour, le rêve). « Bonjour ! » L'étonnement du premier contact. Les doigts recroquevillés sur le pavé. Marcher. « Tu marches avec les talons ! » Les mots de cette vieille, une vieille fille sans aucun doute. C'était le premier appartement d'Ujine, un studio au cinquième sans ascenseur, c'était si bon et si enivrant la liberté, ne plus avoir à répondre à personne, ne plus supporter les vannes de son frère, les reproches de son père. Mais la vieille au quatrième, juste en dessous — une prof de lettres, mal lunée, mal fagotée, mal baisée. Elle l'attendait derrière sa porte et, quand Ujine passait, elle l'interpellait, elle lui barrait le passage avec son bras maigre, elle la touchait du bout de ses doigts froids. « Un instant, mademoiselle ! » Un peu effrayante malgré sa maigreur et sa petite taille, ses cheveux teints en roussâtre, ses yeux gris pareils à des boutons de fièvre. « Je voudrais vous faire une observation. » Des années qu'Ujine n'avait pas eu peur d'une prof, elle repensait sans doute à Mlle Doux qui ne portait pas bien son nom, méchante, rusée, hargneuse, ses mauvais points, ses coups de règle sur les doigts, ses doigts crochus qui s'accrochaient aux cheveux des petites filles, les arrachaient très lentement, et Mlle Doux riait de les entendre pleurer à petits cris de souris, haï ! haï ! haï !

« Mademoiselle, est-ce que vous savez que vous marchez sur les talons ? » Avant même une réponse, elle continuait : « À vous voir, mademoiselle, on pourrait penser que vous êtes légère, une vraie sylphide, là, là, avec vos ailes, pfuii ! pfuii ! Mais quand on habite en dessous, boum ! Boum ! Vous devenez un éléphant ! Les talons en avant, et je cogne ! Je piétine ! J'ai des charrues aux pieds ! » Ujine s'était enfuie, elle descendait les escaliers quatre par quatre, la rampe tremblait, et la voix aiguë de Mlle Doux la poursuivait, la rattrapait : « Les talons ! Vous marchez sur les talons ! Sur les talons ! »

Alors Ujine devait vivre pieds nus, même les claquettes faisaient du bruit. Dérouler la plante du pied, lentement, les orteils d'abord, appuyer le talon doucement, dou-ou-ce-ment !

L'amour, c'était inattendu, inespéré.

Elle avait rencontré Samuel alors qu'elle n'y croyait plus. Ça n'avait pas été facile. Il n'allait pas dans les endroits qu'elle avait l'habitude de fréquenter, les bars à sushis, les clubs, les restos. Il ne dansait pas. Il n'aimait pas les karaokés. Il aimait les choses simples, c'est ce qu'il disait. Les promenades au bord de la rivière, sur les chemins de halage. La piscine, mais le soir, quand il n'y avait pas d'enfants. Il aimait en particulier une piscine au décor Belle Époque, carrelée de vert plutôt que de bleu, avec ses petites loggias décorées de fleurs de lotus en mosaïque. Délicatement démodée.

C'était là leurs premiers rendez-vous. Elle n'oublierait jamais le contact des carreaux verts, froids, mouillés, le pédiluve gluant, les marches de l'escalier en demi-lune qui s'enfonçait dans l'eau fraîche. C'était juin, le début de l'été. Dehors il faisait lourd, il pleuvait. L'eau ruisselait sur les vitres du toit, les lampes faisaient des étoiles aux poutres de béton. Neuf étoiles, elle les avait comptées en glissant sur le dos, assourdie par le bonnet de bain en caoutchouc (« C'est obligatoire ici, avait précisé Samuel, ils sont très stricts sur les questions d'hygiène. »). Samuel respectait tous les interdits, il observait à la lettre les règlements. C'était son genre. Au début, il était si délicat. « Excusez-moi, mademoiselle... » Il s'excusait pour tout. Pour lui prendre la main, pour frôler sa poitrine. Pour lui poser des questions personnelles, ou pour ne pas répondre aux questions. « Excusez-moi, je ne peux pas parler de cela tout de suite. » Il avait eu une maîtresse à vingt ans. Il l'avait avoué en détournant les yeux. « Peut-être qu'il est pédé ? » Ç'avait été la réflexion de Mado, une copine du boulot. Ça les avait fait bien rire. Il avait des pieds très grands, très longs. Il était si grand, deux mètres? Ujine avait toujours aimé les hommes grands. Des pieds longs et minces, l'orteil médian qui dépassait les autres, est-ce qu'on appelait ça le pied égyptien ? Ujine avait été tout de suite amoureuse de ses pieds. Bien sûr, lui n'en savait rien. Ujine se serait tuée plutôt que d'avouer quelque chose d'aussi bête. Surtout qu'elle détestait ses propres pieds, elle détestait leur forme, trop plats, la couleur pâle, les orteils boudinés. Elle se souvenait de la première fois qu'elle en avait entendu parler. Elle était avec des filles, au camp d'été, au bord de la rivière, il faisait chaud, personne n'avait de maillot, elle avait retroussé son pantalon pour laisser l'eau froide couler sur ses jambes. La mono était arrivée. Elle avait dit à Ujine : « Alors, mademoiselle-avec-les-gros-orteils ? » Ujine avait mis une ou deux minutes à comprendre, mais les autres filles avaient attendu moins longtemps, elles répétaient : « Mademoiselle-gros-orteils ! Mademoiselle-gros-orteils ! » Pourquoi n'avait-elle pas oublié ? Elle avait essayé de lutter. Elle avait porté des sandales à bouts fermés, des socquettes, elle ne mettait jamais de tapettes, de claquettes, elle disait, ça me fait mal, ça m'arrache la peau. Puis elle avait pris l'habitude de peindre ses ongles en rouge vif. Puisque j'ai de gros orteils, autant qu'on les voie tout de suite ! Et puis ça lui était égal maintenant.

Samuel s'était excusé après le premier baiser. Il s'était

excusé après avoir fait l'amour. Au lieu de demander, comme les autres : « C'était bien ? », il avait dit timidement : « Je ne t'ai pas fait mal ? » C'était ridicule, mais Ujine avait été touchée. Tout était si différent avec lui.

Plus tard, elle avait eu cette révélation : « Mais il a des pieds d'artiste ! » Peut-être que ça expliquait tout — comme on aurait dit d'un pianiste, c'est normal, il a des mains faites pour ça. L'idée l'avait fait sourire.

La couleur de sa peau, mate, brune, presque entièrement dépourvue de poils. Elle détestait tellement les hommes qui ont des poils sur leurs orteils, sur le dessus des pieds, des cheveux sur les bras ! Ça n'avait aucune excuse ! Cette idée ridicule de la virilité. Samuel était viril, lui, il était très grand et très fort et très doux, solide avec des jambes épaisses, stable comme une statue, lent et calme, dans une foule il dominait d'une tête, il se penchait toujours un peu pour écouter, il ne parlait pas beaucoup. Il ne se mettait jamais en colère. Sauf une fois, à son travail à la banque, un sous-chef acariâtre, qui avait pris Samuel en grippe, jaloux, irascible. Samuel s'en fichait. Il laissait dire, il avait seulement son petit sourire moqueur, du genre, va toujours, tu ne m'impressionnes pas. Avec une des employées de bureau, une fille un peu lente, le bonhomme avait été odieux, il l'avait insultée, la fille pleurait, et Samuel s'était interposé. « Vous ne pouvez pas lui parler de cette façon ! » L'instant d'après, il avait été convoqué dans le bureau du sous-chef. Le sous-chef était assis dans son fauteuil de P-DG, derrière son énorme bureau, et d'un geste il avait montré à Samuel une chaise, pas n'importe laquelle, une chaise extra-basse, un tabouret, au ras du sol. Sans obéir, Samuel était resté debout, et à la fin le sous-chef s'était décontenancé, il avait marché vers lui, menaçant, ses petits bras un peu écartés, avec ce drôle de tic dans les épaules, comme s'il essayait de se grandir, debout sur ses petits pieds, malgré ses talons il n'arrivait pas au-dessus de la poitrine de Samuel. Il avait bredouillé des phrases, il n'avait plus su quoi dire. À la fin, il avait conclu : « Ce sera tout pour le moment. »

Samuel a raconté la scène à Ujine, il avait son petit sourire triomphant, un peu vaniteux. C'était comique, a-t-elle pensé, de le prendre en flagrant délit d'orgueil, comme si d'être grand lui donnait une supériorité, comme s'il y était pour quelque chose. En même temps elle s'est sentie rassurée d'être avec lui, avec quelqu'un de si grand, qui n'avait peur de personne. Quelqu'un d'aussi simple. Elle était si petite, si faible, même le poids de sa tête lui semblait trop lourd à porter ! Elle n'a tout de même pas résisté au plaisir de le taquiner : « Comme c'est romantique ! Un monsieur qui prend la défense d'une pauvre jeune fille dans une banque ! » Elle a ajouté : « Elle était mignonne, au moins ? » Samuel lui a envoyé un de ses regards froids qui signifiait qu'il n'appréciait pas le persiflage. Mais elle s'est blottie contre lui, elle a appuyé sa tête sur la vaste poitrine. « Allez, je plaisante, je suis très fière de toi. » Lui bougonnait : « Ce n'est pas ce que je — et puis merde ! Tu m'énerves ! » Mais elle écoutait son cœur battre, des coups lents et profonds, il lui semblait qu'à côté de ce grand cœur le sien s'agitait à toute allure comme un grelot. Elle a même pensé, ce cœur est à moi, il bat pour moi, mais c'était une phrase qu'elle ne pouvait pas lui dire. Il n'aurait pas aimé entendre ça, il voulait faire croire qu'il n'appartenait à personne.

Elle était plus légère. Elle n'avait jamais imaginé une chose pareille. Elle marchait dans les rues, au sortir de la Fac de droit, tout le monde se plaignait, il faisait chaud, il pleuvait, les chaussées étaient embouteillées, trop de monde sur les trottoirs, les cours étaient chiants, le prof de droit public ânonnait, son accent traînant, ses blagues à deux balles, sa façon de pencher la tête en lisant ses notes d'une voix monocorde, cet ennui qui flottait dans l'air comme une haleine lourde... Et Ujine, elle, avait envie de courir, de danser. « Qu'est-ce qui t'arrive ? T'as vraiment l'air en forme ! » La copine Micha la regardait d'un air sarcastique. Est-ce que ça n'était pas ridicule ? Tout ça pour un garçon, qu'elle ne connaissait pas depuis six mois, qui était entré dans sa vie sans qu'elle y prenne garde, et tout était changé ? Il n'y avait plus d'ennui, plus de tristesse ? Elle voulait raisonner. « Non, c'est juste le bonheur d'exister, rien d'autre. — Ça c'est original, c'est nouveau ! Alors on ne meurt plus, on n'est plus malade, tout va bien dans le monde ? — Juste un petit moment d'oubli, disons, un entracte, une saute d'humeur. — Un bonheur égoïste, quoi ? — Si tu veux, il faut être con pour ne pas être égoïste. »

Ça ne se raisonnait pas. Le sol devenu élastique, rebondissant, des millions de petits ressorts, des millions de bulles, les articulations chaudes, le courant électrique qui traversait son corps, qui passait par ses jambes, ses bras, en marchant elle ouvrait et fermait les phalanges pour sentir sa liberté, elle souriait aux gens qui la prenaient pour une folle.

Elle s'étonnait. C'était donc ça, l'amour ? Comme une auréole au-dessus de sa tête, comme une carapace invisible, elle se sentait bien à l'abri, au cœur, elle se sentait invincible. Un fluide, elle dansait.

Elle allait aux rendez-vous sans arrière-pensée. Samuel ne voulait rien de sûr, rien de défini. Il disait : « Bon je t'appelle, hein ?» Mais il n'avait jamais donné son téléphone. Il disait qu'il n'avait pas de portable, il avait seulement un numéro au travail, à la banque, et pas question de l'appeler là. Peut-être qu'il se cachait derrière son travail, derrière ses parents. Il avait parlé un peu à Ujine de sa mère, une femme fragile, elle n'avait que lui depuis la maladie de son père. Ils vivaient dans le même immeuble, sur le même palier. Quand il tardait à rentrer le soir, elle appelait la police, les hôpitaux. C'était un peu absurde, un garçon de trente-cinq ans, mais en même temps Ujine était émue de son amour filial. Elle n'avait personne, sa mère morte, son père au diable, son frère ailleurs, pas intéressé. C'était peut-être pour cela qu'elle se sentait si légère, si libre. L'amour était un vent violent et elle avait toute la liberté pour résonner comme une harpe d'herbe, tourner comme un moulin à vent, sentir ce mouvement qui s'était déclenché au centre d'elle-même, un vertige au creux de son estomac, un pivot qui vibrait en tournant. C'était pour cela que le sol était élastique, sous ses pas, sonore, tendu, sans une ride, sans un creux.

Les gens la regardaient maintenant, dans la rue. Au boulot, à la Fac, dans les magasins, elle sentait qu'elle attirait leurs regards. Quelque temps auparavant, elle aurait eu honte. Elle aurait cherché ce qui n'allait pas, elle se serait cachée derrière ses cheveux, elle aurait rabattu sur son visage la visière de sa casquette. Mais maintenant, elle courait au rendez-vous avec Samuel, ou simplement elle pensait très fort à lui, et les regards glissaient sur elle. Elle se sentait protégée par une aura, à l'intérieur d'un halo de lumière. Elle voyait le visage de l'aimé, l'éclat de ses yeux bruns, la ligne de ses sourcils et de son nez, l'ourlet parfait de ses lèvres.

Elle n'avait même pas besoin de se préparer. Elle était tout le temps prête, et quand son téléphone vibrait, la petite fenêtre s'éclairait, numéro inconnu, elle savait que c'était Samuel, elle courait à la rue de la Banque, le bistro d'en face, avec tous les jours les mêmes habitués, des vieux radoteurs et des jeunes abrutis par les jeux électroniques. Elle attendait et il arrivait. Il entrait dans la salle, il la cherchait des yeux, et ça la faisait sourire parce qu'il ne la reconnaissait pas, il était le seul à ne pas la voir, il fallait qu'elle se lève et qu'elle fasse des gestes. Il buvait un café noir à la hâte, et puis ils partaient ensemble, ils allaient chez elle. Il ne voulait pas qu'on les voie marcher ensemble, il se tenait un peu en retrait, sans parler. Elle pensait qu'elle aurait bien aimé qu'il la tienne par la main, qu'il l'enlace. Mais il avait imposé ses règles : « C'est mon quartier de travail ici, je déteste les ragots et tout ça, tu comprends ? » Au début, ça l'avait agacée, elle voulait dire des choses aigres : « Tu as honte ? » Peut-être même qu'elle l'avait dit, mais lui ne cédait jamais. Elle aimait bien qu'il ait des règles, qu'il ne se laisse pas aller comme font les autres garçons, elle prenait cela pour un jeu. C'était du reste ce qu'il lui avait dit, un jour, comme un compliment : « Tu joues bien à mon jeu. » Sans comprendre pourquoi, ça lui avait fait plaisir.

C'était un tourbillon qui l'emportait. Elle aimait tellement ce sentiment de mouvement qu'elle ne ressentait plus la privation de sa liberté. Plus rien n'avait d'importance, l'honneur, l'amour-propre. À côté de ce sentiment il n'y avait que des vanités.

Quand son esprit se rembrunissait un instant, pour une remarque désobligeante, pour un rendez-vous manqué, pour un silence froid, pour une vétille, son corps, son cœur ne s'y arrêtaient pas, ses pieds volaient, l'emmenaient en courant jusqu'à la rue de la Banque, jusqu'au bistro d'en face, elle parcourait le chemin entre la Fac et l'autre côté de la ville sans fatigue, sans reprendre son souffle, sans ressentir le poids des bouquins dans son sac en bandoulière, ni le froid, ni la pluie, ni la soif. Le téléphone avait vibré trois fois, puis s'était éteint, et ce petit bruit disgracieux ouvrait un courant d'air dans son corps, relançait les ailes du moulin à vent.

Au bistro, certains jours, Samuel choisissait son menu, il lisait attentivement la carte crasseuse, une salade de thon, une tarte aux pommes, toujours un café serré, il interrogeait Ujine du regard, comme s'il avait oublié.

Mais elle n'avait pas faim, pas soif, elle se nourrissait de le regarder, elle mangeait et elle buvait de lui, le halo qui l'entourait, l'électricité qui brillait dans son corps, les étincelles dans ses cheveux noirs, tout cela que Samuel était le seul à ne pas concevoir. Jusqu'à la nausée.

Si elle disait : « J'ai un peu mal au cœur », il prenait cela à la lettre. « Alors tu préfères rentrer te reposer ? » Elle se ressaisissait. « Non, non, ça ira. » L'idée qu'il pourrait repartir lui avait donné le vertige.

Ujine avait fait quelque chose dont elle ne se serait pas crue capable. Elle était allée à l'hôtel avec Samuel, plusieurs fois. C'était minable et moche. Mais lui avait l'air d'aimer ça. Il avait dit : « Je ne peux pas aller chez toi. » Ujine n'avait pas demandé pourquoi. De toute façon il n'aurait pas répondu. Peut-être qu'il agissait ainsi pour qu'elle sache qu'il n'y avait pas de réponse.

Quand ils faisaient l'amour, il était différent. Il était tendre, il était doux et gentil. Elle aimait regarder son grand corps sans vêtements, sa peau mate, une peau de métis comme la sienne, elle reniflait l'odeur de sa peau. Cette odeur-là, il lui semblait qu'elle l'avait toujours connue, attendue, elle s'en pénétrait pour la garder avec elle quand ils étaient séparés, pour continuer à sentir sa présence, à s'en imprégner. Même dans les chambres d'hôtel minables (le grand miroir devant le lit, le distributeur de capotes, le nécessaire à parfums cheap, savons, crèmes, vaseline, mouchoirs en papier, le poste télé branché sur les chaînes X), elle capturait de la brillance, de la lumière, de la beauté, pour les jours et les semaines à venir, pour préparer un long voyage dans l'absence.

Alors la vie était légère, aventureuse. Ujine (Samuel l'appelait « Jeans » parce qu'elle était vêtue la plupart du temps ainsi, une paire de jeans, une chemise blanche d'homme, des sandales à hauts talons, il lui avait dit un jour que c'était la tenue féminine la plus excitante pour un homme) changeait de peau, changeait de sang. Elle avait trouvé que ses pieds devenaient chauds, eux qui étaient ordinairement deux blocs glacés. Elle le lui avait fait remarquer : « Sens, je n'ai plus les pieds froids ! » Ça ne lui avait pas paru extraordinaire. « Moi non plus ! — Mais toi, tu as toujours les pieds chauds, les hommes ont toujours les pieds chauds et les femmes les pieds froids, tu ne savais pas ça ? » Il haussait les épaules : « Tu dis n'importe quoi, je connais des femmes qui ont les pieds chauds. » Elle l'avait interrompu : « Ah oui ? Et qui sont ces femmes, s'il te plaît ? » Elle faisait semblant de rire, de se dépiter, mais en réalité, chaque fois, elle sentait un pincement au cœur, une alarme, qui la sortait de son illusion, la ramenait à la réalité, à la solitude. C'était donc ça, la jalousie ? Quel ridicule.

Mais leurs pieds s'emmêlaient, et quand il posait sa plante large et musculeuse sur l'intérieur de sa cuisse, elle tressaillait de plaisir.

Il y avait des moments incroyablement longs, après une nuit, ils avaient fait l'amour, lui avec appétit, même un peu de violence, il voulait toucher et goûter toutes les parties de son corps, sans parler, il voulait y promener son sexe gonflé, décalotté, et quand il s'était déchargé en dehors d'elle — depuis un moment il ne mettait plus de capotes —, il s'endormait tout de suite, bouche en haut, il ronflait même un peu à cause de son grand nez. Ujine l'aurait détesté. Mais elle s'abandonnait au sommeil, enroulée contre son grand corps, pour capter sa chaleur, l'emmagasiner au fond d'elle, c'était sa nourriture, son souffle. Et quand elle se réveillait, la première chose qu'elle faisait c'était de tâter à côté d'elle pour vérifier que Samuel était encore là dans le lit. Sans même ouvrir les yeux, elle le cherchait, elle posait son bras sur son torse, et elle se rendormait.

Et dans la lueur de l'aube ils restaient étendus sur le matelas, immobiles, silencieux. Lui dormant encore, mais d'un sommeil léger, elle à demi réveillée. Leurs pieds reposaient, ceux de Samuel sur le côté, la voûte fripée et les orteils écartés, Ujine les pieds bien droits, dégagés du drap, les orteils relevés pour mieux saisir la caresse du jour, pour fixer la surprise des rêves. Rien au monde ne pouvait troubler les amants, rien ne pouvait interrompre leur repos. C'était un temps extrait de l'infini, sans pensées, sans sagesse. Dehors, dans les rues et les avenues, encerclant la façade de stuc blanc de l'hôtel, les grondements reprenaient. Les bennes de ramassage des ordures faisant claquer leurs mâchoires, le cri ahanant des autobus relâchant l'air comprimé, les raclements, les grincements, les claquements, et au plafond de leur chambre, comme reflété dans l'eau, le clignotement des feux de recul, et petit à petit un bruit doux, lointain, qui sortait de terre par les bouches d'aération, la rumeur des premiers banlieusards qui arrivaient en ville, les autos aveugles qui cherchaient à tâtons des places de parking. Au loin, plus loin encore, irréel, peut-être un chant, ou une prière, ou un poste de radio qui ressuscitait dans une cuisine, tout seul, pour donner l'heure. Mais sur le matelas les pieds étaient encore immobiles pour quelques instants, calmes, un peu majestueux, blancs comme des statues de marbre, si proches de la mort.

Deux

Elle n'en avait jamais assez. Elle était sans cesse sur le qui-vive, prête à tout.

« Il te fait marcher », avait commenté la copine Rita, au sortir des cours. Ça l'avait fait rire. Exactement, pensait Ujine, c'était ça, très exactement ça. Samuel la faisait marcher. Elle parcourait des lieues, chaque jour, pour faire se rejoindre tous les morceaux de sa vie, de chez elle à la Fac de droit, de la Fac à la rue de la Banque, puis l'hôtel (le plus souvent celui qui avait nom Merbeau, personne n'aurait pu deviner pourquoi), puis, quand Samuel retournait chez ses parents, à travers les rues sans but, là où la portaient ses pas perdus, le plus loin, dans des quartiers pas possibles, des zones sinistrées, sombres, dangereuses. Mais Ujine n'avait peur de rien, elle avait seulement besoin d'être dehors, de ne pas rester en place, de marcher dans la nuit zébrée de lumières, de flashes, de néons.

Cet été-là, elle a senti quelque chose d'étrange, de nouveau. Un vide qui grandissait, qui s'établissait en elle. C'était étrange parce qu'elle savait depuis quelques jours qu'elle était enceinte. Elle savait même exactement comment c'était arrivé, ils étaient allés en voiture dans la campagne, très loin par une route de terre au milieu des champs d'eulalies, et pendant que la nuit tombait ils avaient fait l'amour dans la voiture, et elle s'était aperçue qu'elle n'avait pas sa boîte de préservatifs, lui n'en emportait jamais, et quand il s'était répandu en elle elle avait senti quelque chose de nouveau, une sorte de certitude, suivie tout de suite d'inquiétude. Un frisson qui l'avait parcourue de la nuque jusqu'à la plante des pieds. Plus tard elle avait voulu le lui dire, mais elle n'avait pas su comment, elle ne savait même pas en quels termes on dit ces choses-là, du genre : « Tiens, au fait, tu ne sais pas ? J'attends un enfant. » Ou sur un ton faussement enjoué : « Chéri, je suis *si* heureuse !... » Dramatique peut-être : « Tu m'aimes ? J'ai vraiment besoin que tu m'aimes... »

De la fatigue. Dès qu'elle était dehors, dans la rue, elle titubait, elle s'appuyait aux murs, elle avait le vertige. Ses pieds s'écartaient légèrement, comme s'ils savaient, eux, qu'Ujine avait déjà à porter un poids supplémentaire, ils s'appuyaient bien à plat sur le sol, en canard, comme on dit, et Ujine avait dû remplacer ses escarpins à hauts talons par des ballerines, des tennis, ou le plus souvent des tongs. Elle avait besoin de sentir la terre sous ses pieds, ferme et solide.

En même temps, elle avait arrêté de fumer, sans y avoir réfléchi. Samuel s'étonnait : « Ah bon, tu as décidé ça pourquoi ? » Lui continuait d'allumer tranquillement ses cigarettes, il n'avait pas vraiment envie d'entendre des explications. Elle aurait pu sauter sur l'occasion, lui en donner la raison, mais elle ne l'a pas fait, peut-être parce qu'il s'en fichait qu'elle fume ou pas. Elle a essayé : « Tu ne veux pas t'arrêter un peu, en même temps que moi, ça m'aiderait à tenir le coup. » Il a répondu : « Et pourquoi j'arrêterais, ça me fait plaisir de fumer et je m'en fous de mourir. » Il répétait quelquefois à ce sujet : « Ne plus boire d'alcool, ne plus fumer, et mourir en pleine santé ! » Ujine s'est sentie abandonnée. « Et pour me faire plaisir ? » En même temps, elle savait bien ce que Samuel répondrait, toujours sa formule pessimiste : « On naît seul, on meurt seul, on dort seul, c'est la seule chose dont on soit sûr. »

Elle était si fatiguée. À Charlotte, une copine de Fac rencontrée par hasard, elle s'est confiée. « La seule chose que j'aimerais, c'est être quelqu'un d'autre. » La fille l'avait regardée sans comprendre. Ujine n'avait pas osé continuer, c'était trop intime. La gynéco, elle, n'était pas allée par quatre chemins. « Vous êtes encore à moins de trois mois, on peut arrêter si c'est ça que vous voulez. »

C'était très simple en effet. Il suffisait de dire oui, de prendre rendez-vous à la clinique. Pourquoi ne l'a-t-elle pas fait ? Elle n'en savait rien. La fatigue, peut-être, la solitude. Ou bien le besoin d'aller plus loin, par curiosité, d'aller pour une fois jusqu'au bout, puisque ça dépendait d'elle, de personne d'autre.

Ses pas la portaient chaque jour à la rue de la Banque, par habitude. Elle attendait le moment où Samuel sortirait du bureau, entre deux rendez-vous, l'air las, la cravate en tire-bouchon, deux taches de sueur sur sa chemise, sous les bras. Elle laissait partir les collègues, et lui attendait au bord du trottoir qu'elle vienne le rejoindre. Elle l'écoutait se plaindre, elle buvait chaque phrase, les mots retentissaient deux ou trois fois dans son esprit, elle pensait qu'elle était comme ces femmes mariées qui accueillent leur mari sur le pas de la porte, pour entendre leurs histoires de travail. Elle savait qu'elle l'écouterait quand il ne serait plus là, elle s'allongerait toute seule sur son lit et elle répéterait dans sa tête les bribes de conversation.

« ... j'en ai marre de tout ça, j'en ai marre de leurs têtes, de leurs coiffures... tu sais, je regardais tout à l'heure le type qui est assis juste devant moi au bureau, il me tourne le dos, je regardais sa nuque... Il perd déjà ses cheveux, il n'a même pas quarante ans, je pensais que je serai comme lui dans quelques années, l'ennui m'aura bouffé, m'aura tassé, tous les jours tous les jours, suivre la même ornière, faire les mêmes gestes. »

Mais pourquoi ? Ujine inventait les réponses, les objections, tout ce qu'elle n'avait pas osé lui dire. Tout ça n'est rien, rien du tout. C'est le détail, c'est une ride à la surface de l'existence, ça ne vaut même pas la peine qu'on en parle, ça n'est rien quand on partage tout le reste, quand on sait ce qui est vrai, ce qui est beau dans la vie, chaque seconde qui passe. Il n'y a pas d'ennui, pas de routine, si on vit avec quelqu'un, on partage tout ça et on n'est pas seule, jamais seule, c'est un instant dans la vie, un instant immense...

Pourquoi est-ce qu'elle attendait autant ? Lui, ne la

regardait même pas. Il buvait son expresso, sa cigarette fumait au bout de ses doigts, le vent chaud emportait la fumée vers le ciel. Il regardait la fumée, la suivait des yeux. Elle voulait sourire, dire quelque chose de drôle, d'intelligent, comme elle savait faire autrefois, ces petits mots d'humour, jeux de mots, qui scintillaient comme des lucioles et qui attiraient autour d'elle des amis, des filles de la Fac, des aventureux en quête de flirt qu'elle envoyait ensuite balader. Mais à présent, elle sentait un nœud dans sa gorge, dans son esprit, un vide dans son ventre. C'était la faute de l'enfant qui s'installait, qui prenait son énergie. Elle restait sur son lit, elle regardait la nuit venir à travers les lattes des stores. Elle sentait des larmes couler sur sa joue, mouiller l'oreiller, elle ne savait pas d'où venait toute cette eau.

Un soir, Ujine a commis l'irréparable. Samuel était parti, missionné par la banque, des affaires à l'étranger. Il avait seulement envoyé un message sur son téléphone, quelques mots. Comme à son habitude. Les mots, c'est juste pour communiquer. Les actes plutôt, disait-il, vivre dans l'instant. Avant de partir, un adieu : fais comme si je ne reviendrai jamais. Mieux vaut la liberté.

Alors, après des jours passés à attendre, pour rien, pour personne, Ujine est sortie de sa torpeur. Il faisait très chaud, les orages tournoyaient autour de la ville. Une rumeur de moteurs, de tonnerre, la vibration des trains souterrains.

Maintenant, elle ressentait de l'impatience, du besoin. Plus de mots, agir. Samuel l'avait dit. Je dois faire comme s'il ne reviendra jamais. Comme lorsqu'on regarde à l'arrière d'un train le pays se dérouler à l'envers. Cet arbre, cette maison, ces enfants, ce chien, je les vois, je ne les reverrai jamais. Elle ne chercherait pas d'excuses. Un vide à combler, une bulle qui se gonflait, pleine de reflets et de mirages.

Ujine s'est habillée, pour la première fois depuis des jours et des jours, comme pour aller à un rendez-vous d'affaires. Le style que Samuel aimait bien, jupe tailleur grise, chemise blanche, escarpins à hauts talons. Elle a coupé sa frange, elle a mis les boucles d'oreilles en corail rose que Samuel lui avait données pour son anniversaire, un rouge à lèvres qui va avec, une touche de sent-bon sur le cou. Le miroir lui a renvoyé l'image d'une jolie fille qui n'a pas froid aux yeux, ses yeux verts en amande, sa bouche à la lèvre inférieure gourmande, les incisives brillantes, couleur de perle. Elle se souvient de la première fois que Samuel l'a présentée à ses collègues de la banque, une grande femme, la cinquantaine un peu sèche, qui l'a examinée : « Mais c'est qu'elle est ravissante ! Est-ce qu'elle est actrice ? » Rien que pour cela Samuel n'a jamais voulu qu'une telle rencontre se renouvelle, il déteste ce genre de remarques, il avait répondu : « Non non, c'est une étudiante tout simplement. » Plus tard il avait dit, une actrice, et puis quoi encore ? Est-ce que je sors avec des actrices moi ? Je suis un petit employé de banque, j'ai une vie ordinaire. Mais Ujine aimait bien le rendre jaloux. Cela la faisait rire qu'il puisse être jaloux.

Dans le métro qui roulait vers l'aéroport, les gens la regardaient un peu sournoisement, les femmes détaillaient ses habits, commentaient ses chaussures bleu électrique, son sac en vinyle bleu, ses boucles d'oreilles. Un homme, la quarantaine fatiguée, un peu bellâtre, avait son regard fixé sur elle, elle sentait ses yeux qui glissaient le long de son corps, sur ses seins, son ventre, ses pieds, remontaient, redescendaient. Elle a pensé aller vers lui, lui parler durement : « Alors, vous êtes satisfait ? Vous voulez que je bouge un peu, que je tourne ? » Mais c'était bon aussi de n'être plus qu'une image, de n'avoir plus rien à l'intérieur, plus d'angoisse, plus de bulle qui gonfle.

Ujine est restée debout au long des quatorze stations qui la séparaient de l'aérogare. Quand elle est entrée dans le hall, elle a compris que c'était sans espoir. La foule, les lumières, la queue devant les guichets d'enregistrement, elle ne pourrait pas contrôler la situation. Elle connaissait le jour, il reviendrait ce soir-là. Rien d'autre. Samuel ne disait jamais où il allait, il détestait qu'on l'accompagne, qu'on vienne le chercher. Il disait toujours : « Les voyages sont pénibles, les adieux ridicules. » Il avait des idées sur tout. Il disait aussi : « Partir pour ne jamais revenir, ça c'est l'idéal. »

Ujine aimait les aéroports. Pour elle qui ne voyageait jamais, c'était un lieu où on est déjà parti avant même de partir. Elle aimait le brouhaha, les annonces incompréhensibles précédées d'un grelot, le tonnerre lointain des avions en train de décoller qui ébranlait le sol et les vitres, le regard égaré des partants, troublé de ceux qui restent, la lassitude des revenants. Tout ce que Samuel détestait. Il en parlait comme d'un enfer organisé. Lui, ce qu'il aimait, c'était rester chez lui à lire un bouquin, ou bien aller à moto à toute vitesse à travers les champs, sur les routes sinueuses de montagne. Il ne disait jamais où il allait. Une fois il a commenté : « Je voudrais mourir à moto comme Lawrence d'Arabie. »

Et toutes ces villes, tous ces pays dont les noms s'affichaient sur les moniteurs, Séoul, Tokyo, Osaka, Guam, San Francisco, Denver, Rome, Berlin, Abu Dhabi, Bangkok, Angkor, Manille, Maurice, Mexico. C'était comme si Samuel allait partout. Ujine courait, à gauche puis à droite, vers les portes d'arrivée, elle essayait d'apercevoir les visages, de reconnaître une stature, un vêtement, une couleur de cheveux, une démarche. Elle avait acheté au stand de journaux un bloc et un marqueur, elle voulait écrire en gros un nom, pas Samuel bien sûr, il ne lui pardonnerait jamais, un nom, n'importe quel nom, un mot qu'il verrait de loin et qu'il reconnaîtrait, MERBEAU, le nom de l'hôtel où ils allaient, ou bien MILES DAVIS, parce qu'il aimait bien, ou WINGS, parce que c'est là qu'il l'emmenait parfois manger un sandwich en sortant du bureau. Mais sa main n'arrivait pas à écrire, elle tremblait comme si c'était une décision capitale. Alors ses pieds l'emmenaient malgré elle d'un bout à l'autre de l'aérogare, elle écoutait le bruit de ses talons claquer sur le carrelage, clac, clac, clac, cela résonnait dans sa tête, dans son corps, cela lui donnait le vertige, mais ses pieds ne pouvaient plus s'arrêter, il fallait qu'ils marchent, qu'ils aillent plus vite que tout le monde, pour ne pas rater un instant, une arrivée de passagers.

L'après-midi est passé, puis le soir. À travers les grandes glaces de l'aérogare, Ujine a vu la nuit tomber, les lumières roses des lampadaires s'allumer, et les phares des voitures qui coulaient régulièrement le long du trottoir, ralentissaient, déversaient des gens, repartaient en montrant les feux de frein et de position, les clignotants, certains rapides tic-tic-tic, d'autres lents et lourds, kitong, kitong. Passaient les bus climatisés, les navettes, les camionnettes d'entretien. Parfois une voiture de police, très lentement et soupçonneuse, frôlant le trottoir à la manière d'un squale.

Pour lutter contre la fatigue, Ujine s'est assise à la buvette, non loin d'une porte de contrôle. Elle a bu un thé vert très chaud dans un gobelet en carton, à petites lampées. La serveuse lui a parlé, quelque chose concernant manger, ou peut-être encore un peu d'eau chaude pour le thé ? Ujine la regardait sans comprendre, elle devait avoir l'air tellement perdu que la femme a ajouté, sa voix était douce, comme quelqu'un qui éprouve de la sympathie, ou de la pitié, vous ne vous sentez pas bien, mademoiselle ? Ujine a répondu vaguement, un geste de la main, elle a bredouillé, si si, tout va très bien. À ce moment-là, elle ne savait plus pourquoi elle était là. Ses pieds avaient tellement gonflé qu'elle avait ôté ses escarpins, posé son sac à main sur la chaise à côté d'elle. Les gens à la table voisine faisaient du bruit, une famille, des obèses plus ou moins, l'homme et la femme se disputaient, à propos d'argent ou d'autre chose, et le garçon de quatorze ou quinze ans, déjà gros comme ses parents, regardait Ujine sournoisement, un pli sarcastique sur sa bouche enflée. Puis il y a eu vraiment des éclats de voix, comme si ces gens allaient se battre comme des chiens, et la serveuse s'est arrêtée pour regarder. Puis le couple s'est réconcilié, ils se sont même embrassés, c'était pathétique et un peu dégoûtant, et la famille a fini par s'en aller. Et là, le café est redevenu vide, parce qu'il devait être tard dans la nuit, et les passagers étaient moins nombreux, quelques retardataires qui couraient après leurs chariots, qui tiraient leurs valises dont une roue était folle et s'agitait sur le carrelage en faisant un tac-tac-tac de mitraillette, une sorte de train fantôme zigzaguant entre les obstacles, filant vers les portes obscures. Ujine a appuyé sa tête sur ses bras croisés sur le plateau de la table. La tasse de thé avait refroidi depuis un bon moment, le silence s'installait dans l'aérogare, Ujine entendait distinctement le grésillement des barres de néon au plafond.

Ensuite il n'y a plus eu personne dans le hall. À la terrasse du café, la serveuse empilait les chaises, épongeait le comptoir, ficelait les sacs-poubelle remplis de cannettes de soda et de cartons de sandwiches. De temps en temps, elle jetait un coup d'œil vers Ujine, l'air de dire : je te comprends, je connais ta tristesse, il ne viendra pas ce soir... L'air d'une chanson, *Tombe la neige...* Est-ce qu'elle l'a sifflotée en balayant? Ujine la détestait de son faux apitoiement, ce truc entre femmes, est-ce qu'elle demandait quelque chose? Est-ce qu'elle avait quoi que ce soit en commun avec cette fille de salle, humiliée, dolente, cette espèce d'éternelle victime confite dans sa soumission aux hommes, incapable de s'en sortir, incapable d'un autre sentiment que la culpabilité ? Sa méchanceté lui donnait le vertige. Oui, j'aime un homme, il ne vaut pas tripette, mais je suis la seule responsable. J'ai mal au cœur et au ventre, j'ai les jambes qui flageolent et c'est comique, c'est mon bégaiement, ma glissade sur une peau de banane, sur une merde de chien. Je tombe mais je sais en rire, alors que toi... Ujine a rassemblé ses forces, elle s'est levée, elle a enfilé ses chaussures, elle s'est même étirée, pour montrer qu'elle s'était beaucoup ennuyée, à moitié endormie. Elle a repoussé la chaise, elle est partie lentement, son sac en bandoulière. Elle était sûre que les yeux de la serveuse étaient fixés sur elle, observaient son dos. Il ne fallait pas trébucher, pas montrer de faiblesse. Elle s'est dirigée vers une porte et elle est sortie.

Dehors, dans la nuit, c'est le vide qui la saisit. Le vent souffle, le ciel est opaque, d'une couleur rose inexistante.

Au sommet de la tour, il fait encore chaud malgré la saison. Ujine sent ses poils se hérisser, sur ses bras, ses jambes, le long de son dos. Une piqûre glacée sous les aisselles. Elle est arrivée comme une automate, il lui semble que ce sont ses pieds qui l'ont portée jusque-là, les talons des escarpins bloqués aux contremarches de l'escalier de béton qui résonne d'un bruit de métal.

L'hôtel est très haut, trente-trois étages, terminés par le toit-terrasse. À la réception, le concierge n'a pas fait de problème. Avec son tailleur gris, son sac, ses escarpins à hauts talons, le bonhomme a cru reconnaître une silhouette familière, en prenant l'empreinte de la carte bancaire, il a commenté : « ... une bonne nuit de repos après un long vol... » Ujine a souri, du sourire qu'elle trouvait le plus digne d'une hôtesse de l'air. Samuel aimait bien raconter pour la rendre jalouse ses aventures avec des hôtesses de l'air, c'est tout ce qu'il ramenait de ses voyages, à New York, à Abu Dhabi, à Tokyo. En plein ciel. *Fuck a duck and learn to fly !* Elle a ricané en soufflant à cause des marches trop raides.

L'escalier a débouché sur le toit d'un coup, elle a dû forcer pour pousser la porte de métal contre le vent, une fouettée d'air humide qui contrastait avec l'atmosphère confinée de la cage d'escalier. Des odeurs, des quantités d'odeurs, comme dans une forêt. Ujine ne s'attendait pas aux odeurs, elle essayait de les déchiffrer, goudron chaud, kérosène des moteurs d'avion bien sûr, et aussi odeur de la mer, très lointaine, mêlée aux champs d'eulalies de la campagne, une odeur lourde et sucrée de marécage.

Ujine a retiré posément de son sac toutes les bouteilles. Ce sont de petits flacons d'alcool, provenant du frigo de la chambre, des échantillons plutôt, de quoi remplir un verre. Vodka, gin, Kahlúa, des liqueurs vertes et jaunes, de l'alcool blanc dans des bouteilles vertes ventrues, du saké, du soju, qu'elle boit d'un trait, parce que c'est doux et sucré. Elle s'est assise par terre, les jambes de côté pour ne pas déchirer la jupe du tailleur. Elle a abandonné les escarpins devant la porte du toit, le sol est recouvert d'une peau élastique et verte, très fraîche, quelque chose de doux qui fait penser à un animal marin, elle aime marcher pieds nus sur ce toit. Elle se sent libre. Elle pense à la mer, quand elle marchait sur la plage à marée basse, et qu'elle regardait les empreintes se refermer derrière elle.

Elle sirote les petites bouteilles, l'une après l'autre. Ça la fait sourire, elle se souvient maintenant que Samuel lui avait dit un soir où ils buvaient dans un Karaoké du centre, toi tu tiens bien l'alcool, tu sais boire comme un homme ! Lui, après deux verres, avait la tête qui tournait, il devenait sentimental, il disait n'importe quoi, sa tête tombait sur l'épaule d'Ujine ! Ses yeux étaient bizarres, comme s'il avait quatre prunelles !

Elle s'est calé le dos contre le bloc des cheminées. Le compresseur de la clim fait vibrer le sol. Devant elle, pardessus le muret, la ville est étendue, la ville qui ne dort jamais. Loin, au-delà des autoroutes éclairées en jaune, les boulevards extérieurs, les premiers immeubles et, plus loin encore, le scintillement des maisons, les tours, les usines à gaz, les gares de triage, les flèches des églises soulignées de néons rouges. Les taches aveugles des jardins publics, les terrains vagues, la vallée sombre du fleuve.

Ujine imagine que dans toute cette ville il y a quelqu'un qui pense à elle, peut-être. Samuel, petit comme une tête d'épingle, comme une amibe. Si elle appelait, si elle criait son nom, est-ce qu'il l'entendrait ? Si elle pensait à lui très fort, en serrant ses tempes entre ses mains, est-ce qu'il se retournerait dans son sommeil, est-ce qu'il regarderait vers l'horizon ? Est-ce qu'il la verrait dans ses rêves ?

Tout d'un coup elle se plie sur elle-même, elle reçoit un coup à l'épigastre. Elle ne s'y attendait pas, le souvenir revient avec violence, la submerge, la fait étouffer. Elle geint un peu, elle sent les larmes qui montent de tout son corps et débordent de ses paupières, coulent dans sa bouche. Avec Samuel, ils sont sur cette route qui serpente dans la brume le long de la mer du Nord, à travers des collines d'eulalies. Elle se souvient, elle ne connaissait pas leur nom, elle appelait ça des herbes, et Samuel avait expliqué, il avait même donné le nom latin, ce sont des plantes de la Chine ou du Japon. Eulalie, elle aimait bien ce nom très doux. Samuel a arrêté la voiture dans une clairière, au bout d'un chemin de terre. À travers le pare-brise piqué de gouttelettes, ils regardent ensemble les écharpes de brume qui circulent au ras des plantes. La lueur du jour qui se lève éclaire le ciel d'un éclat multiplié par les gouttes de rosée. Les hautes tiges sont immobiles, légères, fusantes, exultantes. Il n'y a pas un bruit. Ujine entend la vibration de son cœur, et elle pose son oreille sur la poitrine de Samuel pour écouter le rythme qui bat à la même cadence, un coup court, un coup long... C'est un moment de bonheur comme elle croit n'en avoir jamais connu avant. Elle pense à toutes ces années de solitude, à la mort de sa mère à l'hôpital, à l'angoisse de devoir travailler, de devoir trouver une place dans le monde. Elle ne dit rien, lui aussi se tait, elle sait qu'elle l'aime et qu'il l'aime, elle en est sûre, rien ne pourra jamais effacer cet instant, hors du monde, hors du temps.

Ce n'est pas le souvenir qui la submerge. C'est une

sensation enfouie depuis l'enfance, une brûlure, une souffrance, une joie, une remontée du tréfonds. C'est relié à la vie qui est installée dans son ventre, cette chose qui s'accroche à elle et lui donne le vertige.

Ujine est debout maintenant au bord du précipice. Elle écarte un peu les bras de son corps, comme des ailes à peine soulevées. La lumière de l'aurore est devant elle, déjà, elle entre jusqu'au fond de ses yeux et la baigne d'un appel irrésistible. Je viens, pense-t-elle, je vais venir. Elle sent ce regard insistant autour d'elle, un regard sans yeux qui la pénètre et la transperce, elle voit dans le ciel nu un visage qui se dessine, un pâle et lisse visage sans traits, pareil à la lune en train de naître. C'est une voix, un appel, pour rejoindre l'infini, être libre, voler, sans mémoire, sans souffrance, suspendue entre ciel et terre, entre deux vies, jusqu'au rêve.

Elle est sur le rebord du toit. Ses orteils s'agrippent avec force au ciment, elle sent sous chaque phalange le granulé piquant et froid, rendu friable par les pluies et les vents qui passent sur l'immeuble depuis sa construction. Dans l'esprit d'Ujine, dans sa tête, déjà le grand saut vers le parking, son corps disloqué ouvert, le sang qui envahit sa gorge et couvre ses yeux d'une taie écarlate, le sang qui coule en ruisseaux entre les roues des voitures arrêtées. Tout cela qui fait un bruit, non pas un bruit, mais une clôture mince qui entoure le ciel, la mer, l'aérogare et même les champs d'eulalies.

Ses pieds refusent. Les doigts se sont écartés, ils sont forts, indéracinables. Ils ne lâcheront pas le rebord de ciment. Ils jettent leur onde jusqu'au centre du corps d'Ujine, ils transforment ses jambes en poteaux de fer, ils bandent la corde spinale et rejettent sa tête en arrière ! Ils n'écoutent pas le chant des sirènes ! Ils sont vivants, et ils ne veulent pas mourir !

À reculons, Ujine marche sur le toit. Instinctivement elle a appuyé ses mains contre son ventre. Elle se laisse glisser par terre, au milieu des cadavres de bouteilles bues, des mégots fumés, dont beaucoup ne sont pas à elle. D'autres gens sont venus ici avant elle, se sont saoulés, puis sont repartis sains et saufs pour continuer leur vie.

Ujine reste là, tassée contre la souche de cheminée qui n'arrête pas de vibrer, de souffler son air chaud. Le soleil éclate entre les fumées de l'horizon, les premiers avions décollent pour l'autre côté de la terre, au-dessus de la ville.

Trois

Ujine doit se défaire maintenant. Elle ne l'a pas décidé. Est-ce qu'on décide rien quand on est seule ? Mais elle n'est plus vraiment seule à présent. Elle n'est pas encore une maman, elle est double, quelque chose a changé en elle, elle ressent une gravité, une lenteur. Plus question de s'étourdir, d'aller dehors la nuit à la recherche du bonheur, ou du désespoir, plus question d'aller au hasard, à travers les collines, monter les escaliers jusqu'à en avoir mal. Tout cela, c'était bon avant. Avant quoi ? Elle s'est posé la question, elle l'a écartée comme une mouche importune. « Alors, comment vont les amours ? » Les filles, au cours de droit commercial, toujours aussi inquisitrices. Micha, Charlotte. Rita. Toutes les mêmes, avec leurs histoires, leurs complots, leurs ragots. « Tu sais quoi, ma chérie ? Tout est dans la manipulation. Tu comprends ? Ou tu manipules, ou c'est toi qui es manipulée. » C'était simple en effet. Il n'y avait qu'à choisir.

Tout paraît dérisoire. L'attente, la colère, l'orgueil blessé. Cette folie qu'a commise Ujine, aller frapper à la porte des parents de Samuel, le regard effaré de la vieille dame, la voix tremblante du père du fond de l'appartement, cette fragilité, cette banalité. Une odeur de cuisine lourde, du coq au vin, du bœuf en ragoût. « Non, mademoiselle, il n'habite pas ici, mais il vient tous les jours, ou il téléphone, laissez un message, nous le lui donnerons, quel est votre nom, je vous prie ? » Ujine a balbutié, toujours mauvaise pour inventer un nom, pour mentir : « Merbeau, Mlle Merbeau, merci, madame, désolée de vous avoir dérangée. » Quand le jeu n'est plus un jeu, devient un pari stupide, un ressassement, une grimace, et qu'il n'y a pas, qu'il n'y aura pas de réponse. « Non, non, merci, pas la peine d'écrire un message, c'est sans importance, excusez-moi. » La vieille dame, son bloc-notes à la main, son crayon à bille. Ujine a eu le temps de lire un en-tête au nom d'une compagnie d'avions, un cadeau du Voyageur sans doute, est-ce que ça provenait d'une de ses hôtesses de l'air ? Elle n'a pas attendu que la vieille dame ferme la porte, elle a pressé le bouton d'appel, mais elle n'a pas attendu que l'ascenseur arrive, elle a dévalé les escaliers, les huit étages, mais la minuterie s'est arrêtée, elle a dû descendre les deux derniers étages à tâtons, le cœur battant, les mains moites. Ça ne s'oublie pas.

Il ne fallait pas laisser revenir le vide. Chaque minute, chaque seconde compte. Il faut marcher, aller aux cours, à la Fac de droit, à la chambre de commerce, chercher du travail, s'inscrire à la gym, aux visites de musées, aux randonnées, au chant, aux ateliers. Marcher, parler, écouter, de toutes ses forces, du matin au soir, même la nuit, sans s'arrêter, sans penser, monter-descendre, enregistrer, compter, diviser, juger, sans jamais attendre. L'attente est un monstre vorace, cannibale. Il guette, cherche sa proie. Dans le vide se cache le visage du tyran, du grand manipulateur. Le rayer, le détruire. Apprendre à haïr ce qu'on a adoré.

D'abord, ne plus se soumettre. Ujine se souvient du temps où elle ne s'éloignait jamais de son téléphone de peur de manquer un appel de Samuel. Tout lui revient maintenant. Morceau par morceau, un tissu de mensonges et d'humiliations. Les soirées où elle est couchée sur son matelas, elle écoute la rumeur de la ville, les klaxons, les rugissements d'une moto (la moto de T.E. Lawrence sur laquelle il a cherché la mort), les sirènes des ambulances qui viennent de partout à la fois. Le téléphone posé sur le drap à côté d'elle, elle regarde le boîtier noir, l'écran aveugle. Il ne s'allume pas, il ne veut pas vibrer. « Allez, sonne ! Je t'en prie, maintenant, là, sonne ! Je compte jusqu'à cent et tu sonnes ! Je vais prendre une douche, sans me presser, je vais me laver les cheveux, et quand je sortirai de la salle de bains, je verrai le signal d'appel. Je descends dans la cour, je jette le sac-poubelle, je fais le tour de l'immeuble, comme si j'avais quelque chose à vérifier, je remonte — tiens ! Le signal d'appel ! » Elle se souvient de l'air supérieur de Samuel : « Il ne faut jamais attendre, jamais rien espérer. » Ou bien, une autre fois, elle ne se rappelle plus pourquoi : « Le monde ne répond pas à tes désirs. » Un soir, ils étaient ensemble en haut d'une colline, dans la belle auto de Samuel, le ciel était immense, un avion venait de décoller. Ujine avait-elle parlé d'avenir, ou simplement s'ils devaient se revoir le lendemain ? Samuel regardait la trace de l'avion. « C'est comme s'il suffisait de vouloir très fort qu'il tombe ! » Ujine avait ressenti une douleur près du cœur, un petit coup de poignard. Elle n'avait rien répondu, mais maintenant elle s'insurge. Quelle connerie ! Elle le dit à voix haute, peut-être que ça fait se retourner des gens dans la rue : « Quelle connerie ! Pourquoi je croirais que je peux faire tomber un avion ! » Quelle conne j'ai été ! Tout ce qu'elle n'a pas osé dire. Tout ce qu'elle a laissé dire. Ce qu'elle aurait dû dire.

Comme ce n'est pas facile de ne pas répondre au téléphone, Ujine a changé son numéro. Plus trop rien à attendre maintenant. Mais ça n'est pas suffisant. Elle veut comprendre ce qui s'est passé, comment elle s'est laissé prendre au piège. Elle essaie de remonter le cours de l'histoire. Ainsi elle pourra effacer les blessures, brouiller les traces. Les voir d'abord, avec netteté, les effacer ensuite. Toutes ces mises à l'épreuve, ces bassesses. Tout ce qu'elle a cru être un jeu, avant de comprendre qu'elle était jouée. Est-ce que l'amour suffit à cacher les offenses ? Ou bien ce n'est pas de l'amour, mais de l'amour-propre. Elle repère ses souvenirs, elle voudrait les écrire dans un livre de comptes, elle appellerait ça *Assets and Liabilities.*

Voyons, par exemple. Un rendez-vous, elle a attendu sous la pluie froide, devant le métro, parce que Samuel avait envoyé un message : *Sortie 2, 15 heures.*

Elle revient à cet endroit, pour vérifier, pour comprendre. Il y a toujours autant de monde, c'est la station près de la Bourse, avec une foule affairée qui se bouscule. Devant le métro les marchands à la sauvette, les bandes d'étudiantes qui ressemblent à des sauterelles. Le mendiant qui fait la manche, et toujours cet homme sans âge, ses cheveux teints en noir, sa figure blême, il reste debout contre le mur, il regarde passer les filles, elles lui ont donné un sobriquet, elles l'appellent Beethoven. Il a cette expression figée, la légende raconte qu'il a perdu sa fiancée autrefois, et qu'il continue à l'attendre à cette même station, tous les jours. Ujine est revenue à la sortie n° 2, maintenant elle ressent une sorte de rage à penser qu'elle a ressemblé à Beethoven, elle aussi, à attendre debout, les cheveux mouillés, à guetter l'arrivée du fiancé qui ne vient pas. Parce que Samuel n'est pas venu au rendez-vous. Mais s'il avait été là ? De l'autre côté de la rue, caché par un pilier, ou bien du côté de la sortie n° 1, ou encore en bas des escaliers, près des guichets automatiques ? Son cœur bat fort dans son cou, elle sent la colère qui l'envahit. De chacun de ces points, on voit parfaitement la sortie n° 2.

Voyons autre chose. Ce coup de téléphone, un matin, alors qu'elle sort du cours avec Micha et d'autres filles, elles doivent faire le point sur la préparation de l'exposé sur *King Lear.* Elle a quand même répondu à l'appel, elle a dit : « Ne quitte pas, je te prends tout de suite. » Aux filles elle a dit : « Commandez les sashimis, du thé vert, je reviens tout de suite. » Elle sort de la cafète, c'est trop bruyant, elle déborde d'une onde bienfaisante en approchant ses lèvres du téléphone, elle l'entend, sa voix cassante, méchante : « Je t'ai déjà dit, je déteste que tu parles à quelqu'un d'autre quand je te téléphone. Je te laisse à tes occupations. » Puis le silence, elle a beau essayer de rappeler, il n'y a personne au bout du fil. Ce n'est pas un silence qu'on peut rompre. C'est l'éternel (ou presque) silence mécanique d'une communication interrompue. Est-ce à moi qu'il a fait ça ? Et tout de suite elle donne la réponse à haute voix : « Eh bien oui, c'est à toi, tu l'as mérité, tu as accepté ! » Ne plus rien accepter désormais, plus rien de ce type, plus rien de n'importe quel autre type.

Voyons encore. Lui reviennent les manquements d'égards, les prétendues leçons de la vie. C'est bien ça qu'il appelait le Jeu. Elle a cru que c'était un jeu qu'il avait inventé pour elle, ce garçon si grand, si sûr de lui, elle était alors sa jeune fille sans expérience, sans famille, sans profession, qu'il prendrait sous tutelle et à qui il enseignerait les lois de l'existence. Une danse dans laquelle lui était le guide, elle le modèle. La seule danse qu'il aimait, le tango, et elle l'avait suivi dans cette boîte bizarre, au sous-sol d'un immeuble, où des hommes d'un certain âge virevoltaient avec des toutes jeunes femmes. Il lui avait dit qu'il fallait qu'elle s'abandonne, qu'elle se laisse porter. Maintenant elle comprend cette danse, pourquoi il aime tant cela. Une danse guindée, dramatique, et la musique du bandonéon qui grinçait dans les haut-parleurs. Elle n'y était allée qu'une seule fois. Est-ce qu'il y allait toujours ? Mais la colère lui a fait tout oublier, les pas, la musique, et même l'endroit où cela se cachait. Peut-être qu'il n'y est allé qu'une seule fois, pour lui montrer, ce jeu dont il édictait les règles, et la première règle était qu'il n'aurait jamais à les justifier.

Changer le lieu du rendez-vous à sa guise, téléphoner, envoyer un Texto concis, à sa manière : « RDV HÔTEL HILTON 13 h 30 ». Et Ujine courait, toutes affaires cessantes, bus, métro et, quand le temps manquait, taxi. Arrivait haletante, le cœur battant, les mains moites. Plusieurs fois Samuel était déjà là, l'air de s'ennuyer, les mains dans les poches, discutant avec les hôtesses d'accueil, il ne l'avait même pas reconnue de loin — ah, c'est vrai, ce garçon est très myope, mais pourquoi ne met-il pas ses lunettes ? Plusieurs fois aussi, il n'était pas là. Le hall de l'hôtel, immense, encombré de gens et vide. À la réception, personne ne le connaît. Les hôtesses — mais ce ne sont sûrement pas les mêmes — la regardent, la toisent, peut-être même qu'elles ricanent tout bas. Que faire ? C'est vrai, le Jeu interdit qu'on demande, qu'on pose des questions. Juste cette règle, que Samuel a énoncée une fois pour toutes : « Je n'attends jamais. Trois minutes après l'heure du rendez-vous, je m'en vais. » Pourquoi trois minutes ? Pour le cas où on n'aurait pas l'heure de l'horloge atomique ?

Mais qu'est-ce qui manque si fort à Ujine ? Est-ce le rendez-vous, ou bien ce bref instant de bonheur quand ils se retrouvent, lorsque Samuel semble avoir tout oublié, lorsque leurs corps se glissent l'un sur l'autre, et qu'ils ne font plus qu'un, comme dans ces jeux d'enfant où l'on rapproche son visage de l'autre pour regarder les yeux se fondre et ne faire plus qu'un ? Lorsqu'ils s'endorment côte à côte, emportés par leurs rêves, mais sur le même radeau, jusqu'à l'aube, jusqu'à la plage du réveil, et qu'elle peut regarder son corps, sentir le grain doux de sa peau en haut des cuisses, la chaleur de son épaule à l'attache du cou.

Pour effacer tout — à moins que ce ne soit pour se souvenir de tout, jusqu'à la douleur, jusqu'au nerf —, Ujine refait en sens inverse les chemins qu'elle a parcourus. Les halls des hôtels, des cinémas, les bars, l'église, les marches de la bibliothèque centrale, l'entrée du magasin Daimaru. Tous ces lieux que ses pas ont martelés, ces monuments que l'expectation avait rendus magiques, glorieux, magnifiques, brillants de néons, décorés de marbre ou d'acier, ou bien angoissants, sinistres, solitaires, arches de pont, quais de gare, bouches de métro, terrains vagues.

Que reste-t-il ? Rien, pas même l'amertume. Cette amertume que recherche Samuel, qu'il donne en exemple. Les deux pôles de l'existence selon Samuel : l'ennui, l'amertume. Elle s'en souvient, au début, elle avait répondu : « C'est curieux, moi je ne m'ennuie jamais. » Samuel avait haussé les épaules. « Je ne suis pas en train de te parler d'ennui comme tu dirais je me fais chier. » Il avait montré le café, les miroirs tachés sur les murs, les gens attablés, sa tasse pleine de liquide noir. C'était un café souterrain, installé sous les escaliers du métro, un nom bizarre, inventé, La Crêpe Michèle. « Non, je te parle de ça, tu comprends. Tout ça. » Elle avait commencé à comprendre que c'était une angoisse, une insatisfaction, elle avait senti ce qui était incomplet et qui lui serrait le cœur, comme si jusqu'alors elle n'avait jamais voulu le voir. Plus tard, dans son errance, dans sa folie, les mots de Samuel étaient revenus : « Tout ça. » L'amertume, le vide. Le goût de l'expresso. Les gens qui attendent, le vertige. Ce qui ne s'accomplira pas, ne s'accomplira jamais. Tout ça. Les leçons de vie.

Pour en sortir, la vindicte. C'est Rita, ou Micha, quelqu'un qui lui a apporté la solution. Un jour qu'elle se risquait à se raconter, à mots couverts, en parlant d'elle-même comme s'il s'agissait de quelqu'un d'autre : « Qu'est-ce que tu dirais de quelqu'un qui te demanderait de le joindre à un numéro de téléphone, et, quand tu veux appeler, le téléphone est occupé pendant une demi-heure et, quand enfin la communication passe, ça ne répond plus ? » Et la réponse, évidente : « Je dirais que le type qui s'amuse à des choses comme ça est un malade mental, et je m'en irais le plus loin possible. » C'était donc ça. Tout bonnement, un malade, Ujine a été la proie d'un malade. Elle en est devenue un peu malade à son tour.

Pour guérir, Ujine a refait en sens inverse la dernière marche, cette nuit folle où elle a failli mourir. Ses pieds l'ont guidée jusqu'au train, vers l'aéroport. Le temps a passé, l'enfant commence à vraiment exister, il n'est plus seulement une idée. Il appuie sur l'estomac, sur la vessie. Dans les toilettes de la gare, Ujine a vomi dans le lavabo. Dans le miroir, derrière son image blafarde, une femme la regarde. « Excusez-moi. » Ujine a des larmes dans les yeux. La femme s'est approchée. « C'est votre premier ? » Ujine a fait oui de la tête, elle sent une honte injustifiée. « Vous verrez, dans deux mois ça ira mieux, vous aurez même la pêche. » Elle tend un mouchoir en papier. D'ordinaire, Ujine déteste la commisération. Pourtant ici, dans la solitude des toilettes de la gare, cela lui fait du bien. Elle murmure un : « Merci » mal assuré, et elle sort sur les quais balayés par le vent froid. Elle décide de ne pas aller jusqu'à l'aérogare. Maintenant, elle en est sûre, Samuel n'est jamais parti en voyage, peut-être même qu'elle a tout inventé. Elle traverse le parking, elle marche jusqu'à l'hôtel. C'est la fin de l'après-midi, l'équipe de nuit n'a pas encore pris son service. À la réception, une jeune femme la regarde avec méfiance. Avec son teint mâché, ses yeux cernés, son manteau informe (rien encore à dissimuler, mais l'envie de s'habiller large, d'enrober ses formes), Ujine ne ressemble plus du tout à une hôtesse de l'air, une de ces hôtesses que Samuel ramenait ici.

« Est-ce que je pourrais voir une chambre ? » En posant la question, elle n'y croit pas. La pimbêche la regarde avec ironie. « Désolée, je n'ai pas le droit de faire visiter, d'ailleurs il n'y a pas de chambre disponible, vous pouvez toujours consulter notre site Internet. » Elle ment, Ujine a vu que seules trois ou quatre chambres ont leurs rideaux ouverts. Ujine revoit sa nuit sur le toit, c'est comme si tout cela était arrivé autrefois, à quelqu'un d'autre. Quelque chose tremble encore en elle, ce ne sont pas les genoux ni les chevilles. C'est dans la zone de mémoire qui se trouve en arrière de sa nuque, entre les omoplates. Elle sent la sueur qui mouille le creux de ses mains, elle s'essuie nerveusement sur son manteau. La jeune femme de la réception est carrément hostile maintenant, elle louche vers le téléphone sur son comptoir. « Est-ce que je peux faire autre chose ? » Ujine bat en retraite pas à pas. « Non, non, merci je — » Elle se dirige vers la sortie. Elle s'en va. Quand elle est au milieu du parking, elle se retourne et elle regarde le toit de l'immeuble, le rebord de béton gris contre le ciel. C'est trop haut pour les oiseaux, mais il lui semble voir une silhouette maigre, les bras écartés, assez semblable à une cigogne.

Plus moyen d'être seule, plus le temps d'être en paix. Ujine veut prendre sa revanche sur les actions perdues. Elle fait tout ce que le Jeu interdit. Elle téléphone à la banque, laisse pour Samuel des messages insensés, maintenant qu'elle a pu se procurer son numéro de portable elle envoie des rendez-vous par Texto, puis elle guette cachée dans une entrée d'immeuble, déguisée avec son manteau et des lunettes noires. Parfois il vient, il n'a pas l'air aussi triomphant, il regarde à gauche, à droite, il se retourne, il attend, il regarde son téléphone, justement Ujine vient de lui envoyer un message : « Tant pis, à un de ces jours peut-être. » C'était sa formule préférée ! Puisqu'on n'est sûr de rien, que demain n'existe pas.

Elle ne veut plus rester immobile. Elle s'est forcée à sortir, à être dehors, à rencontrer des gens. Ce sont ses pieds qui l'emmènent, elle n'a même pas besoin de réfléchir. Après les cours, la gym, pas la gym douce pour pré-mamans, mais du combat rythmique dans une salle cheap du centre-ville en compagnie de femmes fortes, sous la houlette d'une métisse très ronde et agile, Ujine a pensé que, dans ce cas, c'était de bon augure. Et une, et deux, uppercut, direct du gauche, et une, et deux, swing du droit, crochet, le corps en avant, appui sur la jambe gauche, le pied bien à plat. Tous ces mouvements inutiles, un peu ridicules, mais qui font du bien à l'âme. À ses côtés, une femme plus très jeune, qui a dû être jolie, usée par les calmants, les somnifères, elle frappe dans le vide, swingue et jabbe. Ça n'est pas difficile d'imaginer qu'elle tape sur son homme, sur son traître.

Ujine a trouvé du travail dans une agence de location, le gérant s'appelle Christian Jonquet, il tutoie Ujine, et elle le tutoie aussi, il est quadra, gay, stressé, mais elle s'entend bien avec lui. Il l'envoie en mission, parce qu'elle présente bien, et ses études de droit l'ont impressionné : « Ujine, il y a cet appart à faire visiter, c'est loin, prends un taxi, il ne faut pas rater cette affaire. » Quand il s'énerve, elle dit : « Allez, calme-toi, ça va bien marcher. » Elle rapporte des contrats. Elle s'habille bien, elle se maquille, elle sait qu'avec un peu de fard à paupières et de rouge aux joues, ses cheveux noirs lissés à l'huile comme de la soie, elle peut convaincre n'importe qui. C'est une sorte de pari. Rapporter de l'argent, être capable, se surpasser, pas pour elle-même, ni pour la boîte, mais pour le fun, comme quand on court cent mètres ou qu'on saute par-dessus une corde, c'est une affaire de muscles. Et puis se sentir adulte enfin (à bientôt trente ans il est temps). Vivre la ville comme elle ne l'a jamais vécue, les interviews, les réunions, les restaurants chics, les conférences avec les banquiers. Rouler dans une auto confortable, avec un chauffeur, vitres teintées, clim, sièges en cuir, elle qui n'a connu que les taxis minables avec les chauffeurs qui mettent des couches ! Une fois ou deux, elle a ressenti une petite émotion parce qu'elle a cru reconnaître la voiture de Samuel, sa berline gris foncé dont il est tellement fier, qui porte un nom un peu ridicule, Prima, Prélude, Protégé, quelque chose de ce genre. Une image furtive, un rappel de sa vie d'avant. Elle s'étire, elle a ôté ses escarpins dans l'auto pour écarter ses orteils, elle a calé ses reins sur les coussins, et elle regarde le paysage gris et blanc qui défile sur le côté, elle ne sent rien, ne pense à rien.

Mais tout doit finir, tôt ou tard. Le poids, les nausées, les vertiges. Christian a compris le premier. Les filles, Rita, les autres, personne n'a deviné, mais Christian a l'instinct, peut-être qu'il est plus attentif. Un jour il l'arrête dans sa course : « Ujine, je peux te parler ? » Il n'y va pas par quatre chemins : « Dis-moi la vérité, c'est pour quand ? » Il a un tic dans les yeux quand il est en colère. « Pourquoi tu m'as menti ? » Ujine fond en larmes, pas pour l'attendrir, mais parce que d'un coup la réalité la rejoint. Elle s'assoit sur une chaise, elle se sent lourde, lourde et bête, et ça la fait pleurer davantage. « Évidemment, je ne t'aurais pas engagée. » Christian reste perplexe, sa colère est tombée. Il s'assoit en face d'Ujine. « Et lui ? Qu'est-ce qu'il dit, lui ? » Ujine hausse les épaules, lui, eh bien il n'y a pas de lui. « Donc tu es seule avec ton problème. » Il ajoute : « Comment tu as fait ça, je te croyais intelligente ? » Il sort une boîte de mouchoirs en papier. Décidément, c'est la réponse universelle aux larmes des filles-mères. « Bon, eh bien, tu travailles encore un peu, le temps que je trouve quelqu'un pour te remplacer. Après tu te débrouilles, OK? » Pas de contrat, pas d'indemnités, rien à dire. En fin de compte avec une avance de trois mois, il n'était pas obligé, c'est lui, le gay, caractériel, exigeant qui aura été son seul soutien. Rita, quand Ujine a raconté, l'a engueulée : « Quoi, c'est tout? Pas la peine d'avoir étudié le droit, c'est toi qui lui fais un cadeau ! » Le jour du départ, Christian embrasse Ujine sur les deux joues. « Tiens-moi au courant quand même ? » Et quand elle veut lui rendre sa boîte de cartes de visite au nom de l'agence, il refuse : « Garde-les, ça resservira peut-être l'année prochaine. »

La vie s'est ralentie en elle, autour d'elle. Ujine observe les changements, jour après jour. C'est un point chaud, au centre de son corps, et aussi dans la chambre, dans l'immeuble. Quelque chose en train de s'ouvrir, et en même temps qui l'enferme et la protège. Un silence.

Après la fièvre du boulot à l'agence, le mouvement s'est calmé, il n'y a plus d'expectative, plus de plan. Mais il n'y a pas rien. Il y a de la force, de la puissance. Pas de la sagesse, cela non, pas de la raison. Une pulsion de vie qui bat dans ses plis, qui bouge. Chez la gynéco, Ujine écoute pour la première fois les battements de cœur du fœtus, assourdis et impétueux, amplifiés par le haut-parleur. Un rythme différent du sien, plus rapide.

Quand elle sort dans la rue, malgré la neige qui encombre les trottoirs, elle entend le battement. Il recouvre tout, même les grondements des moteurs, même le vacarme des boggies du métro.

Le temps est long. Chaque seconde, chaque geste, naguère insignifiant, indifférent, aujourd'hui s'éternise. Ujine s'étonne de vivre chaque instant comme s'il ne devait jamais finir. Elle comprend qu'elle vit avec quelqu'un, non pas avec Samuel ou avec Christian, mais avec quelqu'un d'autre qui est son double en elle-même.

Un poids. Ça ne peut pas être le fœtus, à peine quelques grammes de chair, presque pas d'os. Mais son ventre s'arrondit, se remplit de liquide, ses seins se gonflent, elle aperçoit des veines là où la peau était lisse, les mamelons se sont durcis, ils sont hérissés de petites pointes. La nuit, elle étouffe, elle transpire, elle envoie promener la couette. Les orteils écartés comme à la plage, elle pose les mains sur son ventre pour sentir les ondes et les frissons. Elle est le centre de l'univers, tout vire autour d'elle. Par la fenêtre sans rideaux, elle regarde la nuit. L'astre avance lentement, il est un dieu à la beauté infinie, il la regarde en retour et elle reçoit l'onde de bienfait qui la recouvre. Elle sait qu'elle aura la force d'aller jusqu'au bout, de vivre son histoire. Elle sait qu'elle ne sera plus jamais seule. Plus rien d'autre n'a d'importance. Le téléphone portable peut vibrer sur la table de nuit, la petite fenêtre s'éclairer. Peut-être que c'est Samuel qui a retrouvé son numéro et qui appelle. Peut-être qu'il sait tout, qu'il a tout appris. Il a fait son enquête, et maintenant il voudrait bien savoir. Il croit qu'il a des droits. Ujine ne laisse pas de message d'accueil sur son répondeur, juste la voix de Kiri Te Kanawa qui chante *Bailero*… Cette voix qu'elle aime, qui parle pour elle. Comme si le temps avait cessé, ce qui était, ce qui ne sera plus, la même chose, la même seconde infiniment longue.

Ujine a deux déconvenues.

La première, elle prend un taxi pour rouler au hasard, un luxe incroyable, déraisonnable. Elle se sent trop grosse pour marcher. Elle dit au chauffeur : « Vous roulez, je vous indiquerai le chemin. » Le bonhomme ne répond pas, il jette de temps à autre un coup d'œil suspicieux dans le rétroviseur. Il est comme sa bagnole, minable. Un vieux, les cheveux gris frisotés, une moustache tombante jaunie par la nicotine. Il sent le Cologne et l'urine, il conduit probablement avec une couche-culotte pour ne pas avoir à s'arrêter. Justement, dans les collines, elle trouve un coin isolé, brumeux. « Arrêtez ici, s'il vous plaît. » C'est la rase campagne, pas une maison, pas une auto. « J'en ai pour un instant. » Il laisse tourner le moteur, il descend de voiture pour allumer une cigarette. Ujine frissonne dans le brouillard, les fines gouttes couvrent son visage, collent ses cheveux sur son front. Les grandes herbes sont immobiles, figées dans l'air, sans fleurs, de simples lances courbées. Les eulalies. C'est la première fois qu'elle revient depuis la fois avec Samuel, quand la vie s'est enracinée dans son ventre. C'est bien une mémoire du futur, fragile et tenace comme les grandes herbes humbles. Ujine revient vers l'auto, elle dit au chauffeur : « Vous avez vu comme c'est beau ? » Mais lui tète son mégot mouillé, il lâche : « Ces foutues mauvaises herbes, ça nous vient sûrement de Chine ! » Elle pourrait en rire, ou en pleurer.

L'autre problème est venu de Rita. Quand elle a su qu'Ujine était enceinte, toute seule, sans secours, elle a commencé à venir plus souvent, elle apportait des fruits, elle faisait des démarches pour la clinique, elle invitait des gens de sa communauté, une église où elle chante chaque samedi après-midi, et Ujine l'a même accompagnée. C'est dans un quartier cossu, loin de la pollution et des trafics. « Tu verras, ma chérie, tu seras bien, nous allons bien nous occuper de toi. » Ujine s'est inquiétée pour l'argent, ses économies ont fondu. « Ne parlons pas de ça, nous sommes des amies, non? Je leur ai dit qu'on se connaît depuis toujours. » C'est bon d'avoir une amie, de ne pas être seule pour l'accouchement. À la clinique de Rita, ils ont été gentils. M. Gynéco est un petit homme rond et souriant avec une poigne rassurante. Rita est venue avec Ujine pour toutes les visites. Elle reste dans la salle d'attente en feuilletant des magazines, et quand Ujine sort, elle l'embrasse : « Ça a été? Pas d'inquiétude? On va vivre ça ensemble jusqu'au bout toutes les deux. » Seulement voilà, un jour, c'est tout proche de la date prévue, elle apporte à la clinique un dossier. « Tu dois signer là, et là. — C'est quoi, ces papiers? » Rita passe son bras autour d'Ujine. « C'est pour le bébé, tu comprends? Pour qu'il ait un avenir. » Ujine ne comprend pas, elle lit les formulaires. C'est un acte d'abandon, et quand elle le lit, ses yeux se remplissent de larmes. « Mais je veux garder le bébé, pourquoi tu me donnes ces papiers? » Rita se veut compréhensive : « Je t'assure, ma chérie, c'est la meilleure solution, comment veux-tu faire autrement? J'ai déjà trouvé une famille pour lui, des gens bien, tu les as vus à l'église, ils ont une belle maison, ils paieront tous les frais, c'est prévu, le bébé aura un vrai papa, une vraie maman. » Ujine est tellement désespérée qu'elle signe l'acte, elle écrit son nom dans la case.

Puis elle se reprend. Rita avec ses airs, ses cantiques, ses principes. La vie, défendre la vie. Voler les enfants. Elle est venue avec un bouquet, une gerbe de forsythias en fleur qu'elle a coupés dans le jardin de la clinique. « Tes papiers, tu peux les déchirer, et tes fleurs, tu peux les reprendre ! Jamais je ne donnerai mon bébé, tu entends ? Et tu peux le dire aussi à toute la clinique, à tous ces gens, avec leur belle maison ! » Elle ne crie pas, mais elle a une telle rage dans la voix que Rita s'en va avec ses fleurs jaunes, elle file comme un rat, si vite et si loin qu'Ujine n'entendra plus parler d'elle !

Quelque chose est en marche, ne s'arrêtera pas. C'est une motion qui vient de loin, en fait elle a commencé avec l'univers, c'est lent et long et profond, c'est animal, mais c'est aussi la volonté de l'autre, un autre inconnu (certainement pas Samuel, lui n'a été que l'agent du hasard), un désir.

Chaque jour rapproche Ujine de la naissance. Elle l'espère et la craint. La nuit, il lui arrive de rêver qu'elle est légère. Elle est redevenue une enfant, elle court aussi vite qu'elle peut sur une plage de sable dur, le long des vagues. Sa mère est assise dans les dunes, à l'abri du vent. Le mal qui va la tuer n'est pas encore déclaré, mais la douleur est déjà là, quelque part dans le ventre, pour l'annoncer. De temps en temps elle grimace, Ujine la regarde : « Tu as mal, maman ? — Ce n'est rien, juste un point de côté, ça va passer. » Quand Ujine se réveille, elle a quelques secondes de perplexité : tout ça est un rêve ? Ses mains cherchent son ventre, elle sent le fœtus qui bouge, la forme de son pied sur la paroi.

« Respirez, soufflez. Respirez, soufflez. » Dans la salle de l'hôpital — c'est moins chic qu'à la clinique, mais c'est gratuit — les femmes font leur entraînement. Ujine pense qu'il y a trois mois elle aurait ri : toutes ces bonnes femmes couchées sur le dos avec leurs gros ventres, et qui respirent, soufflent. Des otaries au bord de la banquise. Est-ce qu'on va accoucher par la bouche ?

Elle a eu Samuel au téléphone, au vol. Elle voyait que c'était lui, donc elle ne décrochait pas. Et puis là, si, elle décroche, pourquoi se cacher ? C'est un inconnu maintenant. Elle a oublié qu'il a la voix si grave, toujours hésitante, elle se souvient qu'elle a aimé sa voix avant tout le reste. Pour le plaisir d'entendre sa voix, de rester lointaine, évasive. « Qu'est-ce que tu fais en ce moment ? » Ujine, littéralement : « Eh bien, je suis entre deux, heu, occupations. » Samuel parle de son boulot à la banque, d'un voyage bientôt, une mutation, en Afrique, ou peut-être en Corée. « Et si on se voyait ? » Ujine a un bref instant de panique. Pas question qu'il voie ce gros ventre, elle n'a pas envie de s'expliquer. « Écoute, Samy, je suis un peu occupée moi aussi, je dois partir. » Un silence. « Et tu vas où ? » Elle a envie de répondre : sur la lune, ou bien : au pays des eulalies. Mais elle ne dit rien, juste je t'en reparlerai un jour, elle sent qu'elle pique sa curiosité. Peut-être même qu'il est jaloux et elle en éprouve un sentiment de triomphe un peu ridicule qui lui donne envie de rire. Cette certitude de ne pas céder est imbécile, elle en a honte, mais elle reconnaît que ça fait du bien. Elle raccroche. Elle ne répondra plus au téléphone. Peut-être qu'elle est déjà une maman et qu'elle ne doit penser à rien d'autre qu'à protéger son enfant, puisque les lapins mâles mangent leur progéniture, c'est connu.

Ujine vit au jour le jour. Elle mange beaucoup, pour nourrir le bébé. Elle ne regarde plus son poids sur la bascule. À la salle d'entraînement, chaque femme a son histoire. Il y a les énormes, passives, dolentes, accompagnées par les géniteurs, il y a celles comme Ujine qui ont un petit ventre rond, presque pointu, celles qui nagent dans des marinières, celles en survêtement comme si elles allaient à la compétition, un match de volley-ball sans doute ? Ujine parle avec Nelly sa voisine de salle. Elle est caissière dans un supermarché, quand elle sort d'ici elle va au boulot. Est-ce qu'on lui donne au moins une chaise confortable ? Et le *niño*, est-ce que ça lui plaît le travail ? Nelly rit, elle a des dents gâtées, mais son sourire éclaire son visage couleur de bronze. « C'est marrant, chaque fois que le tiroir-caisse sonne, il fait un geste dans mon ventre comme s'il voulait attraper des pièces ! — Alors, ça sera un banquier ! » Nelly rit.

Ujine se souvient, huit mois avant, quand le fœtus était encore grand comme une crevette et qu'elle allait au rendez-vous avec Samuel devant la banque, elle pensait à ceci : Samuel dans le ventre de sa maman, dormant en suçant son pouce, ses pieds déjà si grands qu'il ne savait pas où les fourrer ! Est-ce qu'un homme pense à de telles choses ? Il faudrait alors qu'il ne soit plus un homme, qu'il cesse de donner pour recevoir. Un jour, Samuel théorisait, comme d'habitude, les hommes ceci, les femmes cela, et Ujine avait dit : « La seule différence, c'est que les hommes donnent (leur sperme) et les femmes le reçoivent. » Tout ce qu'ils ne se sont pas dit, tout ce qui est resté lettre morte. Tout ce qu'elle a retenu en elle, et maintenant, voilà, c'est devenu un enfant ! Une vie dans la vie, un étranger dans soi.

La douleur depuis des jours. Les contractions de l'utérus, la leçon de la sage-femme se déroule comme prévu : la pièce de dix centimes, de vingt, de cinquante. Une ondulation. Le ventre énorme, dilaté, c'est ce qu'elle imagine dans la salle de travail, un ventre à la taille du globe terrestre ! C'est moi, pense Ujine, c'est en train de m'arriver, je ne peux pas être quelqu'un d'autre, je ne peux pas être ailleurs. Les hommes peuvent toujours être ailleurs. Même quand ils sont couards à la guerre, il n'y a pas un instant qu'ils ne choisissent pas. « Plutôt libre que roi. » C'est la devise de Samuel. Croit-elle. Elle n'en est plus si sûre.

C'est là, ça arrive. Le gynéco de l'hôpital en a décidé ainsi. Il a consulté son carnet de rendez-vous (pas son almanach), et d'une seule piqûre il déclenche l'événement. Ce n'est pas à lui qu'on fera croire que c'est unique, merveilleux, miraculeux. Tous les jours, à chaque heure, cela se passe : à 9 heures, Mme Nadeau. À 10 h 30, Mme Sauvaigo. À 11 h 30 Mme Janicot. À 12 h 30 madame, heu, mademoiselle… Surtout pas la nuit, pas le samedi, jour de sortie avec son fils (il est divorcé à ses torts), ni le dimanche, parce qu'il pratique l'aviron sur le plan d'eau du parc. Mais ça ne marche pas toujours. Quelquefois il faut se dépêcher, ça ne se passe pas bien, la quinze-heures-trente nécessite une intervention, les fers, la ventouse, une césarienne.

Ujine délire. C'est sans doute l'effet de la péridurale. Elle n'en voulait pas, elle a horreur des piqûres, elle s'est laissé convaincre. Les pieds dans les étriers. Respirez, soufflez, respirez, soufflez… Dix centimes, cinq centimes, vingt, cinquante centimes, est-ce qu'il existe une plus grosse pièce ? Ujine n'est pas là, elle n'est plus là. Le travail est ailleurs. Elle a été remplacée par quelqu'un d'autre. Une grosse femme écrasée sur le dos, les jambes arc-boutées, les pieds agrippés aux étriers, poussant, poussant des pieds comme pour se jeter en arrière, pour s'extraire, pour remonter à la surface. Respirez, soufflez… Est-ce qu'elle doit éventuellement porter le poids du monde comme le géant Atlas ? Des visages sont devant elle, penchés sur elle, la sage-femme, les infirmières, le gynéco n'a pas encore daigné venir. C'est un voyageur comme Samuel, un représentant de commerce, avec son visage poupin et ses poils sur les oreilles, son gros nez et ses sourcils hirsutes. Pourvu qu'il ne vienne pas. S'il vient, elle sait ce qu'elle dira, Non, monsieur, je n'ai besoin de rien, j'ai chez moi tout ce qu'il me faut, aspirateur, fer à repasser, frigo, congélo. Pour le linge je vais à la laverie, les machines se détraquent tout le temps. « Comment ça se présente ? » Bien, bien merci, et pour vous ? Une grimace. Où est le Seigneur lune ? C'est lui que je voudrais voir, son beau visage, son sourire de la nuit. Non, pas ce projecteur à iode qui inonde la scène d'une lumière atroce. Sinon le Seigneur soleil, je vous prie, dans une clairière, dans la douce atmosphère de l'été, sur le champ des éteules. C'est qu'il manque un témoin, autrement dit le père de l'enfant. « Est-ce que quelqu'un assistera à la naissance ? » Non, sans commentaires. Mais cela a fait le tour du personnel de l'hôpital, répété, noté, souligné. « Pauvre petite, toute seule, il n'y aura personne avec elle, personne pour la visiter. » Les faces sont penchées, attentives, pareilles à de bonnes fées. Ujine serre la main de la sage-femme à sa gauche, une très jeune, un visage d'enfant, rose avec des frisons blonds qui s'échappent de son bonnet. Elle sent une onde de gratitude, elle aimerait connaître son nom, son âge. Depuis combien de temps elle est apprentie sage-femme. Est-ce qu'elle a un petit ami, est-ce qu'elle va se marier bientôt ? Respirez, soufflez… Entre deux respirations elle n'a pas le temps de poser les questions. Elle est si fatiguée maintenant, c'est la fin de la journée, le soleil se cache derrière des nuages, la lune est éteinte, il n'y a que cette lumière aveuglante. Je voudrais tant que bébé naisse dans une eau bleue, dans une clairière, dans un champ d'éteules. Quand le Seigneur lune apparaît dans le ciel, de l'autre côté du mur, elle entend distinctement son chant, un murmure doux d'eau et d'herbe folle. La fille d'Ujine naît, et Ujine s'est endormie.

Épilogue

L'été, à nouveau. Les nuages glissent au-dessus des dunes, le vent fait bouger les chardons dans le sable, juste un frémissement de poils sur la peau. Ujine est couchée à l'abri de la dune, en chien de fusil. Elle sent le vent sur sa peau, le sable glisser entre ses orteils. Au creux de son ventre, Eulalie s'est endormie. Elle dort à l'envers, la tête vers le bas, comme si elle se souvenait de sa naissance. Entre les seins d'Ujine, ses petits pieds sont offerts, abandonnés. Alors Ujine compte ses orteils, sans se lasser. Pour faire rire Eulalie, elle lui chantonne parfois la comptine que sa mère lui disait, *this little piggy*, ce petit cochon est allé au marché, ce petit cochon est resté à la maison, et au dernier petit doigt, wi-wi-wi-wi-wi, tout le long du chemin ! Un deux trois quatre cinq, dix en tout, minuscules et roses, avec des ongles couleur de nacre. Eulalie, c'est le prénom qu'Ujine a choisi, en souvenir des grandes tiges et des pompons floconneux qui se mêlaient au brouillard, sur la route de l'aéroport. Samuel n'a pas dit non, il n'a pas demandé pourquoi. Il est revenu des voyages, il n'ira plus au bout du monde.

La vie est changeante comme les nuages qui passent au-dessus d'elles, comme la mer qui fait son bruit de sablier. Quand Eulalie est née, Ujine a décidé qu'elle irait chaque jour avec le bébé au bord de la mer, pour que le bruit et l'odeur entrent en elle et qu'elle les garde à jamais. Et c'est ce qu'elle fait.

BARSA, OU BARSAQ

Regarde l'océan, rêve de partir,
Attends le retour de ton amant !

La mer, que Fatou regarde chaque jour.

Elle se souvient qu'enfant elle comptait les vagues. C'était comme un pari, mais elle ne gagnait jamais. Il n'y avait rien à gagner. Au contraire, juste à perdre son temps, comme lui disait la vieille Isseu. Fatou se fait appeler Vanessa, comme Mahama se fait appeler Watson. Ils se sont choisi ces prénoms pour les touristes qui viennent à l'île de Gorée. Lorsque ces gens leur demandent leur nom avant de les prendre en photo, ils donnent ceux-là. À la fin, ils ont même oublié leurs vrais prénoms. Comme s'ils étaient partis de l'autre côté de l'océan, pour le pays de Barsa.

Quand Fatou est venue de Mbour, à la mort de son père, elle n'avait jamais imaginé la vie qu'elle allait mener sur l'île, avec tous ces étrangers partout. La tante de sa mère, la vieille Isseu, lui a parlé durement : « Enfant, qu'est-ce que tu as fait jusqu'à présent ? » Fatou a répondu qu'elle était allée à l'école, pour apprendre à lire et à écrire, et aussi à dire la prière. « Pour la prière, c'est bien, a commenté Isseu. Mais maintenant tu dois aider ta famille, tenir la boutique et faire la cuisine et laver les casseroles, et balayer par terre et brûler les ordures chaque matin à six heures, tout ce qu'il faut pour gagner de l'argent et mériter ta nourriture. Est-ce que tu as bien compris? » Fatou n'a pas baissé la tête, elle a parlé de ses études, elle a dit qu'elle voulait devenir secrétaire et voyager à l'étranger, alors la vieille Isseu est entrée dans une colère folle, elle l'a traînée par les nattes jusqu'à sa chambre et elle l'a battue avec une ceinture. Après cela, Fatou n'a plus jamais parlé de s'en aller. Mais elle est devenue taciturne et méchante, elle qui aimait beaucoup rire et chanter, et danser, et tresser ses cheveux au soleil. Elle est devenue maigre et sèche, elle a coupé ses nattes et elle a noué un foulard noir sous son menton. Ses mains ont été écorchées d'avoir à laver toute la journée, son visage sale à faire du feu avec des bouts de caisse arrosés de pétrole lampant. Quand sa mère est partie vivre avec un autre homme, tout a empiré. La vieille sorcière prenait tout l'argent que sa nièce envoyait pour Fatou. Elle se montrait encore plus intraitable, l'accusant de vivre à ses crochets et de voler sa nourriture. Alors, quand elle avait fini son travail, et que sa grand-tante roupillait sur son matelas, Fatou sortait de la maison et allait retrouver Watson à la pointe. Ils s'asseyaient sous un baobab, pour fumer et regarder la mer.

Watson était un grand garçon de vingt-six ans, la peau très noire et le sourire éclatant, natif de Dakar, mais qui avait quitté sa famille pour vivre avec sa demi-sœur sur l'île. Watson avait rencontré Fatou quand elle vendait des bibelots devant le restaurant de sa grand-tante. Ils avaient causé, et puis ils étaient devenus amis. C'est à cette époque-là qu'ils avaient inventé leurs noms pour les touristes. Mahama avait trouvé Watson il ne savait plus très bien comment. Quand on la prenait en photo, et qu'on lui demandait son prénom, Fatou répondait : Vanessa Paradis. Généralement les touristes n'insistaient pas, ils lui achetaient une breloque et ils filaient.

La vérité, c'est que Watson ne travaillait pas beaucoup, juste certains après-midi, à remplacer le guide officiel pour accompagner les touristes qui allaient voir la forteresse et la Maison des Esclaves. La plupart du temps, il restait assis à la pointe, à l'ombre du baobab, à regarder la mer et à fumer. Il avait un ami avec qui il s'entendait bien, un homme déjà vieux (trente-cinq ans ou plus) qui vivait mystérieusement dans une vieille maison avec son père infirme, la rumeur disait qu'il profitait de la pension d'ancien militaire de son père. Il aimait beaucoup parler, interminablement, en fumant et en buvant des sodas, ou le soir une bière, à propos de tout et de rien, et quand Fatou demandait à Watson, il répondait qu'il était un philosophe, un intellectuel, voilà tout.

Cela faisait un certain temps que Fatou retrouvait Watson à la pointe, sauf quand il était en conversation avec le Philosophe. Watson aurait voulu que Fatou devienne sa petite amie, il l'avait embrassée furtivement, elle l'avait repoussé en faisant semblant d'être fâchée. Un jour, les ragots ont circulé, et la vieille Isseu a fait la leçon à Fatou : « Tu ne dois pas continuer à voir ce garçon, c'est un bon à rien, et puis qu'est-ce que les gens vont penser de nous, que nous sommes des misérables, que j'ai sous mon toit une mauvaise fille ? » Fatou a fait semblant de recevoir la leçon, mais la vieille Isseu ne pouvait pas résister au sommeil, et dès qu'elle s'effondrait sur son lit, Fatou allait à la pointe.

Watson parlait de s'en aller. Cela faisait quelque temps déjà. Il regardait la mer, il disait que là-bas, de l'autre côté, il y avait des îles, si près qu'à la nuit, quand le ciel était clair, on pouvait voir leur lumière au-dessus de l'horizon. Ces îles étaient grandes et très belles, et là se trouvait la porte pour aller à Barsa, en Espagne, pour trouver une nouvelle vie, pour changer sa destinée. Fatou se moquait un peu de lui : « Qu'est-ce qu'il y a de mieux là-bas, est-ce qu'on n'y meurt pas ? »

Mais la nuit, Watson allait à la pointe la plus à l'ouest, sur une petite plage encombrée de détritus et de vieux bouts de bois de caisse, dans le vent, pour essayer de voir la lumière à l'horizon. Quand la saison des pluies s'achevait, le ciel était rempli d'étoiles. Watson regardait la nuit si longtemps qu'il avait l'impression que ses yeux s'ouvraient démesurément, qu'il absorbait le noir de la nuit.

D'autres garçons le rejoignaient, et des filles aussi, des vendeuses de colifichets qui parlaient fort. Ils achetaient des bières et des cigarettes, et ils restaient là, à parler et à boire comme s'il n'y avait pas demain. Fatou les rejoignait quelquefois, quand elle pouvait s'échapper, elle buvait et elle fumait avec les autres, elle écoutait de la musique sur le transistor de Watson, du reggae, et des airs de Fela. Elle écoutait aussi ce que les garçons et les filles disaient, quand ils parlaient de films qu'ils avaient vus à la télé, ou de jeux vidéo nouveaux, des matches de foot ou de volley, mais très vite la discussion tournait autour du voyage en Espagne, ceux qui étaient partis, l'argent qu'ils avaient gagné, et quand ils revenaient ils avaient de belles montres et des baskets neuves, ils étaient devenus riches. Chacun ajoutait quelque chose, un bruit entendu dans la rue, une histoire, un détail, une blague. Ensuite ils se mettaient à chanter, il y en avait un qui avait une guitare, et les garçons jouaient du tambour sur des bidons d'huile vides, ou rythmaient avec des maracas. Une partie des garçons venaient du continent, ils avaient laissé partir la chaloupe, ils attendaient celle de six heures le lendemain. Quelquefois Fatou restait avec Watson, elle s'enveloppait dans son grand blouson, elle se serrait contre lui, les bras autour de son corps, et lui la berçait comme une petite fille. Elle rêvait qu'elle était avec lui dans la grande pirogue, qu'elle partait avec lui à travers l'océan vers Barsa, vers les îles merveilleuses qui sont la porte de l'Espagne. Au matin, avant le lever du soleil, elle rentrait précipitamment et elle se mettait à brûler les ordures dans la cour, pour que la vieille Isseu ne se doute de rien. De toute façon, si la vieille bique avait essayé de la battre, elle se serait sauvée, elle l'avait décidé.

Un jour Fatou a dit à Watson : « Vous parlez toujours de partir, d'aller de l'autre côté, et tout ça, mais pourquoi vous ne faites rien ? Vous, les garçons, vous parlez, c'est tout ce que vous savez faire. » Watson l'a regardée, elle était si jeune, déjà usée par le travail de la cuisine et de la plonge, les ongles cassés, les mains endurcies à force de travailler. Il imaginait comment elle avait été toute petite, les yeux peints au khôl et la tête rasée. Il a eu un élan : « Tu sais, je ne devrais pas te le dire, je vais aller travailler à l'étranger, et quand je reviendrai, je serai riche et je pourrai t'épouser. » Qu'est-ce qu'il croyait, qu'elle allait lui sauter au cou pour le remercier ? Elle a ricané : « Alors, c'est ce que vous avez décidé, vous autres, sous le baobab ? » Elle s'est levée pour ne plus l'écouter, comme si elle avait quelque chose d'urgent à terminer. « Vous êtes tous les mêmes ! Vous parlez, vous parlez, vous ne savez rien faire d'autre que parler et parler ! » Il s'est mis en colère. « Va, retourne à ta cuisine, tu n'es bonne qu'à ça, à faire l'esclave de la vieille, je n'ai pas besoin de toi pour savoir comment je vais faire pour m'en aller. » Mais en même temps il avait mal à l'estomac et la gorge nouée, parce qu'il voyait bien que Fatou avait raison, qu'il était comme tous les garçons d'ici, qui préfèrent boire leur bière et taper sur leurs bidons, et fumer des joints plutôt que d'agir — qu'il avait peur de l'aventure, peur de l'océan, des garde-côtes, peur de l'inconnu.

Un jour, le Philosophe a parlé à Watson de quelqu'un qui s'occupait de faire passer les jeunes. Il lui a dit ça sans avoir l'air de rien, comme si ça n'avait pas d'importance : « Il s'appelle Ziggy, il va régulièrement au café de l'embarcadère, tu n'as qu'à lui dire que tu viens de ma part. »

C'était à la saison des pluies, il n'y avait pas beaucoup de travail sur l'île, la mer était mauvaise, les touristes ne venaient pas. Watson est allé sur le continent et, au bistro de l'embarcadère, à l'étage, il a vu Ziggy. C'était un type plutôt grand, bien habillé, pantalon et chemise blancs, coiffé rasta, portant des boucles d'oreilles en or et un collier. Il sirotait son café, l'air de s'ennuyer, à demi tourné vers l'eau du port, comme s'il réfléchissait.

Watson s'est approché de la table, et à cet instant trois ou quatre jeunes étaient en train de parler avec le rasta. Ils discutaient de prix, de dates, puis ils ont vu Watson et ils se sont arrêtés de parler. « Qu'est-ce que tu regardes ? » a demandé un des jeunes. Il avait les yeux rougis, l'air agressif. « Tu nous espionnes ou quoi ? Fous le camp, clochard. » Watson allait se fâcher, mais le rasta a calmé les jeunes. Il avait cette façon de parler, en traînant sur les mots, avec des gestes lents de ses doigts plats, doucement. « Écoutez, c'est un pays libre, non ? Nous sommes là au café, à discuter, qu'est-ce que tu voudrais me dire ? » Ziggy souriait, mais son regard n'était pas doux, il avait quelque chose de coupant, de fuyant.

Watson est resté planté devant la table, sans bouger. Quelques secondes auparavant, il était prêt à se battre avec les garçons, et maintenant que Ziggy avait parlé, il ne savait plus quoi dire. Alors il a fait juste un geste, pour dire, non, ça va, je m'en vais, il s'est reculé et il est parti du café, il a marché vite à travers la foule, au soleil, sur le quai du port, encore battant dans ses tempes la colère, surtout la colère de n'avoir rien osé demander, de n'avoir pas d'argent, d'être un mendiant.

Un peu plus tard, à la pointe, le Philosophe est venu aux nouvelles. « Alors, tu as vu Ziggy ? Qu'est-ce qu'il propose ? » Watson était en colère toujours. Il a haussé les épaules. « Je n'en sais rien, je n'ai pas pu lui parler. » Un peu après, Watson lui a demandé : « Et toi, pourquoi tu restes ici, à ne rien faire ? Pourquoi tu ne viens pas avec moi à Barsa ? » Le Philosophe a réfléchi, puis en allumant son éternelle cigarette — ou peut-être un joint — il a expliqué : « Moi, je vis dans la pensée, pas comme toi dans l'immédiat. Tu comprends, je n'ai rien à perdre ou à gagner. Je dois rester sur mon rocher, c'est mon destin. » Watson a dit : « Mais tu parles tout le temps de la praxis. Alors pourquoi tu n'agis pas ? » Le Philosophe regardait la mer, la ligne nette de l'horizon, comme si c'était le haut d'un mur. « Pour partir, il faudrait que je change, que je ne sois plus d'ici, il faudrait que je sois sûr de trouver de l'autre côté quelque chose de différent, ou que je croie que ma vie jusqu'ici, ma vie à réfléchir et à tout critiquer, que cette vie-là n'a aucun sens, que j'étais dans la contingence et que j'attendais une bonne occasion de partir, de changer de vie, et que plus rien de ce que j'ai vécu jusqu'à maintenant n'a de signification. Tu comprends ce que je suis en train de dire ? » Watson n'était pas sûr de comprendre. Est-ce que cet homme qu'il avait admiré, parce qu'il avait réponse à tout, et qu'il était tous les jours disponible à la pointe de l'île, à fumer et à regarder la mer, est-ce qu'il manquait de courage ? Watson avait tout à coup une telle envie que cet homme vienne avec lui, qu'il rompe avec son destin.

« Écoute, viens avec moi, tu pourras rencontrer d'autres philosophes comme toi, tu pourras être utile là-bas ! » Le Philosophe ne faisait pas attention à lui. Il continuait à regarder la mer, comme si ce que disait Watson n'avait aucune importance. Il a fini par répondre : « Je n'ai pas besoin de rencontrer d'autres hommes. Ceux d'ici sont bien assez. » Il a ajouté une petite note pathétique : « Vois-tu, Mahama (il n'avait jamais voulu l'appeler par son pseudo), quand je rentre chez moi le soir, alors que je n'ai absolument rien fait de la journée, je vois mon père, je vois ma mère, je vois à quel point ils sont vieux, petits et fragiles et vieux, et cela donne un sens à ma pensée, cela transforme mon inaction en action. » Il s'est enfin tourné vers Watson, il avait des petits yeux jaunes et un visage déjà ridé, couleur de vieux cuir. « Toi, Mahama, tu es libre, tu iras voir Ziggy de ma part, et il te fera voyager. Tu es libre, c'est pourquoi tu peux partir. Ne tarde pas, demain tu pourrais te retrouver comme moi, pris par les pieds à ce bout de rocher. »

C'était comme un adieu. Watson n'a pas parlé de Fatou, ni de sa famille. Il n'était jamais entré avec le Philosophe dans ces considérations circonstancielles. Pourtant l'homme a voulu donner à Watson quelque chose de sa vie. Il a dit : « Tu sais, mon père, c'était un militant communiste à l'époque où ça voulait dire quelque chose. Il a été soldat dans l'armée française au moment de la guerre d'Algérie, il s'était engagé pour gagner sa vie. Il est de la Gambie. Moi je m'appelle Simon F. F., tu sais pourquoi ces deux F dans mon prénom ? Eh bien, l'année de ma naissance, Frantz Fanon a publié *Les*

Damnés de la terre, et mon père a lu ce bouquin, et c'est pour ça qu'il m'a donné ce nom, Simon Frantz Fanon Taylor, c'est mon nom, tu comprends ? » Là, il a allumé une autre cigarette, comme s'il l'allumait au disque rouge du soleil qui va plonger dans la mer. Et là, Watson lui a serré la main et il est parti.

C'est à cette époque-là que Fatou a perdu sa virginité. Elle n'avait pas vraiment décidé, mais ça s'est passé comme ça, un après-midi, pendant que la vieille Isseu dormait dans sa chambre, écrasée par la chaleur. Watson avait travailloté dans un des hôtels de l'île, il était janitor et il avait le trousseau de clefs. Il pleuvait, avec des rafales de vent de la mer, les palmiers et les yuccas du jardin de l'hôtel agitaient leurs plumeaux. L'hôtel était à peu près vide, la gérante était allée à terre, elle n'allait pas revenir avant la nuit, si la chaloupe pouvait faire le voyage. Watson a laissé Fatou choisir la chambre, une belle chambre peinte en rose au premier étage de l'annexe, avec une porte-fenêtre qui donnait au-dessus du jardin. Un grand lit à baldaquin dans une espèce d'alcôve, et en face du lit une coiffeuse en bois rouge avec un grand miroir. À travers les volets mi-clos, la lumière vacillait dans les sautes du vent, à cause d'un grand magnolia dont les branches touchaient au balcon. Bizarrement, Watson semblait plus ému que Fatou. Elle s'est déshabillée dans la salle de bains et elle est venue le rejoindre dans le lit. Quand elle a traversé la pièce, Watson a regardé ses seins, très petits, terminés par des tétons bruns. Il a bafouillé : « Eh ben, tu es jolie ! » Comme s'il en avait douté jusque-là. Tout de suite, il l'a attirée vers lui, et il s'est mis à la caresser, à l'embrasser. Il avait un corps nerveux et maigre, elle a touché les muscles de ses bras. « Tu es très musclé, là, c'est incroyable. » Il s'est un peu redressé, non sans vanité. Elle attendait qu'il la prenne, les bras ouverts, les mains sous la nuque. Elle ne tenait pas spécialement à ce qu'il l'embrasse, ou qu'il la touche. Quand il a voulu passer ses mains sous ses fesses, elle l'en a empêché. Elle éprouvait une sorte d'impatience, de la violence, peut-être qu'elle s'y attendait. Alors il l'a pénétrée avec son sexe bandé, sans trop d'égards, et elle a poussé un petit cri de douleur. Elle ne voulait pas analyser ce qui lui arrivait, et pourtant elle a senti chaque avancée, chaque petite peau qui se brisait dans son sexe, puis une sorte d'onde de douleur et de plaisir mélangés, comme si tout son corps s'ouvrait. En même temps elle écoutait la respiration de Watson qui devenait de plus en plus forte, de plus en plus tendue, elle sentait contre elle les muscles durcis, des sortes de cordes et de nœuds sur ses bras, ses cuisses, son ventre, et même sur son visage. Dans la pénombre, la couleur de Watson lui paraissait du rouge sombre. À un moment, elle a dit à haute voix, non pas un murmure, mais une voix claire et posée : « Je ne veux pas de petit bébé. » Lui n'a rien dit, mais l'instant d'après, en grognant un peu, il s'est retiré d'elle et le sperme chaud s'est répandu sur le ventre de Fatou. Watson était luisant de sueur, son cœur cognait dans ses artères, sa respiration sifflait. Fatou s'est levée, elle a couru se laver à la salle de bains. Puis elle est revenue se coucher à côté du garçon. Sur le drap, il n'y avait aucune trace. Le sang était resté à l'intérieur de Fatou, c'était parti sous la douche. Elle s'est dit que c'était tout de même assez drôle, dans le feu de l'action elle avait pensé aux draps, que Watson n'avait probablement pas la clef de la buanderie. Elle n'avait utilisé que la serviette de bain, ça pouvait toujours passer pour un oubli de la femme de ménage. Ça manquait un peu de poésie.

Mais ce sont les moments d'après que Fatou a aimés le mieux. Watson s'était endormi sur le lit, son grand corps maigre un peu sur le côté, le sexe reposant sur sa cuisse. Fatou s'est lovée derrière lui, pour épouser la forme du corps, elle a passé ses bras autour de son ventre, elle a mis son visage dans le creux entre les omoplates. C'était bien. Elle gardait les yeux ouverts, elle regardait la lumière vaciller sur les volets, elle écoutait les rafales du vent de la mer dans les palmes.

Après cela, ils se sont retrouvés régulièrement à l'hôtel, chaque fois que c'était possible. Watson l'attendait, et Fatou arrivait quelques instants après, elle se glissait dans le jardin par la porte entrebâillée. Quelquefois, la chambre rose était occupée par des touristes, des Blancs, des Japonais. Ils allaient dans une autre chambre, au fond de la cour, dont la fenêtre grillée donnait sur la ruelle. Quand il faisait très chaud, la chambre semblait l'intérieur d'une grotte, les bruits de l'extérieur parvenaient très atténués. Fatou n'était jamais complètement détendue, elle guettait tout ce qui pouvait signaler le retour de la patronne, ou une arrivée imprévue. Elle disait à Watson : « Ça doit être bien d'être riche, de pouvoir passer toute la journée ici, et dormir la nuit. »

Watson se faisait tendre : « Tu verras, quand j'aurai gagné de l'argent, on pourra se payer tous les hôtels que tu voudras. » Maintenant, quand ils faisaient l'amour, elle n'avait plus mal. Elle se serrait contre lui, elle avait l'impression de boire sa chaleur. Elle venait avec son drap plié caché dans un sac en plastique, elle ne voulait pas laisser de taches. Elle ne se demandait jamais pourquoi c'était à elle de se soucier de cette question. L'amour, puis aller se laver à la salle de bains, et ensuite enlever le drap et le laver à la maison. Lui pouvait dormir, ou fumer tranquillement sa cigarette en regardant le plafond. C'était ainsi. Une fois, pourtant, elle lui a parlé de capotes, mais lui a haussé les épaules. « Pourquoi, t'as pas confiance en moi ? » Il a ajouté un peu après, avec une voix tendre : « Si j'étais malade, je ne serais pas allé avec toi, je t'aime trop pour ça. » Fatou n'a plus jamais reparlé de ça.

Elle n'avait plus de haine contre la vieille Isseu. Elle continuait à trimer au restaurant, mais ça lui était égal. Un jour, comme Isseu lui criait dessus, elle lui a répondu : « Tante, vous n'êtes qu'une vieille bique ! » Et la vieille est restée la bouche ouverte, elle a reculé, Fatou a lu la peur dans ses yeux, et elle s'est sentie forte.

Il y a eu ce coup de téléphone pour Watson, à la suite de quoi il est parti pour le sud en bus. Cela faisait trois ans qu'il n'avait pas revu sa mère, depuis que son père était mort. Lilah était un peu plus forte, elle avait vieilli, mais elle était toujours une belle femme, habillée avec coquetterie, les cheveux coiffés avec soin, mêlés à une tresse postiche décorée de verroterie. Elle vivait maintenant avec un grand bonhomme gros et large, qui gagnait beaucoup d'argent en travaillant aux douanes. La maison de M. Sauvy, c'était son nom, était spacieuse, moderne, climatisée dans le salon, au milieu d'un grand jardin entouré de barbelés. Dans la même maison vivait un garçon d'une vingtaine d'années, qui était le fils cadet de M. Sauvy, ses autres enfants étaient partis faire des études en France et en Allemagne. Watson était plein d'amertume et de colère rentrée en pensant à la vie qu'il avait vécue depuis la mort de son père, pendant que sa mère se la coulait douce ici. Mais son orgueil, ou peut-être la prudence, l'a empêché de montrer ses sentiments. Ils ont parlé de sa vie sur l'île, avec sa tante. Lilah semblait inquiète, elle posait des questions. De quel droit ? Est-ce qu'elle s'était souciée de lui quand elle était partie vivre avec un homme ? Si elle avait donné un peu d'argent, ou simplement un coup de téléphone, est-ce qu'il aurait rêvé d'aller de l'autre côté ? Watson est resté évasif. Tout allait bien, il avait des projets, il travaillait dans cet hôtel. Il a dit aussi qu'il partirait bientôt, là-bas, dès qu'il aurait un visa. M. Sauvy a voulu s'en mêler : « Un visa ? Ça m'étonnerait, ils ne donnent pas les visas comme ça, il faut les moyens de vivre, un contrat. » Il le savait bien, ses fils en France, en Allemagne. « J'économiserai ce qu'il faudra, je peux faire ça comme tout le monde, non ? » Il s'est mis à détester cet homme, arrogant, si fier de son argent, de ses fils qui faisaient des études, leurs visas, leur vie facile. Il a détesté sa mère d'être avec lui, avec eux. Il est parti très vite.

Dans le jardin, en l'embrassant, Lilah lui a donné une liasse de billets. Et parce qu'il la détestait, il a pris l'argent sans dire merci. Il était assez content de lire l'inquiétude sur son visage. S'il avait pu, il aurait crié, gueulé, pour la voir s'affaisser, ses coins de bouche devenir amers comme ceux d'une vieille. Crier : « Je vais payer un passeur, je vais prendre la pirogue sur la mer immense, pour Barsa, pour la mort ! Je ne reviendrai jamais, jamais, même quand tu mourras, je ne reviendrai pas te voir ! » Peut-être que les mots qu'il pensait s'échappaient de sa gorge en silence, parce que Lilah s'est tassée sur les marches de l'escalier, elle s'est mise à pleurer, pas à grands cris comme la vieille Isseu, mais en geignant comme une petite fille, en essuyant son Rimmel avec un mouchoir en papier, et ses cheveux postiches tombaient de côté comme une oreille de chien.

La pirogue est très longue, très belle. Effilée comme une fusée. C'est une plaisanterie des passeurs : « Avec celle-là, tu pars pour la lune, mon vieux. » Eux ne sont pas du voyage. Ils se contentent d'amener les clients, de prendre l'argent, et d'en donner une part au pilote. « Pas de papiers, rien pour qu'on vous reconnaisse, vous êtes du Mali, comme ça pas question de vous ramener en bateau, vous ne connaissez personne, vous allez à Barsa, et après en Allemagne, vous avez un parent qui vous attend là-bas, vous ne savez pas à qui appartient la pirogue, vous ne savez pas comment s'appelle le pilote, vous ne savez pas comment je m'appelle. »

L'argent, c'est Lilah qui l'a donné. Et aussi la vieille Isseu, mais elle n'était pas au courant. Un après-midi qu'elle dormait comme une souche, Fatou s'est glissée dans sa chambre et elle a pris l'argent que la vieille gardait dans une boîte à biscuits sous son lit. Watson a fait comme s'il avait des scrupules : « Tu es sûre ? Je ne sais pas quand je pourrai te le rendre. » La jeune fille a eu un regard sombre. « Mais tu reviendras ? » Il a promis tout ce qu'elle voulait entendre, il a dit des mots d'amour. Le soir avant son départ, ils ont osé aller à l'hôtel pour la nuit. Ils n'ont pas allumé les lampes pour ne pas alerter la patronne. C'était la chambre du haut, celle où ils étaient allés la première fois. Il faisait très chaud, il n'y avait pas d'air, et pas question d'allumer le climatiseur. Ils ont fait l'amour plusieurs fois, chaque fois que Watson s'endormait, Fatou se serrait contre lui : « On recommence ? » Un peu avant l'aube ils se sont séparés, Watson est allé chercher son sac chez sa sœur, mais Fatou n'est pas retournée tout de suite chez elle. Les ordures pouvaient attendre. Elle a retrouvé Watson au débarcadère, elle a attendu avec lui la première chaloupe. Le soleil se levait du côté de la ville, déjà la rumeur des autos arrivait dans le vent. La foule se pressait pour monter à bord de la chaloupe, et Fatou l'a regardée s'éloigner sans bouger. Elle était ankylosée, elle ne sentait rien encore.

Pendant trois jours, Watson a attendu sur les quais, à Saint-Louis. La mer était mauvaise, ou alors il manquait des passagers, ou bien la police maritime patrouillait. Le matin, il marchait le long des quais, il regardait les bateaux. Il portait un sac en plastique contenant quelques affaires, juste un savon, un rasoir, des cigarettes, un paquet de biscottes, une paire de baskets neuves. Sur les quais, il pouvait reconnaître ceux qui devaient partir, ils avaient le même sac en plastique, et cette façon de marcher, un peu penchés, cette façon de détourner le regard, de se cacher derrière leurs fausses Ray-Ban.

Sur les quais se presse la foule, des pêcheurs, des femmes qui portent des fardeaux, des enfants à la recherche de quelque chose à grignoter, ou bien qui jouent au foot contre un mur. Des bateaux de pêche sont des maisons, entre les mâts on a tendu des cordes pour faire sécher le linge, dans les coins des vieilles font frire des beignets. Watson n'a rien mangé depuis qu'il a quitté l'île, juste quelques biscuits, une orange achetée au marché. Il s'est assis sur le bord du quai, il regarde le bras de mer qui brille entre les pirogues. Des touristes se promènent, prennent les enfants en photo. Watson pense qu'il n'y a pas longtemps il aurait essayé de leur soutirer un peu d'argent, il leur aurait parlé en anglais, pour leur proposer ses services comme guide dans une ville qu'il ne connaît pas. Mais à présent, il se sent différent, comme s'il était déjà loin, un étranger. Il pense à Fatou, est-ce qu'elle regarde la mer, elle aussi, est-ce qu'elle pense à la mort ?

Ce soir, le départ a eu lieu, un peu avant le coucher du soleil. Les pirogues des passeurs partent à la nuit, pour ne pas être repérées par les garde-côtes. Personne n'a averti personne, et pourtant tous les voyageurs sont là, sur le quai, avec leurs maigres bagages. Watson attend son tour, et quand le passeur dit son nom, il s'avance. La pirogue-fusée est à l'extérieur, il faut enjamber deux ou trois bateaux pour monter à bord. Watson s'assied à sa place, à l'avant, directement sur le plancher. Il pense qu'il a de la chance, parce que dans le cas où la pirogue embarquera l'eau de mer ira vers l'arrière, et puis c'est bien d'être à la proue, on entend moins la vibration du moteur et si quelqu'un est malade, on ne sent pas le vomi. Il imagine qu'il sera le premier à voir la terre, il ne dormira pas pour apercevoir la lumière de Barsa avant tout le monde.

Maintenant il ressent une excitation extraordinaire, la tête lui tourne. C'est arrivé. Il en avait parlé avec le Philosophe, avec Fatou, avec les garçons, à la pointe de l'île, et c'est maintenant, c'est en train de se faire. Il pense encore à Fatou, à la nuit pleine de caresses et de baisers, ils n'ont dormi ni l'un ni l'autre cette nuit-là, à écouter le bruit du vent dans les feuilles du magnolia. C'est pour elle, il en est sûr maintenant, c'est pour son amour qu'il va conquérir la liberté de l'autre côté de la mer. Quand il reviendra, il sera riche, il lui dira, je t'aime, tu n'auras plus jamais besoin de travailler.

Ziggy n'est pas là. Il a envoyé deux passeurs, ce sont eux qui collectent l'argent dans la pirogue. Watson tend la liasse de billets, et le passeur les compte un à un avec dextérité, puis il les enfourne dans une serviette de cuir, genre homme d'affaires. À l'arrière de la pirogue, un des passagers n'a pas l'argent, ou il manque quelque chose, l'autre passeur lui crie de descendre, l'insulte, le bouscule, et la pirogue oscille dangereusement. Puis tout se calme. Le pilote arrive, c'est un vieux sec, l'air méchant, noir comme un Soudanais, une vieille serviette enroulée autour de sa tête en guise de turban. Il monte par la proue et il court pieds nus vers l'arrière, en équilibre sur le rebord, et en s'appuyant au passage sur les têtes.

Et tout de suite, le moteur rugit, s'étrangle, rugit encore et crache de l'eau, et les deux passeurs sautent sur le côté et regardent la pirogue partir sans un geste. La pirogue glisse sur le fleuve, chassant les pélicans, tandis que le soleil disparaît derrière la Langue de Barbarie, dans une lueur d'incendie. À part le long cri du moteur, il n'y a aucun bruit.

La vie est longue, monotone sans son ami. Depuis que Watson est parti, Fatou n'a pas compté les jours. Elle n'attend rien. Elle n'a plus envie de rien. Elle va chaque après-midi à la pointe, là où elle avait rendez-vous avec lui. Elle regarde la ligne de l'horizon, les vagues qui courent sur la mer verte, qui tombent l'une après l'autre sur les rochers noirs. Des mouettes, quelques pélicans. Il fait chaud et sec, l'île est dure comme un vieux caillou ébréché. Le soir, les garçons arrivent, ils échangent des blagues, des ragots. C'est comme si Watson n'avait jamais existé, n'avait jamais été l'un d'eux. Fatou a repris le travail chez la vieille Isseu, laver les plats, surveiller le feu, brûler les ordures. Ses yeux sont rouges, ses mains dures, ses cheveux et ses habits sentent la fumée et la suie. Elle se sent vieille, vieille et laide, elle ne se regarde plus dans un miroir. Son ventre brûle la nuit, elle geint et se referme sur elle-même, ou bien elle se caresse et se sent coupable. Elle rêve d'un sexe rouge, dur, qui la pénètre et la fait jouir. Elle rêve des bras musclés qui la serrent, les muscles tendus le long de son dos.

De temps en temps, elle passe devant la maison rose. Elle regarde la fenêtre de la chambre où elle a dormi avec Watson avant qu'il parte. Les touristes affluent, c'est la saison. Une femme blonde, la peau rouge, deux petites filles qui semblent jumelles, l'une brune, l'autre claire. Elles sortent dans les ruelles, un guide officiel les accompagne à la Maison des Esclaves, le vieux prophète n'est plus là, c'est un jeune intellectuel, l'air d'un prof, qui organise les visites. Il a une toque de faux cheveux sur la tête, comme un rasta. Il raconte des choses extraordinaires, et les touristes prennent des photos.

Fatou voit parfois le Philosophe. Il lui arrive de passer devant l'étal où elle vend ses bouts de bois, ses cauris, ses statuettes vodun. Il fait comme s'il ne la reconnaissait pas. Pourtant elle accompagnait souvent Watson quand il allait discuter avec le Philosophe sous le baobab. Il a un regard fuyant de chien hargneux. Fatou le hait, c'est lui qui a convaincu Watson de s'en aller, c'est lui qui a organisé le passage. Fatou est sûre qu'il est un rabatteur ou, pis que cela, qu'il dirige un réseau de passeurs qui envoient les jeunes à la mort. Quand il vient dans l'étroite ruelle, quelquefois en compagnie de ses Françaises, de ses Allemandes, Fatou tremble de rage. Elle regarde droit devant elle, elle écoute le bruit de ses pas traînants dans la poussière, elle voit les jolies mules dorées des filles, et ses sandales à lui, où ses longs pieds maigres aux ongles noircis semblent des pattes de chien. Elle crache par terre après son passage, il fait comme s'il n'avait rien entendu, mais les filles blondes se retournent.

Chaque après-midi, quand la vieille Isseu s'affale sur son lit pour dormir, Fatou retourne à la pointe, elle regarde la mer. Parfois une pirogue passe fendant les vagues vertes. Elle est trop loin pour que Fatou puisse distinguer les passagers, elle devine des femmes enveloppées dans leurs voiles, des pêcheurs. L'embarcation suit la côte, disparaît dans les creux, reparaît, on dirait un étrange poisson noir. Elle va vers le nord. Demain, pense Fatou, elle sera peut-être dans les îles. Un soir Watson a montré à Fatou une lueur à l'horizon, il lui a expliqué que c'était une plate-forme pétrolière espagnole. Est-ce qu'on peut s'accrocher là-bas, comme un coquillage, et attendre que quelqu'un vous emmène ? Peut-être qu'un pêcheur recueille les filles perdues en mer, dans ses filets, et les emporte dans sa barque jusqu'à un autre monde, où tout est différent, où la vie peut recommencer ? Comme dans les magazines que feuillette parfois Fatou, où les filles vont à l'école, à l'université, apprennent un vrai métier, deviennent de vraies femmes qui vivent dans un appartement, à un étage si élevé qu'on voit la ville avec un regard d'oiseau, rencontrent d'autres femmes, d'autres hommes, connaissent l'amour et le mariage, voyagent à Paris, à Berlin, en Amérique !

Elle allume une cigarette et rêve à tout ça, comme quand elle appuyait sa tête contre le blouson de Watson, avec le vent qui secouait ses cheveux, et qu'elle écoutait les garçons tambouriner sur leurs djembés et gratter leur guitare. Mais ceux qu'elle a connus ne sont pas là, ils sont partis, eux aussi, l'un après l'autre. Ceux qui restent ne chantent plus, ils se contentent de boire des cannettes de bière Phoenix et de fumer des joints. Et tout cela est la faute de ce grand chien aux yeux jaunes, le soi-disant Philosophe, qui les a vendus au passeur, comme autrefois la maudite mulâtresse Anne Pépin vendait les Noirs qu'elle avait enfermés dans sa cave.

Jour après jour, Fatou ressasse la même idée. C'est une boule dans sa gorge, une pierre dans son ventre, qui l'empêchent de respirer, de manger, de vivre. Même la vieille Isseu avec ses récriminations permanentes n'arrive pas à lui faire oublier cette pensée.

L'île est une prison. Fatou ne l'avait jamais ressenti à ce point. La mer ronge ses murailles, cogne les roches noires, la mer fait son bruit de souris, son bruit de moteur, le vent siffle dans les ruelles et les cours, Fatou se bouche les oreilles pour ne plus entendre. La mer est immense, et Watson est perdu au milieu, dans un autre monde. Peut-être à Barsa, loin de tout. Bientôt un an que Watson est parti, Fatou se remémore cette matinée, le moment où il est monté dans la chaloupe et qu'il lui a fait un signe, le soleil se levait sur le continent, les immeubles de la ville étaient éclairés. Il est parti, et tout était terminé. Il n'a pas téléphoné, il n'a pas écrit. Il avait dit : dès que j'aurai un travail, tu viendras me rejoindre, je t'enverrai le billet d'avion. C'étaient des paroles, mais Fatou les a écoutées, elle a bu ses mots, comme elle cherchait son souffle sur ses lèvres, sa chaleur en enfilant ses mains sous son blouson, l'odeur de sa peau au creux de son cou. Elle a bu ses paroles, puis ç'a été le silence. Et maintenant la mer qui ronge l'île, le vent.

Elle marche jusqu'au bout de l'île, vers la grande maison délabrée, à côté de l'arbre. C'est l'après-midi, pendant qu'Isseu dort, quand tout est vidé par la chaleur. Même les chiens sont couchés à l'ombre, en rond contre le vent, le nez dans la poussière.

Il est là, assis sous le baobab. Il ronge des graines de calebasse en tordant sa bouche, Fatou pense qu'il a l'air d'un vieux perroquet à langue noire. Le Philosophe. Frantz F., comme il se fait appeler. Mais son vrai nom, c'est Fadel, fils d'Omar, le vieux soldat dont il touche la pension chaque mois, versée par la France. Fatou l'a débusqué, elle a compris tous ses mensonges et ses manigances. Quand il la voit, il se lève et s'en va. Il se sauve, littéralement. Là, sur le terre-plein battu par le vent, il n'a personne pour le masquer, il n'a pas ses Françaises et ses Allemandes, ses Peace Corps et ses Alliances pour le Progrès. Il est tout seul, comme le chien qu'il est, et il déguerpit à grandes enjambées vers la maison de son père.

« Hé toi ! Viens, je te parle, viens ici ! »

Il se retourne sur le seuil de la maison, une main posée sur la poignée de la porte.

« Qu'est-ce que tu veux ? »

Elle est devant lui. Elle est toute petite et maigre, dans ses habits de garçon, son pantalon large, son T-shirt taché et ses pieds sortis de ses claquettes.

« Donne-moi le nom de celui qui fait passer à Barsa, je dois partir. »

Le Philosophe la regarde sans sourire, ses yeux bougent à gauche et à droite, Fatou pense qu'il a peur.

« Qu'est-ce qui te fait croire que je connais quelqu'un ?

— Je le sais ! C'est toi qui as donné le nom à Watson ! Maintenant donne-le-moi, je dois m'en aller, je vais chercher Watson.

— Tu es folle, le monde est vaste, où vas-tu le trouver ? »

Elle s'approche du Philosophe à le toucher, et lui a ouvert la porte et recule. Fatou voit l'intérieur obscur, les rideaux tirés, elle sent l'odeur de la mort.

« N'entre pas ! dit l'homme avec une menace dans la voix.

— Tu es un menteur ! crie Fatou. Menteur, menteur, tu es un menteur et un voleur, tu crois que je ne sais pas ce que tu fais ? Tu prends l'argent, tu parles tu parles et tu prends leur argent et tu les envoies à la mort, tu es un assassin ! »

Le Philosophe recule, mais avant qu'il ne ferme la porte, Fatou a le temps de regarder la grande salle vide, les meubles, les fauteuils, les rideaux tirés, et maintenant elle en est sûre : cet homme raconte qu'il s'occupe de son vieux père malade, c'est ce qu'il disait à Watson, et il vit tout seul dans la grande maison, il a fait croire à tout le monde et à la France qu'il est un bon fils, un fils aimant, et il vole l'argent, il est un menteur, il a fait croire à Watson qu'il est un philosophe, qu'il s'appelle Frantz Fanon, qu'il parle pour les damnés de la terre, qu'il vient en aide aux jeunes qui veulent aller travailler à l'étranger. Fatou frappe à la porte à coups de poing, elle est devenue une furie, elle hurle :

« Menteur, voleur, assassin, tu prends l'argent de ton père mort, bandit, tu vas rendre tout l'argent que tu as pris à Watson, tout l'argent que tu voles aux jeunes qui s'en vont, voleur, voleur ! »

Les portes s'ouvrent dans les rues avoisinantes, des femmes sortent, des hommes, ils ricanent, certains crient des insultes à Fatou mais elle ne s'arrête pas, elle frappe la porte avec un caillou, le vent ébouriffe ses cheveux, elle a l'air d'une folle.

« Maudit, rends-moi l'argent que tu as volé à Watson, rends-moi mon ami, rends-nous tous ceux que tu as pris, maudit, tu as tué ton père et ta mère pour voler leur argent ! »

À la fin elle s'écroule devant la porte fermée, des femmes du voisinage sont venues, elles la soulèvent, elles l'emmènent, avant que la police n'intervienne, Fatou n'arrive plus à parler, à peine peut-elle marcher, les femmes lui parlent doucement pour la calmer, laisse-le, ce mécréant, ce méchant, nous te connaissons, tu es la petite fille d'Isseu du restaurant, viens, oublie-le. Elles lui font boire du Coca sucré, elles l'installent à l'ombre, au pied du baobab, elle n'a plus de forces et ses mains et ses genoux sont écorchés d'avoir frappé le bois dur de la porte.

Ensuite Fatou marche seule jusqu'au restaurant. Elle entre dans la cour, elle s'assoit sur sa pierre, à côté du feu éteint. Elle n'a pas lavé les plats, elle n'a pas balayé, les poules picorent les grains de riz dans la poussière. C'est à ce moment-là qu'elle décide de partir loin, longtemps, pour toujours, pour Barsa.

Partir à la recherche de Watson, c'est remonter le temps. Fatou a suivi la piste, la grande pirogue jusqu'à Tarfaya, puis la route en camion jusqu'à Tanger. Elle a passé le grillage électrifié qui sépare le Maroc de Melilla, elle a pris un ferry jusqu'en Espagne. Elle a réussi, parce que Watson l'avait fait. Chaque fois qu'elle a rencontré un passeur, un aiguilleur, même un agent de la sécurité ou un portefaix, elle a montré la photo de Watson. Mais pour eux un Noir est un Noir, ils en voient mille par jour, des grands, des petits, des maigres et des gros, des couleur de charbon de bois et d'autres gris pâle, d'autres presque verts. Ils ont regardé la photo écornée par tous les voyages, ils ont haussé les épaules.

Ses économies ont fondu, Fatou a travaillé quand c'était possible, elle fait ce que les autres ne veulent pas faire. Eux, ils sont partis pour gagner de l'argent, pour devenir importants, ce n'est pas la même chose. Fatou nettoie les latrines, elle brûle les ordures, elle lave la vaisselle. Elle a l'entraînement, des années d'esclavage chez la vieille Isseu, les mains dures comme du vieux cuir, l'échine souple, et cette façon de disparaître dans ses vêtements usés, de devenir invisible.

L'Espagne est un grand pays, où l'on peut se perdre. C'est aussi le pays de la liberté. Après trente jours dans le centre de détention des immigrants illégaux, à Algésiras, quelqu'un est venu annoncer la bonne nouvelle : en vertu des mesures du gouvernement Zapatero, vous êtes libres de choisir de rester, ou de retourner chez vous. Ceux qui choisiront de rentrer chez eux bénéficieront d'une aide au retour de 500 euros. Les autres pourront rester et chercher du travail. Fatou choisit de rester.

Les portes du camp se sont ouvertes, les immigrants marchent lentement devant les gardiens en uniforme, mitraillette au côté. Dehors, c'est comme dedans, des espaces vides, une route, la lumière crue du soleil. Au loin, on voit la ligne bleue des immeubles, une vallée sinueuse, on entend le grondement des autoroutes.

Où aller ? Fatou marche dans la foule, ils viennent de partout, d'Afrique, d'Égypte, d'Éthiopie, de pays si lointains qu'elle n'en a jamais entendu parler. Chacun avec son histoire, sa vie, sa famille, ses amis, ses amours, un fardeau invisible qui s'émiette au long de la route, bientôt rongé par la fatigue, un haillon qui s'accroche encore un peu, qui flotte au vent.

« Quel est ton nom ? »

Une femme qui marche, à côté de Fatou, une femme qu'elle a crue être âgée parce qu'elle se penche en avant, enveloppée dans un voile bleu sombre, mais quand elle tourne son visage à la lumière, Fatou voit ses yeux clairs, son front lisse, elle n'a pas encore vingt ans. Elle a parlé en anglais, avec un accent rude, elle a dit son nom tout de suite, Sita, un nom pour la route, pour partager l'aventure. Pour la première fois depuis son départ, Fatou a dit son nom, pas Vanessa, ce n'est plus la peine de mentir ici. Peut-être que sur cette même route Watson est redevenu Mahama, un gosse d'Afrique qui a peur et qui est épuisé, mais qui ne veut pas renoncer à son rêve de gloire. Sita n'a pas posé d'autre question. On ne demande pas aux autres d'où ils sont, comment ils sont arrivés là. Il faut dire qu'on vient de très loin, du désert, d'un pays où il n'y a pas de route.

Sita marche mal, elle boite et titube. Fatou s'est rendu compte que c'est à cause de ses sandales trop grandes dont les lanières ont cassé. Elles se sont arrêtées sur un banc, près de la gare, elles regardent devant elles sans se parler. Puis Fatou sort de son sac une paire de tongs de rechange, celles qu'elle a mises de côté pour ne pas les abîmer dans la pirogue. Elle les tend à Sita qui regarde sans comprendre, elle les pose à terre, à côté des pieds de Sita, elle lui fait signe qu'elle les lui donne. « Take ! Take ! » C'est pratique les monosyllabes. Pas besoin de faire de longues phrases. Sita a regardé les tongs, et lentement elle a approché ses pieds, elle les a enfilés dans les belles tongs bleues. Sita a de jolis pieds, fins, bruns, ses orteils s'écartent, le gros doigt calé contre la tige de plastique, c'est comme si les tongs avaient été faites pour elle. Fatou regarde les yeux de Sita, elle a des iris dorés comme ceux des chèvres, une petite lumière y danse, et Fatou voit un sourire dans ses yeux, pas sur ses lèvres. Elle a maintenant trouvé une compagne pour la route. Pour la première fois depuis des semaines, elle croit qu'elle réussira, qu'elle ira jusqu'à Barsa. Jusqu'à Mahama.

C'est la fin du jour, après tant de jours et de nuits en mer. Le moteur Evinrude de 25 CV tombe en panne. Watson est à la barre, c'est lui qui conduit la pirogue. Le pilote est plié en deux à l'avant, enroulé dans une toile cirée, il crache du sang. Son ulcère s'est ouvert, il va probablement mourir. Alors c'est Watson qui a pris les commandes, parce qu'il est d'une île, et qu'il sait conduire un bateau.

Depuis deux heures, la pirogue longe une côte à bâbord, de hautes montagnes sont debout au-dessus de l'horizon. Maintenant la côte est proche, une bande plate où les vagues jettent des trombes d'écume. Les voyageurs ont crié quand ils ont vu les montagnes : Barsa ! Barsa ! Mais Watson les a détrompés. « Ce n'est pas Barsa, c'est les îles Canaries, demain ce sera le Maroc. » Il ne leur dit pas que demain il faudra prendre des camions, passer les frontières, prendre un autre bateau pour l'Espagne.

La mer est forte, le ciel bleu, le soleil brûle. Le vent souffle par rafales, Watson croit sentir l'odeur de la terre ferme, une odeur poivrée de plantes, instinctivement il a poussé la pirogue vers la côte, dans la direction du soleil couchant, pour échapper aux rouleaux des vagues. Mais les vagues bousculent la pirogue de côté, les passagers reçoivent des paquets de mer chauds, les gosses crient comme si c'était une farce.

Un peu avant six heures, alors que la nuit arrive, le moteur s'est arrêté. Il n'a pas hésité, pas toussé, il est mort d'un seul coup. Debout sur le plat-bord, Watson a enroulé la corde autour du cylindre, il tire, recommence, pour rien. Sans le moteur la lourde pirogue devient un bouchon sur la mer, elle tournoie sur elle-même, elle reçoit les coups des vagues, les crêtes d'écume avancent et passent sous la pirogue comme de gros animaux brutaux. À l'avant, les gosses se sont accrochés aux bagages, ils crient encore quand la vague arrive, mais ça n'est plus de joie, peut-être déjà de la peur. Un homme a rejoint Watson, il l'insulte, essaie à son tour de démarrer le moteur, agrippé d'une main au rebord arrière. Il est luisant de sueur, de peur, d'eau de mer. Il jure et grimace sous l'effort. Watson a trouvé un seul aviron, trop court pour godiller, il essaie de pagayer du côté opposé aux vagues, pour faire virer la pirogue en direction de la terre, tant pis si le voyage doit s'arrêter ici, dans une prison. Mais la mer est trop forte, les vagues à présent se brisent en faisant un bruit de tonnerre. Les passagers poussent des cris, appellent vers la terre, puis tout d'un coup une vague emporte les bagages, et les tambours d'essence se renversent. Entre les montagnes mouvantes, Watson voit la côte proche, une longue plage grise bordée de palmiers, les collines sombres semées de maisons blanches, déjà des lumières sont allumées. Les jeunes garçons essaient de se tenir debout à l'avant, ils poussent des cris stridents et gesticulent, Watson a cru un instant qu'ils s'amusaient, comme lui l'a fait souvent en traversant le bras de mer là-bas, à Gorée, en criant à chaque ruade des vagues. Puis il comprend qu'ils ont peur de mourir, qu'ils appellent au secours, vers cette île noire qu'ils ne connaissent pas.

Watson a cessé de pagayer, cela ne sert à rien, la pirogue roule et pivote comme un tronc d'arbre arraché à la côte. La nuit tombe lentement sur la scène, le grondement des vagues qui déferlent sur la plage est si fort qu'il couvre les cris des enfants, Watson regarde de toutes ses forces, il scrute la plage grise pour apercevoir des gens, pour apercevoir un bateau de sauvetage, il va d'une maison blanche à une autre pour distinguer des formes humaines, il pense qu'à la nage il atteindrait facilement la terre, qu'il pourrait donner l'alerte, peut-être, ou bien oublier la pirogue, oublier ce piège, ces gosses apeurés qui vont mourir. Lui n'a pas peur de la mort, il pense seulement à Fatou, au matin où ils se sont quittés sur le môle, tout lui semble si loin, si irréel.

Le fond de la pirogue est rempli d'eau, les tambours fuient et l'essence se répand, se mélange à la mer, aux débris qui flottent, sandales en plastique, paquets de cigarettes, biscuits. Il faudrait écoper, mais il n'y a qu'une vieille casserole sans manche et un demi-coco, c'est ridicule, c'est comme si on voulait vider l'océan.

Le bruit des vagues emplit le ciel, recouvre la terre

sombre. Watson écoute chaque vague arriver sur la coque, il entend distinctement la crête qui s'ourle, qui bout dans le vent. Il se rappelle le bruit de la mer sur l'île, dans la chambre de l'hôtel, avec Fatou, un ressassement lent quand leurs corps étaient unis, qu'ils étaient emportés, et leur respiration qui se soulevait au rythme des vagues, leurs cœurs qui battaient à l'unisson. Il pense qu'il va mourir, là, au large de cette île noire, devant la plage, perdu en mer. C'est marqué sur les tombes du cimetière des pêcheurs, à Saint-Louis, un tel, un tel, perdu en mer, et la date. Et il pense à eux aussi, aux enfants qui sont serrés les uns contre les autres comme des cabris, recroquevillés au fond de la pirogue. Et l'homme qui l'a insulté, tassé contre la poupe, les mains accrochées au capot du moteur, ses lèvres qui marmonnent des bismillah, son visage gris de peur. Seul le vieux pilote est sorti de son sommeil, il est debout à la proue, sur ses jambes flageolantes, il regarde vers la haute mer, les vagues qui arrivent, et son lambeau de foulard flotte comme un drapeau de pirate !

Enfin, sans raison apparente, aucune vague plus grande que les autres, d'un seul mouvement facile comme un tronc d'arbre qui roule sur lui-même, la pirogue se renverse et tout disparaît.

La prison de Tahiche, à Arrecife, est un grand bâtiment de béton, entouré d'un mur en chicanes, à mi-colline, et s'il n'y avait pas ce mur, Watson imagine qu'il verrait la mer quand les prisonniers sortent s'aérer dans la cour. Il en rêve. Il n'a pas cessé de penser à la mer depuis qu'il est enfermé. Pas seulement la tache bleue infinie qui donnait de l'espoir, autrefois à Gorée, ou le calme océan au sortir de la Langue de Barbarie. Mais la mer qu'il partageait avec Fatou, la mer qu'ils écoutaient dans la chambre rose, très douce et puissante à la fois, l'odeur du corps de Fatou, le parfum de ses vêtements, l'innocence dans ses yeux, l'oubli des souffrances.

La cellule est un cube de 3 × 3 où ils sont entassés à huit, venus de partout, sans papiers, d'eux il ne connaît que les noms, tous imaginaires comme le sien, Samir, Miguel, Hector, Moshé, Ama, Fitzgeraldo, Walter. Et leurs petits rêves de rien, leurs manies, leurs mauvaises blagues dans un mauvais espagnol de taulards, personne ne parle la langue de personne. Mais ils ne sont pas pires que d'autres, peut-être meilleurs, parce qu'ils se sont fait alpaguer par la police, dénoncer, exploiter, et maintenant ils ont peur qu'on les renvoie dans leurs États.

Une fois par jour, sauf le dimanche, ils sont extraits de la cellule, ils marchent le long d'un corridor en arcades, encadrés par les matons, jusqu'à la grande place de terre sèche, sans ombre, sans herbe. La cour est remplie de gens comme eux, vêtus comme eux, leurs vieux pantalons sales, leurs blousons, leurs baskets éculées. Têtes tondues. Quelques hommes âgés portent la barbe, ainsi qu'une poignée de jeunes fanatiques, l'air iranien, c'est ce qu'imagine Watson. Vers quinze heures, ceux-là font la prière ensemble, prosternés dans la cour, pendant que les autres regardent. Un des barbus a accosté Watson à son arrivée : « *Are you a Muslim ?— My name is Watson* », a répondu Watson, et ça a tout arrêté. Mahama, c'est son secret, cela ne regarde que lui.

Après des mois, le souvenir du naufrage s'est atténué. La nuit, il n'y a plus les affreux cauchemars, le bruit des vagues, du vent, les cris aigus des jeunes en train de se noyer. C'est un grand espace vide qui sépare le présent de la mémoire. Mais le corps est rompu en dix, cent morceaux.

Watson a cessé de parler. Cela s'est fait comme ça, sans décision, un jour la parole s'est arrêtée. Dans la cellule, il a laissé son lit pour s'installer par terre, sur une couverture en guise de tapis, à côté de la fenêtre en meurtrière. Une fois par jour, le soleil entre par l'étroite fente dans le mur en béton, le rayon jaune avance lentement, une bande verticale qui accroche les poussières. Les autres détenus parlent, jouent aux cartes, chantent.

L'après-midi, quand il n'y a pas de sortie, certains font leur prière, tournés vers la fenêtre. Watson reste immobile, accroupi par terre, la tête tournée vers la bande de lumière. Dans la cellule, cela sent la sueur, l'urine, et cette odeur que Watson ne peut pas oublier, l'odeur de la mer mêlée au gasoil, l'odeur de la mort. Quand il est sorti de l'hôpital de Lanzarote, les policiers l'ont mené à la morgue, pour qu'il voie les dix-huit corps allongés sur des civières, leur visage marqué par la mort et par le froid du frigo, leurs habits raidis, leurs pieds nus, portant à la cheville gauche une étiquette avec une date. Les policiers lui ont crié des questions, leurs noms, leur pays, leur famille, mais lui n'avait rien à leur dire. Il ne savait rien d'eux. Il a reconnu le vieux pilote, son visage était couleur de cendre, la mer avait emporté son turban. Les jeunes gens paraissaient endormis. L'odeur du formaldéhyde lui a donné envie de vomir, les policiers étaient masqués. Ils ont continué à crier leurs questions. Watson se souvenait qu'ils étaient montés dans la pirogue à Saint-Louis, ils avaient poussé des cris de joie quand ils avaient passé la Langue de Barbarie au crépuscule. Pour lui, le bruit de la mer n'a pas cessé, les vagues monstrueuses, bavantes, écumantes, et le ciel parfaitement, interminablement bleu. Difficilement bleu, *Dificilmente azul*, Watson se souvient d'un titre, un vieux roman corné sur la table du Centre Cervantès, quand il voulait prendre des cours d'espagnol. Watson ne sait plus rien que des bribes, il connaît seulement le visage de Fatou, le regard de Fatou, l'odeur de sa peau dans la chambre chauffée par le soleil. Il ne répond plus, les policiers le ramènent à sa cellule. La sixième chambre de l'Audience provinciale de Las Palmas l'interroge, le menace, l'avocat du gouvernement demande l'exemple, vingt ans sans pardon, pour avoir mené à la mort les dix-huit passagers de la *patera*, Watson reste immobile, il n'écoute plus l'interprète qui lui parle en anglais. Il est assis dans la cellule, quand vient l'heure de sortir il reste immobile dans la cour sèche, il se tourne vers le soleil. La cellule de Tahiche sent l'urine, il n'y a pas de fosse d'aisances, la canalisation est bouchée, il faut pisser dans des jerrycans en plastique, et les prisonniers vont les vider à tour de rôle dans un puits dans la cour. Il faut se retenir, déposer les excréments dans l'unique fosse, creusée à même le sol. La nuit, Watson se serre contre le mur, sous la meurtrière. Il n'y a plus de vitre, le froid de la nuit descend sur son visage, le rend insensible. Il écoute la mer. C'est peut-être le bruit des voitures sur la route en corniche, ou bien la respiration des hommes dans la cellule. Il ne dort pas, il croit qu'il n'a pas dormi depuis des mois, des années. Simplement, c'est le jour, puis la nuit, puis le jour à nouveau. Les vagues se brisent sur la plage de Teguise, sur les blocs de lave qui servent de défense, une après l'autre, entraînant avec elles les illusions perdues.

Fatou vit à Barsa, dans le quartier du Port. Elle a d'abord partagé une chambre d'hôtel avec Sita, puis quand Sita a rencontré un homme avec qui elle est allée vivre, Fatou s'est installée sous les toits, dans un vieil immeuble de la Carrer d'En Roig, derrière le marché San José. Elle travaille comme femme de chambre dans l'hôtel des Conférenciers à quelques rues de là. Quand elle a fini son travail, Fatou marche dans les rues, au hasard. Elle marche sur la Rambla, la Rambla del Ravel, elle va jusqu'au port, ou parfois elle prend un bus pour Montjuic, ou encore à la zone franche, là où se trouve la prison de la Veneda, elle reste devant la porte avec d'autres femmes, comme si Watson allait sortir. Une fois, elle a fait une demande de visite, elle a rempli une fiche, avec le nom de Watson, et à la rubrique « parenté » elle a marqué « époux ». Elle a attendu dans l'antichambre, par la porte entrouverte elle a vu passer des prisonniers, vêtus de jaune, et les gardiens en uniforme, les hommes ont des visages sombres, ils gardent les yeux baissés, ils sont faméliques. Puis est venue la réponse, une surveillante lui a dit avec indifférence : « Aucun détenu de ce nom ici. »

La chambre de Fatou est au bout d'un couloir sans lumière. À mi-chemin, il y a un W.-C. commun à l'étage. Les autres chambres sont occupées par des immigrants sans papiers qui travaillent sur les chantiers de construction. D'autres n'ont pas de boulot, ou peut-être qu'ils sont petits délinquants, vendeurs de shit. Fatou ne leur parle jamais. À côté d'elle vit un légal, c'est un grand Sud-Américain avec un joli visage et une peau couleur de miel, qu'on appelle le Zambo, parce qu'il est mélangé de Noir et d'Indien d'Amérique. Il est gentil et doux, et serviable, il prête sa carte d'identité ou il aide les autres à trouver des papiers. Fatou l'aime bien, elle lui parle souvent dans le couloir, quand elle revient du travail et que lui s'apprête à sortir. Il y a si longtemps que le Zambo est ici qu'il mélange le portugais, l'espagnol et le catalan, mais Fatou a appris à parler comme lui. Il l'appelle *minha deusa, minha rainha*, comme s'ils se connaissaient depuis toujours. Fatou a bien compris qu'il est *puto*, qu'il tapine dans les rues autour du port, mais ça lui est égal. De temps à autre elle lui rend visite dans sa chambre, elle boit un soda avec lui. Son intérieur est rangé et propre comme chez une jeune fille, décoré de photos de lui et de sa famille au Brésil, et de poupées blondes. Comme elle lui a parlé un jour de Watson, il lui pose régulièrement la question : « *Que noticia do señor ?* » Fatou aime bien qu'il parle de Watson en ces termes.

C'est la vie à Barsa, si loin de tout ce qu'elle connaît, un pays étranger où les voyageurs venus de l'autre bout de la planète s'accrochent comme des moules à leur récif, dans la crainte que la prochaine vague les emporte.

Un soir, au bas de la Rambla, Fatou a aperçu le Zambo. Il semblait quelqu'un d'autre, il n'avait plus la grâce de l'adolescent perdu. Il était debout à l'entrée d'un bar, avec d'autres garçons habillés en filles. Lui était vêtu d'un pantalon moulant en vinyle et d'une blouse échancrée, malgré le froid de l'hiver. Ses yeux étaient entourés d'un trait au charbon. Un instant, il a regardé dans sa direction, sans la voir, une expression étrange sur son visage, sa bouche gonflée d'un rouge violent, un prince de l'ennui. L'instant d'après, une dispute a éclaté, et sa voix est devenue hideuse, aiguë, pleine d'insultes, *maricon, covarde, bastardo !*

Fatou est retournée à sa chambre, elle a pleuré cette nuit-là parce qu'elle a pensé qu'elle ne retrouverait jamais Watson, elle était si seule et si faible et cette ville si grande et si brutale, et aucune ville ne le rendrait jamais, aucune ville ne rendrait jamais ceux qui s'étaient perdus.

Pourtant, c'est du Zambo qu'est venue la nouvelle. Un dimanche soir qu'il ne travaillait pas, il a toqué à sa porte : « Viens, *minha rainha, tenho noticia para te, voce señor.* » Il avait allumé l'écran de son ordinateur sur une page en espagnol qui racontait le naufrage d'une *patera* aux îles Canaries. L'article du *Diario de Las Palmas* ne donnait pas de noms, mais la date correspondait. Fatou s'est effondrée en larmes. « Alors il est mort là-bas, il s'est noyé ! » Mais le Zambo l'a consolée : « *No, no, minha ermao, vaya, e vivo, e inteiro !* » Ils ont parlé longuement, et Fatou ne demandait qu'à croire à ce qu'il disait, qu'il y avait des survivants, il fallait partir pour les îles, là-bas elle allait le retrouver, il l'attendait !

Le Zambo a procuré à Fatou une carte d'immigrant légal, il l'a faite à son nom propre, en disant qu'elle était sa petite sœur. Il a acheté sur Internet son billet d'avion aller-retour pour Las Palmas. Fatou était tellement angoissée que le Zambo lui a proposé d'aller avec elle, mais c'était pour rire. Fatou s'est décidée. C'était de la magie, un don de Dieu, un miracle. Le Zambo avait reçu une intuition de l'au-delà, une vision, et l'écran de son ordinateur s'était allumé sur la page du naufrage ! Elle est partie trois jours plus tard, le Zambo l'a accompagnée à l'aéroport de Gijón. Il l'a serrée dans ses bras, c'était la première fois, Fatou a senti les muscles de son dos, les agrafes de son soutien-gorge, et une sorte de corset qu'il portait sur les reins, il se plaignait toujours des douleurs dans son dos. « *Vaya, minha ermao, minha rainha !* » Il avait la voix étranglée par l'émotion, Fatou s'apercevait qu'il avait été son seul ami dans cette ville. Quand elle lui a dit qu'elle reviendrait un jour, qu'ils se reverraient, le Zambo s'est presque mis en colère : « *Mai, vai e nunca mais, que aqui es l'infern, vai embora minha, vejo voce nao minha ermao, adeus !* » Et ç'a été la seule fois, la dernière fois que Fatou a parlé à quelqu'un, dans cette grande ville de Barsa.

C'est l'hiver, la plage grise est solitaire, seulement quelques oiseaux qui sont debout dans la langue d'écume, à attendre. Aussi quelques touristes sporadiques, un couple qu'on peut identifier comme des retraités anglais, lui un peu ventripotent, le cou raide et la démarche fonctionnelle, elle encore jolie mais grassouillette, engoncée dans une confortable doudoune. Ils font un tour sur la plage, frileux dans le vent du nord, ils prennent des photos, puis ils retournent vers leur hôtel. Ils marchent entre les barques de pêche abandonnées.

La mer est mauvaise, comme il y a un an en février, le jour du naufrage. Les vagues vertes courent vers le rivage en hérissant leur crinière, puis s'effondrent sur la plage, un grondement grave et puissant qui emplit le ciel et la terre. Watson est couché dans le sable, les genoux remontés vers sa poitrine, la tête appuyée sur le ventre de Fatou. Est-ce qu'il dort ? Il a les yeux ouverts, il regarde le ciel bleu sombre où filent les nuages. Depuis si longtemps il n'a pas vraiment dormi. Fatou pense qu'il ressemble à un enfant. Il est fragile et maigre. À l'infirmerie de

Tahiche, l'interne a dit que ça fait quelque temps qu'il refuse de manger. Sans raison, sans demander rien à personne, un jour il n'a plus touché à sa ration de riz-poisson, aux fruits, au pain. Les codétenus ont mangé sa part, et lui ne les regardait même pas. Il buvait un peu d'eau, c'est tout. Quand Fatou est venue à la prison, Watson était sous perfusion. Elle a parlé, elle a fait le siège de l'administration, des assistantes sociales, des conseillères. Grâce à la carte de séjour au nom du Zambo, on l'a écoutée. Elle a inventé un voyage depuis le Brésil, une enquête auprès de la police, des journaux. Elle a parlé de Mahama, de sa vie à Gorée, elle a donné les noms des passeurs, leurs itinéraires, elle a dénoncé Omar le Philosophe, le soi-disant Simon Frantz Fanon Taylor. L'argent qu'il perçoit des jeunes candidats au voyage, le mensonge qu'il raconte sur Barsa ou barsaq, Barcelone ou la Mort.

Comme ils ne savaient pas quoi faire de Mahama-Watson, ils le lui ont rendu. Ils avaient peur qu'il finisse par mourir, déjà huit morts dans la nouvelle prison de Tahiche, les organismes non gouvernementaux étaient à l'affût du scandale, les *Jail-Watchers*, *Noborder. org*, *Earth-times*, Gabriel del Grande, et les journaux, *La Opinión*, *El Dia*, *Tenerife News*, tous prêts à en parler sur la Toile, des têtes tomberaient.

Fatou a trouvé du travail aux Cèdres, une résidence pour Anglais oisifs à Los Cocoteros, une petite chambre dans les dépendances. Comme le lit était trop étroit, elle a mis deux matelas à même le sol. C'est là que Watson a passé ses premiers jours de liberté, sans sortir, presque sans bouger, sauf pour aller à la salle de bains commune de l'autre côté du bloc. La nuit, le vent de la mer souffle dans les palmes, c'est comme autrefois à Gorée, dans la chambre rose. Fatou écoute la respiration de Watson, elle ne pense à rien, surtout pas à l'avenir. Elle pense seulement à l'instant où Watson se réveillera. Chaque partie de son corps et de son âme reprendra vie. Il sera à nouveau entier, comme disait le Zambo. La tête, les yeux, les oreilles, les lèvres. Les épaules, le dos, les bras, les mains, le sexe. Il n'a besoin de rien d'autre, seulement des mains dures et chaudes de Fatou sur sa peau. Ils ne se sépareront plus, ils resteront ensemble à jamais, jusqu'à la vieillesse.

L'ARBRE YAMA

Tout ce dont Mari se souvient, à propos de Yama, c'est d'une chanson, une berceuse triste et monotone, sans paroles, juste des sons, ru rurururu ru, ru rurururu ru, rururu rururu ru, qui allait avec le sommeil. Après, il y a eu la guerre. La guerre, c'est la grande rivière Mano qu'on traverse pour fuir les assassins, et qu'on ne franchira plus jamais en sens inverse. Tout ce qu'on laisse de l'autre côté, il faut l'oublier. Yama appartenait au monde ancien, comme son nom mandinka. Ce que Mari sait de sa grand-mère, et de sa mère, c'est ce que sa tante Kona lui a raconté. Que sa mère est morte quelques semaines après l'avoir mise au monde et que c'est sa grand-mère Yama qui l'a prise dans ses bras et a marché à travers la forêt, jusqu'au grand fleuve. Jusqu'à l'arbre.

Il n'y a pas de photo de Yama, pas une image, pas un souvenir, pas un bijou, pas même un bout de sa robe. Seulement cette berceuse, cette vieille chanson monotone du temps jadis, qui dit : dors, enfant, dors sinon le diable t'emportera, dors sinon l'enfant accroché à l'arbre tombera, le vent l'emportera. Ce sont les paroles que

Kona lui a apprises. Mais Mari ne se souvient que du bruit du vent, le rururu du vent qui endort les yeux.

Un jour, quand elle a eu dix ans, Mari s'est échappée et elle a marché tout le jour jusqu'à l'arbre. Elle n'est revenue qu'à la nuit.

« Où étais-tu ? demandent les autres enfants. Ta tante Kona t'a cherchée.

— J'étais allée voir ma grand-mère.

— Où étais-tu ? Nous t'avons cherchée, dit sévèrement Kona.

— J'étais chez Yama, répond Mari.

— Ta grand-mère est morte depuis longtemps », dit Kona.

Mari n'écoute pas. Plusieurs fois elle est retournée jusqu'à l'arbre. Elle a manqué l'école, elle a marché à travers la savane de hautes herbes, jusqu'à la rivière. Elle a regardé l'arbre si grand et si fort qu'il semble accrocher les nuages.

Elle ne sait pas le nom de l'arbre, ni son âge, ni comment il a poussé là. Il est seul de son espèce au milieu de la savane sèche, non loin d'une petite rivière. Il était là avant tout le monde, avant même que les hommes aient construit le village de Kalango. Avant les champs et les brûlis. C'est pourquoi les hommes l'ont épargné, ou bien l'ont oublié. Pendant la guerre, les soldats de Taylor ont envoyé des bombes incendiaires, les avions sont passés au-dessus de la forêt, les autres arbres et les animaux ont disparu, mais lui est resté. Il est vieux et généreux, et puissant, il durera toujours, Mari en est sûre.

Quand Mari arrive, c'est un rituel. Elle va droit à

l'arbre et, pour le saluer (*Boa mamé, beva bi ?*), elle pose ses mains sur le tronc. La peau de l'arbre est très lisse, comme celle des mains des vieilles femmes. Striée de petites rides verticales, parsemée de verrues, de taches, de cicatrices. Elle appuie sa joue contre le tronc, elle pose son front sur l'écorce, pour sentir sa fraîcheur. Elle met son oreille contre sa peau, pour entendre le bruit de la sève qui coule en lui. Cela fait une légère vibration, Mari la sent par la peau de son visage, par tout son corps quand elle écarte les bras et se colle contre lui.

À l'école, le professeur a expliqué la vie des arbres, comment ils respirent par leurs feuilles, comment ils se nourrissent sous la terre, et leur sang qui circule sous l'écorce. Il a parlé aussi des cercles qui s'ajoutent chaque année, au centre de leur corps. Mari sait bien que leur cœur est vide. Lorsqu'elle a commencé à rendre visite à l'arbre Yama, elle était avec sa tante Kona et son oncle Abo. Elle était encore très petite et timorée, elle serrait la main de sa tante sans la lâcher. Kona s'est moquée d'elle : « Tu es peureuse, de quoi as-tu peur ? Il n'y a pas de léopard qui va te manger. » Mais l'enfant regardait avec des yeux effrayés l'ouverture au pied de l'arbre, un grand trou noir en forme de triangle renversé entre les racines.

Maintenant, Mari s'est habituée. Chaque fois qu'elle peut, elle court à travers les herbes de la savane jusqu'à la rivière, elle court pieds nus au milieu des termitières, jusqu'à la clairière où se tient l'arbre. Elle s'apaise quand elle aperçoit le tronc puissant, les branches sombres écartées comme des bras. Le matin il y a beaucoup d'oiseaux dans ses branches, des ibis blancs, des corbeaux, ou des bandes d'oiseaux minuscules, parfois si nombreux que le feuillage de l'arbre s'agite. C'est ce moment que Mari aime, lorsqu'elle s'approche de l'arbre, et qu'elle sent sa vie, en lui, autour de lui, comme une ville d'animaux dont il est la seule maison.

« Arbre, arbre Yama », dit-elle. Elle le salue à sa façon, non pas en se prosternant comme pour une personne âgée et respectable, les yeux baissés, mais elle le regarde bien droit, les bras écartés, les mains ouvertes.

Ensuite elle entre dans l'arbre. La première fois qu'elle est entrée, c'était quand elle avait commencé la grande école, où l'on apprend à lire et à compter. Elle avait un uniforme, une jupe écossaise bleu et vert, une blouse blanche, et une paire de souliers vernis tout neufs. Pour ne pas abîmer ses vêtements, Mari s'est déshabillée, elle a posé ses souliers à l'entrée, et elle s'est glissée par l'ouverture à l'intérieur de l'arbre.

Dehors le soleil brûlait dans un ciel sans nuages. Tout était arrêté dans la chaleur, les oiseaux, les insectes, le vent. Mais à l'intérieur de l'arbre l'air était frais, et Mari a frissonné. « Yama, c'est moi, ta petite-fille, a soufflé Mari. Laisse-moi entrer, ça fait longtemps que je le désire, accueille-moi, je t'en prie. »

D'abord, elle ne voyait rien. Puis, quand ses yeux se sont habitués à la pénombre, elle s'est rendu compte que l'intérieur de l'arbre était beaucoup plus grand qu'elle n'avait imaginé, cela faisait comme une grotte, aux murs très hauts, qui se rejoignaient en formant une cheminée. La lumière du jour entrait par cette ouverture, tamisée par les larges feuilles, une lumière un peu bleue, un peu verte, très douce. Les parois étaient lisses, non pas striées de rides comme à l'extérieur, mais polies et brillantes comme la pierre, et quand Mari a posé ses paumes sur le bois, elle a ressenti une impression de plaisir qui l'a rassurée. « C'est beau ta maison, Yama », a dit Mari. Elle parlait à voix basse pour ne pas troubler sa paix.

Elle s'est assise par terre, et le sol était doux et frais, un tapis de feuilles et de sciure de bois. Mari sentait son corps se calmer, la brûlure de l'air disparaissait, la peur aussi. Par la porte elle voyait le monde extérieur, très loin, différent, sans menace. Elle est restée longtemps, puis à la nuit tombante elle est partie, parce qu'elle se souvenait de ce que sa tante Kona avait dit au sujet du léopard.

À la maison, sa tante et son oncle l'attendaient.

« Où étais-tu, enfant ? » a demandé Abo.

Mari a répondu : « J'étais dans la maison de Mamé Yama. »

Son oncle l'a giflée, mais Kona s'est interposée.

« Elle ne ment pas, c'est l'arbre où sa grand-mère l'a cachée quand elle était un bébé, c'est le chagrin qui parle par sa bouche. »

Mais Mari ne sentait pas de chagrin, juste de la reconnaissance pour sa tante qui avait pris sa défense.

Malgré l'interdiction elle est retournée souvent à l'arbre, les jours de congé quand tout est endormi de chaleur dans la savane. Elle laisse ses habits à l'entrée de l'arbre, et elle met de vieux vêtements, pour ne pas se salir. Elle enfile une robe marron en haillons, il lui semble qu'ainsi vêtue elle ressemble davantage à l'arbre, et que Yama doit aimer cela.

Les années ont passé. Mari est devenue une jeune fille, et pour parfaire son éducation sa tante Kona et son oncle Abo ont décidé de l'envoyer à la ville pour passer son certificat de fin d'études. C'est une pension sévère tenue par des religieuses catholiques, Our Lady of Fatima, une grande maison blanche entourée de palmiers, au bord d'une route bruyante. Au début, Mari s'est sentie très seule, prisonnière de cette maison, de ces classes, au milieu de toutes ces filles riches. Elle haïssait son uniforme, la jupe bleu foncé et le chemisier blanc, les chaussettes de laine et les chaussures noires qui écrasaient ses orteils. L'après-midi, au lieu de jouer au ballon avec les autres pensionnaires, Mari s'asseyait sur une marche et elle détaillait ses souvenirs, la savane, la forêt et l'arbre Yama. Ici les seuls arbres étaient maigrelets, des jacarandas, des acacias épineux qui faisaient une ombre pâle, ou bien ces palmiers immobiles, imbéciles, avec leurs touffes de cheveux tressés. Elle se sentait inutile, petite et très noire, pareille à un insecte abandonné au soleil sur une route brûlante. Et toutes ces filles d'Our Lady of Fatima, les religieuses asiatiques, le prof de gym ou de maths qui semblaient eux aussi des insectes grouillants et dérisoires.

Puis elle s'est un peu habituée. Parmi les pensionnaires, elle a remarqué une fille étrangère, non pas d'un village, mais d'un pays lointain, une Libanaise au teint cireux et aux yeux verts, qui s'appelait Esmée. Avec elle, Mari parlait pendant les récréations, ou bien le soir, dans le dortoir. Esmée était asthmatique, et pour cela dispensée de gymnastique, et Mari restait à côté d'elle, assise sur un banc pendant que les autres criaient et jouaient à la balle. Esmée parlait de son pays, de son père qui voyageait beaucoup, parce qu'il achetait et vendait des diamants aux quatre coins du monde. Sa mère était séparée de son père, elle vivait au Liban avec un autre homme, Esmée ne la voyait jamais. En somme Esmée était un peu comme Mari, une orpheline.

Mari a parlé de l'arbre, près de la rivière, là-bas, au pays. Elle aurait aimé que cette fille cosmopolite s'intéressât à elle, à son arbre. « Comment s'appelle-t-il ? » Esmée voulait sans doute connaître l'espèce de l'arbre, son nom latin. Mari a répondu : « Tu ne le répéteras pas ? Il s'appelle Yama, c'est le nom de ma grand-mère. » Esmée a compris que c'était important, elle a pris la main de Mari, elle a dit : « Je voudrais bien le connaître, tu m'emmèneras un jour ? » C'était dans le genre d'un pacte, et à partir de ce jour Mari et Esmée sont vraiment devenues des amies.

Les jours de congé, comme Mari ne pouvait pas retourner chez sa tante, Esmée l'invitait dans la maison de son père, une belle grande villa dans le quartier des ambassades, près de la mer. La maison était au centre d'un jardin entouré de hauts murs, avec une piscine bleue. Jamais Mari n'avait rien connu d'aussi beau. La première fois qu'elle est entrée dans le jardin et qu'elle a vu la villa, elle s'est écriée naïvement : « Un palais ! » Cela a fait sourire Esmée.

Jibril Stefan, le père d'Esmée, était un petit homme nerveux, au regard inquiet. Il perdait ses cheveux sur le sommet du crâne, Esmée avait raconté qu'il essayait de cacher sa calvitie en ramenant les mèches sur le devant. En dehors de son business avec les diamants, il s'adonnait à sa passion pour la photo. Il a fait visiter à Mari son studio, la chambre obscure où il révélait lui-même ses clichés sur de grandes feuilles qu'il plongeait dans un bain d'acide avant de les suspendre à un fil au moyen de pinces à linge.

La grande salle de réception de la villa, de plain-pied avec le jardin, était décorée avec ses photos, des paysages africains, des scènes de rue, des portraits de femmes. Dans les W.-C. Mari a découvert une grande photo d'une femme africaine entièrement nue de face, elle n'a pas pu s'empêcher de faire la réflexion à Esmée : « Qui est cette femme ? » Esmée a haussé les épaules : « Personne, une pute, je crois. » C'était la première fois que Mari voyait une photo de ce genre. Cette femme la choquait, c'était une femme d'un certain âge, la quarantaine peut-être, aux seins lourds, face à l'objectif, les mains posées sur ses hanches larges, les jambes massives un peu écartées, le sexe revêtu d'une toison noire et frisée. « Mon père dit que c'est le portrait de l'Afrique. » Mari s'est sentie offensée : « Ton père dit n'importe quoi, c'est juste une femme, une prostituée. » Elle a eu envie de dire quelque chose de désagréable : « Il a dû bien la payer. » Mais elle s'est tue. Après tout, les peintres aussi couchaient avec leurs modèles.

Mari est revenue souvent à la villa Stefan. Elle passait certains après-midi dans la chambre d'Esmée, à papoter, à rire, à écouter de la musique. Vers le soir, avant la nuit, elles allaient se baigner dans la piscine chauffée par le soleil, en poussant des cris quand les punaises d'eau les mordaient. L'air était doux, les merles jasaient dans les arbres, et les grandes chauves-souris rouges commençaient leur ballet autour du jardin.

Pour son anniversaire Esmée (elle avait dix-sept ans) a eu droit à une grande fête. C'étaient les vacances d'été, pour la première fois Mari a refusé de retourner au village, elle a prétexté les examens, la préparation de l'entrée au collège (elle était candidate à une bourse américaine). M. Jibril Stefan était absent, en train de vendre ses diamants en Israël, comme d'habitude il avait laissé la garde de sa fille à la cuisinière philippine du nom d'Emma Jo, et au jardinier, un grand bonhomme alcoolique qu'on appelait Dada. La fête a duré plusieurs jours et plusieurs nuits, les garçons du Lycée américain et les filles d'Our Lady avaient envahi la maison et le jardin, à boire, à fumer, à flirter. La musique gueulait, et quelques filles étaient déjà hystériques et saoules. Pour la première fois Mari a fumé un joint. Un garçon du Lycée américain nommé Seymour faisait circuler les mégots, un petit groupe s'était réuni au fond du jardin, à côté de la cage du chien. Mari a aspiré la fumée, elle a bu des verres de vodka, et elle est allée vomir dans la buanderie au fond du jardin, dans le lavoir. La musique faisait ses coups rythmés dans la terre, le chien John Rambo hurlait. Le grand Dada avait bu comme d'habitude, il arpentait le jardin en écartant ses bras immenses, en criant : « Pikni ! Pikni ! Faites attention ! Je vais le dire à Mister Stefan ! » Mais ça faisait rire les jeunes : « Dada ! Viens boire avec nous ! » Esmée avait disparu dans la villa avec son flirt, un garçon anglais roux comme elle. Mari est restée dans le jardin avec Seymour. C'était un métis aux yeux verts, gentil et protecteur, Mari s'est laissée aller dans ses bras, elle s'est à moitié endormie pendant qu'il caressait sa joue. Elle a trouvé que c'était plutôt romantique, pas effrayant du tout.

C'est au cours de cet été 2003 que les choses se sont gâtées. On parlait de la guerre, mais c'était loin, ailleurs, c'était de l'histoire ancienne. Les rebelles avaient lancé des attaques, dans le nord, à l'ouest, les forces internationales allaient sûrement résoudre les problèmes. La saison des pluies faisait peser un ciel noir sur la ville, à partir de quatre heures de l'après-midi la pluie tombait à verse, les rues étaient inondées, et il faisait si sombre qu'il fallait allumer les lampes. Les filles restaient sous la varangue à regarder les gouttes tomber dans la piscine sale. Elles parlaient de la situation politique. Esmée avait reçu un coup de fil de son père, il était bloqué en France, l'aéroport était fermé au trafic civil. Il avait recommandé de ne plus sortir. Il avait demandé à Dada de les protéger, mais Esmée n'y croyait pas.

« Tu vois Dada ? Il a l'air gentil et dévoué comme ça, mais s'il doit nous trancher la gorge pour sauver sa peau, il le fera sans hésiter. » Emma Jo, en revanche, semblait participer à l'angoisse générale. Elle se lamentait, elle ne faisait plus à manger que du riz blanc avec des conserves.

Mari, elle, n'avait pas de nouvelles du village. Les rebelles étaient peut-être déjà maîtres du terrain. On disait qu'ils avaient recruté une armée de fanatiques, pour la plupart des hommes très jeunes, presque des enfants, qui se droguaient à la cocaïne mêlée à de la poudre de fusil, et qu'ils violaient et tuaient tous les gens qu'ils rencontraient, qu'ils leur coupaient les bras pour leur interdire de se battre.

Dans la ville, pourtant, on ne percevait rien de cette violence. À peine, de temps en temps, une sirène de la police, ou bien des détonations loin, par-dessus les arbres, qui faisaient envoler les pigeons, mais ç'aurait aussi bien pu être des volées de pétards. La télévision ne fonctionnait plus, et à la radio on entendait des nouvelles contradictoires. Les forces gouvernementales ceci, les rebelles cela, des discours incohérents. Les filles n'allumaient même plus le poste.

Un matin, les bombardements ont commencé. Mari a cru que c'était l'orage, mais le ciel était sans nuages. Bientôt les explosions ont ébranlé le sol, et il n'y a plus eu de courant. Dada est arrivé, il est entré dans la maison en gesticulant : « Vite, vite, allez à l'école, vite ! » Il tremblait, il bafouillait. Esmée a essayé de le faire parler, mais il se contentait de la tirer par le bras : « Allez à l'école, Miss, allez vite ! »

Dans la rue, les gens couraient dans tous les sens. Il n'y avait pas d'autos ni de bus depuis des jours parce que l'essence avait été réquisitionnée pour l'armée. Les vautours tournoyaient très haut dans le ciel. Esmée marchait aussi vite qu'elle pouvait, mais sa respiration sifflait, et bientôt elle s'est arrêtée et elle s'est assise par terre sur la chaussée. Mari avait beau lui parler, elle restait pliée en deux pour reprendre son souffle. Alors Dada l'a soulevée et, d'un seul mouvement comme si elle n'était qu'un sac de chiffons, il l'a mise sur son épaule. Malgré le tragique de la situation, Esmée riait d'être cahotée sur l'épaule du géant : « Arrête, Dada, arrête, tu me fais mal ! » Mais Dada continuait de courir, il l'emportait comme un butin, et Mari courait après eux.

À Our Lady of Fatima, la plus grande confusion régnait. Les filles s'étaient massées sur la pelouse, mais le bâtiment restait portes fermées. Quelques surveillants étaient là pour faire l'ordre, sans succès, essayant de regrouper les élèves par classes, les 6e, 5e et 4e d'un côté, les grandes de l'autre, M. le Proviseur sera là dans un instant, la mère supérieure a donné ses instructions pour la prière. C'était un samedi de vacances comme un autre, il n'avait pas plu depuis la veille, l'herbe de la pelouse étincelait au soleil. Mari observait les vautours qui traçaient leurs cercles dans le ciel, elle avait envie de dire à Esmée : « Tant qu'ils volent, rien ne peut nous arriver. » Esmée les détestait. Elle avait raconté que, lorsqu'elle accompagnait son père en auto dans la campagne, ils s'arrêtaient de temps en temps pour que son père tire à la carabine sur les vautours. « Pourquoi ? Ils sont des anges gardiens », avait répondu Mari. « Des anges ! Ils sont laids, ils ont des ailes grises, on dirait des chauves-souris ! » Mari avait été contente de savoir que M. Stefan n'avait jamais réussi à en tuer un seul, ils volaient trop haut.

On n'entendait plus de détonations. Peut-être que les rebelles avaient été repoussés ? Ou bien c'était le silence avant la tempête. Comme la mer qui se retire avant la vague.

Les filles se sont assises dans l'herbe, à l'ombre des jacarandas. Ç'aurait pu être un pique-nique, sauf que personne n'avait apporté à boire ou à manger. Vers quinze heures, un quatre-quatre s'est arrêté et deux surveillants accompagnés d'un prof de gym ont distribué des bouteilles d'eau en plastique, à raison d'une bouteille pour deux élèves. Un peu plus tard, un autre quatre-quatre blanc des Nations unies est arrivé, et en sont descendus des Africains en treillis de combat, armés de fusils-mitrailleurs AK, Esmée a dit qu'ils étaient nigérians, parce qu'elle reconnaissait leur accent. Ils parlaient fort, en criant presque, les surveillants leur répondaient de même. Esmée est allée aux nouvelles, elle est revenue en racontant que c'était contradictoire, les soldats disaient qu'il fallait aller à la plage, près du port, pour une évacuation, les surveillants refusaient à cause du danger. Mari a dit : « Peut-être qu'on devrait retourner à la villa ?

Il n'y aura plus rien aujourd'hui, et je n'ai pas envie de passer la nuit ici. »

Elles ont retrouvé Dada, et ensemble ils ont marché vers le quartier des ambassades. C'était étrange, parce que durant cette journée beaucoup de choses semblaient avoir changé dans la ville. Les rues étaient désertes, les maisons abandonnées, avec des carreaux cassés, les portails enfoncés par des voitures-béliers. Longeant le mur de l'ambassade des États-Unis, les filles ont été effrayées de voir que la plupart des vitres étaient brisées et qu'il y avait des traces d'incendie sur la façade. Mais la porte était gardée par des soldats en armes, le fusil-mitrailleur à la hanche. Ils n'ont pas bronché quand Esmée et Mari sont passées devant eux, mais à Dada ils ont crié quelque chose en langue kran, et ça devait être grossier parce que Dada s'est fâché et qu'eux ont ricané. Dada poussait les jeunes filles un peu brutalement comme si c'étaient des chèvres. La peur le faisait transpirer, et en le voyant Mari a compris d'un coup qu'elles risquaient leur vie, et que Dada ne serait pas très utile pour les protéger.

La villa Stefan avait été pillée. Emma Jo avait disparu, elle s'était sans doute enfuie dès que les filles avaient quitté la maison pour se rendre à l'école. Dans la cour, on voyait des habits, des meubles brisés, des bouteilles vides, des bouquins pêle-mêle. Les pillards avaient défoncé les portes, démoli les placards, emporté les lits et les matelas. Ils avaient vidé le réfrigérateur, jeté ce dont ils ne voulaient pas, les boîtes d'*oatmeal*, l'huile, les croquettes pour chiens. La cage de John Rambo était ouverte, mais il n'y avait plus trace du chien. Alors Esmée, qui avait jusque-là gardé son sang-froid, s'est mise à pleurer : « Mon chien, qu'est-ce qu'ils ont fait de mon chien ? Pourquoi ils l'ont emmené ? » Dada n'a pas fait dans la dentelle, il a dit avec sa grosse voix : « Chien-là, c'est bon pour manger, Miss ! » Mari a essayé de la consoler : « Mais non, n'écoute pas Dada, ils ne l'ont pas mangé ! Peut-être qu'il s'est échappé, et il va revenir plus tard. » Esmée restait inconsolable.

À l'intérieur de la villa, Mari a vu toutes les photos du labo par terre. Les pillards avaient fouillé dans les archives de M. Stefan, ils devaient chercher de l'argent, des bijoux. Dans le couloir, sur les carreaux de la salle de séjour, les photos de famille, les portraits, les paysages, les nus. Ils avaient marché sur les clichés, par endroits on voyait la trace boueuse de godillots militaires. Dans un coin, Mari a vu les photos secrètes, que M. Stefan n'avait jamais montrées. Des photos de guerre, terribles, monstrueuses, des enfants aux bras coupés, aux yeux arrachés, des mères éventrées, leur bébé encore relié à leur utérus par le cordon. Pourquoi avait-il ces horreurs chez lui ?

Mari avançait dans la maison vide, les mains tendues en aveugle. Tout à coup elle n'a plus su où elle était, ce qui lui était arrivé, comme si cette très longue journée lui avait fait perdre connaissance.

Esmée était restée à l'entrée, elle était assise par terre au milieu des décombres, devant le grand coffre-fort éventré. C'était dans ce coffre que M. Stefan gardait les diamants de la forêt qu'il revendait aux Hollandais et aux Israéliens. Esmée restait les yeux fixés sur le coffre-fort vide, comme s'il n'y avait rien d'autre à regretter. Mari a senti de la colère, même de la rage. Elle tenait des brassées de clichés de guerre qu'elle a jetées devant Esmée : « Regarde ! Regarde ces photos ! Pourquoi ton père a gardé chez lui ces boucheries, ces – – » Elle n'arrivait plus à parler, et elle s'est aperçue que c'était à cause des larmes qui coulaient dans sa bouche, qui emplissaient sa gorge. Esmée pleurait aussi, mais elle n'a même pas voulu regarder les photos.

Elles sont restées un bon moment assises par terre, serrées l'une contre l'autre. Mari a réalisé que Dada était parti, lui aussi, et qu'elles étaient seules dans la villa pillée. Elle a senti un frisson d'horreur le long de son dos, elle a repris ses esprits : « Esmée, il faut qu'on parte tout de suite ! S'ils reviennent, ils nous tueront, il faut qu'on aille à la plage, les hélicos des Nations unies nous emmèneront, viens, il faut qu'on s'en aille très vite d'ici, c'est dangereux ! » Esmée la regardait, hébétée. « Mais si mon père vient me chercher... » Mari a répondu durement : « Ton père, il ne viendra pas. Il ne pourra pas arriver, les aéroports sont fermés. Il n'a même plus ses diamants ! »

Elles sont parties en courant à travers les ruelles vides. De temps à autre, on entendait des coups de feu, assez rapprochés, des détonations sèches comme les pétards du jour de l'an, ou bien un camion passait à toute allure au bout de l'avenue, et les filles se cachaient dans les broussailles.

Sur la plage, près du port, trois hélicos attendaient,

énormes, avec leurs pales qui pendaient sur la terre. Les soldats des Nations unies avaient fait un cordon, et quand Mari et Esmée se sont présentées, un soldat a parlé à Esmée, il a dit : « Vous, pas elle ! » Et il barrait le passage avec son bâton devant Mari. Esmée est devenue hystérique, elle s'est mise à crier : « Elle aussi, c'est ma sœur, elle vient avec moi ! » Mais les soldats l'ont repoussée, et elle est tombée dans le sable. En même temps, ils faisaient passer des Blancs, des Jaunes, des Café-au-lait, les soldats des Nations unies ne leur demandaient même pas leur passeport. Les Noirs étaient refusés, même une maman avec deux enfants en bas âge, elle avait beau crier qu'elle était américaine, pas africaine, les soldats lui barraient la route avec leurs longs bâtons.

Puis les hélicos ont démarré en soulevant de gros nuages de poussière, et les réfugiés se sont retournés, les femmes se sont enveloppées dans leurs châles. Tout le monde est remonté vers les dunes en haut de la plage. Mari et Esmée se sont retrouvées dans la foule, des gens hirsutes, blancs de poussière, des gosses pleuraient, des femmes criaient, des vieillards tournaient en rond, titubaient. C'est là qu'elles ont passé la nuit, sans dormir, à guetter l'arrivée des rebelles. À l'aube, ce sont des camions civils qui sont arrivés. Ils prenaient des passagers sur leurs plates-formes bâchées, moyennant des dollars. Mari a parlementé avec un chauffeur, et avec Esmée elle est montée sur la plate-forme, elles se sont cachées loin sous la bâche. Esmée la regardait sans comprendre. « On va chez moi, vers Kalango, près de la rivière Mano. Si on reste ici, on sera tuées, surtout toi. » Elle voyait le visage pâle d'Esmée, ses cheveux blond-roux, ses yeux verts. « Tiens, cache-toi avec ça. » Elle lui a donné son foulard noir, et Esmée s'est enveloppée, elle s'est couchée par terre au fond du camion. Sur la plate-forme, il y avait quelques passagères avec leurs enfants, l'air apeuré. Elles allaient essayer de passer la frontière du côté de Bo. Quand le camion a commencé à rouler, Mari a eu un fou rire nerveux. « Ces salopards des Nations unies, que Dieu envoie un accident à leurs hélicos. »

La frontière, c'était le lieu de tous les dangers. À Kalango, Mari est allée chez sa tante paternelle, du nom de Kamara. Elle habitait seule dans une grande maison cossue à l'entrée du village. Quand elle a vu arriver les filles, elle a d'abord fermé sa porte, puis elle a reconnu Mari, elle a commencé une longue diatribe dans sa langue membé : « Je vous ai vues de loin, je pensais que vous étiez des filles à soldats, des prostituées, elles voyagent avec eux, et quand ils arrivent dans un village, ils les envoient d'abord, pour qu'elles vérifient qu'il n'y a pas de soldats, que la route est libre, alors ils viennent et ils prennent tout, ils tuent ceux qui leur résistent, ils sont venus ici il y a quatre jours, ils ont tout emporté, moi je suis restée parce que je suis vieille, mon heure peut venir, je peux rencontrer Dieu maintenant, mais vous, vous êtes trop jeunes, vous ne devez pas mourir, soyez les bienvenues, mais ne restez pas ici, les hawais sont autour du village, s'ils vous prennent vous serez leurs esclaves, s'ils vous prennent ils vous violeront et ils vous couperont les mains pour que vous ne puissiez plus vous marier, ils sont maudits, des démons, ils vous laisseront mourir sur une fourmilière, il ne me reste plus qu'à mourir, ma famille a traversé la frontière, je suis seule et je me sens seule ! » Tout cela entrecoupé de Ah nyaké, ah nyanje, ah mon père et ma mère ! et de sanglots bruyants.

Les filles ont passé la nuit chez la vieille Kamara, dans la grande salle vide d'où les meubles avaient disparu, la télé, les canapés, le frigo, les tapis, et le sol était jonché de débris laissés par les pillards. La vieille est restée sur l'unique chaise, à veiller sur elles. Le village était étrangement silencieux, sans un chien, sans un coq.

Au petit matin, la tante a préparé quelques provisions qui avaient échappé aux rebelles, de la pâte de cassave, des plantains, quelques poissons séchés et des boîtes de sardines, des oranges vertes. « Marchez sans vous retourner, enfants, ne traversez pas les routes, ni les ponts, cachez-vous dans les buissons d'épines et que Dieu marche avec vous, que Dieu maudisse les hawais et les assassins. »

Mari a retrouvé le sentier qu'elle connaît depuis l'enfance, qui traverse la savane entre les monticules des termitières. Il ne pleuvait plus depuis des jours, les boules de nuages traînaient au ras des collines. Mari marchait devant, portant son linge et ses provisions sur sa tête, comme autrefois lorsqu'elle revenait de l'école. Elle se sentait forte à présent, car elle connaissait chaque détour, chaque pli du terrain, chaque arbuste. Esmée la suivait, à petits pas, toute chétive, comme une enfant malade.

Elles ont marché des jours, de l'aube à l'après-midi, sans s'arrêter, sans manger et sans boire, sans se parler, prêtes à chaque instant à se jeter dans les broussailles, tous les sens tendus pour deviner le danger. Elles sont passées au large des villages et des fermes, de peur d'être vues par les habitants et dénoncées aux rebelles. Les vautours tournoyaient dans le ciel au-dessus d'elles, la nuit elles entendaient des bruits effrayants dans la forêt, des animaux qui marchaient, qui grognaient. Elles ont dû faire un détour pour échapper à une bande de babouins, et une autre fois elles ont été attaquées par une harde de cochons sauvages, et n'ont eu la vie sauve qu'en grimpant à un tronc d'arbre vermoulu. Les cochons les ont assiégées jusqu'au soir, ils grognaient et mordaient l'écorce de l'arbre, puis quand les criquets ont commencé leur concert du soir, ils se sont lassés et ils sont partis.

La nuit les moustiques faisaient leur sarabande. Les filles dormaient la tête enfouie dans leurs foulards et leurs T-shirts. Esmée, qui n'était pas aguerrie, s'est mise à grelotter de fièvre.

Enfin elles sont arrivées au but. Mari l'a compris en voyant que la terre était plus rouge, recouverte de buissons épineux. À la tombée de la nuit, elle a laissé Esmée dans une clairière, et elle est allée en reconnaissance du côté de Yélé, une ferme entre le village de sa tante et la rivière. En s'approchant, elle a vu des silhouettes suspectes, des hommes coiffés de bandanas, des femmes portant des fusils-mitrailleurs, et son cœur s'est mis à battre plus vite parce qu'elle a reconnu les soldats de l'armée révolutionnaire. Elle s'est reculée en rampant, le plus lentement possible pour ne pas faire de bruit.

Cette nuit-là, elles ne se sont pas reposées. Elles ont marché à foulées rapides à travers la brousse, vers la rivière. La pleine lune éclairait le paysage, découpant les arbres secs aux doigts crochus contre le ciel. La peur leur donnait des ailes.

Esmée se plaignait à voix basse, elle geignait : « J'ai mal aux pieds, je n'en peux plus. » Mari disait : « Viens, nous allons chez Yama. » Peut-être qu'Esmée a pensé qu'elles se rendaient chez la grand-mère de Mari, dans une maison où elles pourraient dormir à l'abri.

Au point du jour, elles sont arrivées sur une sorte de promontoire, au-dessus de la rivière, et elles ont vu l'arbre.

L'arbre est très grand, très généreux. Son tronc puissant est divisé en surgeons, colonnes, jambages, cordes et ponts. Ses racines plongent dans la terre aux quatre directions du monde.

Mari entre la première par la porte étroite. Elle se rappelle à quel point c'était facile autrefois, quand elle était petite, et maintenant ses hanches ont du mal à passer la porte, sa tête cogne au chambranle, ses cheveux s'accrochent aux lichens et aux échardes. Pourtant immédiatement elle reconnaît l'odeur, l'ombre, le feutre doux et humide, et elle murmure le nom de l'arbre, ô Yama. Elle répète en se glissant par l'ouverture : « Ô ma grand-mère, protège-moi, reprends-moi dans ton ventre, donne-moi ton lait, protège aussi mon amie Esmée, elle est ma sœur, accepte-la en toi et sauve-nous des ennemis. »

Esmée entre à son tour, elle est malade et tremble de fièvre et de désespoir. Mari la couche au fond de la chambre, sur le tapis sec laissé par les fourmis charpentières.

La lumière du jour descend par la cheminée et cela fait une couleur verte légère mêlée de feuilles et de chants d'oiseaux. Sur la paroi de l'arbre, dans des replis de l'écorce, l'eau de la pluie s'est conservée, si pure et fraîche que Mari la prend dans ses paumes et la fait boire à Esmée. « C'est bon comme du miel », dit Esmée, elle boit avidement et Mari sourit d'entendre sa voix enfantine.

C'est ici chez elle, le bout du voyage. Elle en a rêvé depuis des jours, peut-être même depuis qu'elle est arrivée au lycée des sœurs. Ici la folie des hommes ne peut pas entrer, c'est loin de l'avidité des hommes pour le pouvoir, de leur soif de sang, de leur désir de diamants.

« Je suis née ici, dans l'arbre, raconte Mari. Ma mère est morte en me mettant au monde au bord de la rivière, c'était pendant la guerre, alors ma grand-mère m'a emmenée ici, elle m'a cachée dans l'arbre. Elle m'a nourrie de son lait, car je n'avais plus ma mère pour me nourrir. Elle a prié Dieu et Dieu a permis que son lait revienne, même si elle était vieille et stérile, elle m'a nourrie de son lait, elle m'a donné à boire l'eau de l'arbre, et quand la guerre s'est finie, elle m'a emmenée chez ma tante Kona, et puis elle est morte, elle a été enterrée ici au bord de la rivière, près de son arbre. Elle m'a nourrie et elle m'a cachée ici, et moi je ne me souviens pas d'elle. »

Esmée boit ses paroles, elle boit aussi la décoction amère que Mari a préparée avec les feuilles de l'arbre mélangées à l'ipomée qui rampe entre les racines. Pour la guérir de son asthme, Mari frotte la poitrine d'Esmée avec des feuilles mêlées à de la cendre.

Mari a perdu les habitudes de la ville. Comme autrefois quand elle s'échappait de l'école, elle a ôté ses habits et ses chaussures. Elle a revêtu le grand T-shirt que Seymour lui a donné pendant la fête d'anniversaire à la villa Stefan. Elle s'en est servi pour dormir par terre, il est couleur de boue, avec quelque chose d'écrit sur la poitrine, dans le genre de Marvin Gaye, ou LL Cool J, mais ici ça n'a plus d'importance. Elle a noué ses cheveux avec une bande de tissu rouge, elle dit pour plaisanter qu'elle fait partie de la RUF, qu'elle est une fille de la révolution.

Et c'est vrai qu'elle fait sa révolution toute seule, qu'elle entraîne Esmée avec elle, elles sont maintenant toutes deux seules contre le reste du monde.

La nuit, la forêt s'éveille. Mari se souvient, chaque bruit, chaque cri lui revient, lui parle dans une langue qu'elle avait oubliée et qui retrouve sa voie en elle, des mots longs, des mots courts, des chuintements, des aspirations, des murmures d'oiseaux cachés dans les branches, le grelot d'une chouette, le souffle d'un engoulevent. Et toujours la note continue vibrante des insectes.

Même si Esmée grelotte de froid, Mari n'allume pas de feu, pour ne pas attirer les hawais, les assassins. Yama ne faisait pas de feu, seulement à l'aube quand la fumée se mêle à la vapeur de la rivière, pour chauffer des pierres dans la cendre, et rôtir les racines d'ipomée. Tout ce que Mari sait de la forêt, c'est Yama qui le lui a donné, non pas avec des leçons, mais avec son lait. Mari prie à voix basse : « Ô Yama, grand-mère, donne-moi ta force, ta sagesse, protège-nous des assassins, éloigne-les de ta maison ! »

Elle écoute la voix de la forêt. Elle sent sur elle, sur Esmée, les bras de Yama qui les entourent, qui les enserrent, elle entend les mille bruits légers qui font un réseau autour d'elles.

La nuit, l'eau de la rivière s'entend mieux, c'est un chant grave, un frôlement le long des pierres de la rive, le sable rouge s'effondre à l'intérieur de la courbe, mais les puissantes racines de l'arbre retiennent la terre.

Parfois, vers minuit, la pluie tombe. L'eau de pluie cascade le long de l'intérieur du tronc et emplit les creux de l'écorce. La pluie bondit de branche en branche, de feuille en feuille, et de la terre monte une odeur puissante et douce qui se relie à l'enfance. Mari frissonne en reconnaissant l'odeur qu'elle croyait oubliée. Elle murmure, penchée sur Esmée : « Respire, ma sœur, respire, l'arbre Yama va te guérir, ne tremble plus, ne crains rien, Yama nous protège. »

Esmée s'est endormie, pour la première fois depuis

des semaines. Elle s'est lovée au fond de la chambre, les bras autour des genoux, comme pour un plongeon dans l'eau de sa piscine. Elle respire doucement, à petites goulées, avec le bruit de la pluie et de la nuit.

La lune se lève sur la brousse, éclaire les cimes des arbres. La lueur pâle entre par la cheminée jusqu'au tapis de feuilles où Esmée est endormie, et Mari se souvient encore. C'est vivre à nouveau le temps de sa naissance, quand Yama la tenait serrée contre elle pour empêcher la guerre.

Et la voix ancienne qui chantonne près de son oreille, ru rururururuu ru, rururu rururu ru. Pourquoi les hommes doivent-ils s'entretuer pour une poignée de diamants ? Des cailloux cassés arrachés à la boue des fleuves, pour emplir le coffre-fort de Jibril Stefan et des trafiquants. Pour échanger les cailloux contre des armes, et continuer à tuer d'autres hommes. Ou bien s'enfuir au loin, de l'autre côté de la mer, pour y entasser son butin. Abandonner sa fille aux assassins, comme s'il y avait rien au monde qui valût cela. Maudits les diamants de Manu, de Bo, pense Mari. Maudits ceux qui les vendent, maudits ceux qui les achètent. C'est la voix de Yama qui parle par la bouche de Mari, c'est sa colère qui la brûle. Elle s'étend sur le tapis de feuilles, à côté d'Esmée, la tête tournée vers la porte pour voir la nuit bleue.

C'est un bruit, un frôlement de pas sur la terre autour de l'arbre. Mari a ouvert les yeux, son cœur tressaille. Des soldats, des rebelles de la RUF, peut-être, ou pis encore, les terribles miliciens, qui s'offrent à qui les paye, des millions de dollars, des poignées de diamants, pour rôder la nuit, tuer, violer et piller. Masqués de noir, teints de suie, armés de machettes et de fusils-mitrailleurs. Mari retient son souffle, elle n'ose pas réveiller Esmée de peur qu'elle ne pousse un cri et donne l'alerte. Les insectes se sont tus, même les grenouilles sont figées sur les rives.

Mari voit une ombre passer devant la porte, une silhouette massive, brune. Elle entend le souffle de la bête, une sorte de grognement bas, tranquille. Les pas mous avancent sur la terre, près des racines. Mari n'a jamais rien vu ni entendu de semblable, dans son enfance. Mais c'est dans la langue de Yama que vient le nom de la bête : suluwo, l'hyène.

Mari reconnaît la bête, son mufle large, sa crinière, son dos bossu, ses petites oreilles rondes. Elle se souvient de l'avoir vue dans des films, à la télé, à l'école, peut-être chez M. Stefan, ces documentaires animaliers qu'il aime tant et que les filles regardaient du coin de l'œil en bâillant.

Suluwo marche à petits pas autour de l'arbre, son groin fourrage entre les racines, elle grogne et ronronne, prend l'air en relevant la tête, dresse ses oreilles pour capter les sons. Elle tourne, revient sur ses pas, elle s'arrête devant la porte, elle a senti la présence des filles, mais ça ne l'inquiète pas autrement. Mari la regarde, non pas effrayée, mais tous ses sens en éveil. Il lui semble qu'il n'y a plus de réel, plus de danger. Ô Yama, c'est elle ton envoyée, c'est Suluwo, l'hyène, la maîtresse de la savane, la maîtresse de la rivière, tu l'as guidée jusqu'à nous pour qu'elle nous protège des assassins.

Alors les enfants ne viendront pas, avec l'esprit troublé par la poudre de fusil mélangée à la cocaïne, les enfants fous qui tuent leurs parents et mutilent leurs petites sœurs, ils ne trouveront plus nos traces puisque les ongles de l'hyène se sont enfoncés dans la terre et ont effacé nos marques. Ils ne sentiront plus notre odeur puisque Suluwo s'est accroupie devant l'arbre et a pissé sur la terre ! Ils sentiront l'odeur de l'hyène, ils verront les griffes de l'hyène enfoncées dans la terre et ils auront peur, ils repartiront de l'autre côté de la rivière, vers leurs antres de démons.

Chaque nuit, l'hyène brune revient près de l'arbre Yama. Elle goûte à la terre, elle respire la cendre, elle frotte sa crinière à l'écorce pour l'imprégner de son odeur, elle efface avec ses pattes les pas humains. Une fois, une seule fois, les meurtriers sont arrivés près de l'arbre, avant la nuit. Mari et Esmée se sont tapies au fond de leur grotte en retenant leur souffle. Les soldats se sont penchés, ils ont lu sur la terre les empreintes de l'hyène, ils ont respiré son odeur âcre et puissante, alors ils ont poussé des cris sauvages et ils sont repartis vers les villages. Bientôt, pense Mari, ils passeront le pont, ils disparaîtront, comme un vent mauvais, et la vie pourra reprendre sur cette terre brûlée, dans ces villes en ruine.

L'envoyée de Yama est revenue chaque nuit à la même heure. Elle marche et danse autour de l'arbre, les filles reconnaissent sa silhouette massive, sombre et puissante comme celle d'un ours, sa tête large et ses petites oreilles, et elles se sentent protégées par une ancêtre indulgente et capricieuse. Mari laisse chaque soir dans une feuille de bananier de quoi manger, du plantain, du gari, un poisson séché. Elle prépare de l'eau aussi dans une écuelle d'écorce, l'eau douce de la pluie que l'hyène aspire à petits coups de langue. La bête mange un peu, laisse le gari, puis elle pousse de petits grognements pour dire merci, pour dire qu'elle est satisfaite. Mari et Esmée attendent chaque nuit sa venue, sans dormir, couchées par terre, le visage près de la porte. Elles entendent le bruit assourdi de ses pas dans l'herbe, elles écoutent le souffle de la bête qui se rapproche. Mari lui parle à voix basse pour ne pas l'effrayer. Elle lui raconte l'histoire de Yama, de sa vie autrefois dans l'arbre quand sa grand-mère la cachait et lui donnait son lait, la protégeait des assassins et des hawais. L'hyène écoute. Mari ne voit pas ses yeux, mais sa face large se tourne vers l'arbre et ses oreilles se dressent pour écouter les paroles. Puis elle répond par ses petits grognements, elle souffle dans la terre, elle se roule sur le sol, elle s'ébroue, et à la lumière de la lune elle est entourée d'un halo de poussière. Elle est puissante, elle est la maîtresse de la forêt des rives du fleuve, elle est la grand-mère de cette terre qui connaît les mystères de la vie et qui gardera ce pays malgré les hommes. Solitaire et sans âge, originaire des sources du fleuve, des montagnes qui bordent le désert, du pays du sable et des baobabs, elle est venue de l'autre côté de la vie, couleur de nuit, taciturne, magique, pour protéger la descendance de Yama, pour accompagner les enfants dans l'épreuve, elle ne les quittera que lorsque la guerre sera finie et que plus personne n'aura besoin d'elle, elle regagnera alors son antre au nord, là où vivent ses congénères.

À la mi-août, Charles Taylor a déposé les armes et a renoncé au pouvoir. Ce sont les cris de joie des villageois qui ont prévenu Mari et Esmée. Alors les jeunes filles sont sorties de l'arbre au grand jour, et elles se sont mises en marche vers Kalango. Les habitants des fermes et des villages, stupéfaits, ont vu passer le long des rues deux formes humaines, vêtues de lambeaux, pieds nus, les cheveux mêlés de boue et d'herbes, l'une très pâle, les yeux transparents d'aveugle, l'autre couleur de terre, tachée de plaques grises, une expression de folie sur son visage.

Elles avançaient en silence, et la foule des gosses s'écartait devant elles, les vieilles femmes se cachaient le visage, croyant apercevoir des fantômes, les revenantes de celles que les miliciens avaient violées et massacrées à coups de sabre d'abattage, enterrées dans une clairière au milieu de la forêt.

Sur la route de la rivière Mano, un camion de l'Ecomog les a prises, et Mari et Esmée ont fait le voyage inverse à travers la campagne dévastée. Partout, le long de la route, les maisons étaient en ruine, les carcasses des camions, incendiées, parfois les corps gonflés par la mort sur les bas-côtés, servis en pâture aux vautours. Les habitants debout dans les villages regardaient passer les camions militaires avec des yeux vides, les enfants ne criaient pas, ne sautaient pas comme autrefois, ils restaient muets et effrayés, affamés. Les nuages de mouches semblaient de la fumée.

Dans le quartier des ambassades, la vie avait repris. Il ne s'était rien passé, juste quelques émeutes, un débordement. À la villa Stefan, Dada avait commencé à faire le ménage. En fait, il avait fait un grand tas dans le jardin avec les scories et les meubles brisés et y avait mis le feu, créant une épaisse fumée noire qui salissait le ciel bleu. C'était tout ce qui pouvait faire penser à la guerre.

Il a accueilli les filles avec effusion : « Ah, Miss, *bisé, bisé*, Bon Dieu béni ! » Il a remis à Esmée une enveloppe qui provenait de l'ambassade de France, contenant un billet d'avion pour Beyrouth et un bon pour l'hôtel Concorde à Paris, et la carte de visite d'un attaché portant juste ces mots : de la part de M. Jibril Stefan. C'était clair que M. Stefan était parti pour toujours, il ne reviendrait jamais en Afrique, son coffre-fort était vide, le temps des diamants avait pris fin, la communauté internationale avait voté l'interdiction de ce commerce, comme si c'étaient ces petits cailloux brillants qui avaient été la cause du malheur du peuple, et non pas les politiciens avides et corrompus, leur armée de démons, de hawais, les assassins qui avaient drogué les enfants et les avaient lancés dans les campagnes armés de sabres et de fusils-mitrailleurs.

« Tu viendras me voir là-bas ? a demandé Esmée.

— Un jour, peut-être », a répondu Mari. Mais elle pense aux villages dévastés, aux enfants à qui elle va apprendre à lire et à écrire, à l'arbre Yama près de la rivière, qui l'attend.

L.E.L., DERNIERS JOURS

I like the perpetual dash on the rocks; one wave comes up after another, and is forever dashed to pieces, like human hopes that only swell to be disappointed.

LETITIA ELIZABETH LANDON

c'est le bruit des vagues que je veux entendre. Le fracas régulier des vagues sur les rochers noirs, au bas du fort, le bruit lancinant, inlassable, impossible à oublier, une respiration, mais si lente, si lourde, qu'au début, dans les premières nuits qui ont suivi son arrivée à Cape Coast, Letitia s'étouffait malgré elle en voulant suivre ce rythme.

Le silence qu'elle avait voulu, espéré. Loin de Londres, loin des rumeurs, bruits de voix, vacarme des médisances et des ragots. Tout cela était si loin, maintenant, est-ce que cela avait vraiment existé ? Est-ce qu'elle était venue en Afrique pour se souvenir ? Est-ce qu'elle était entrée dans ce fort blanc, brûlant et cruel, perché sur son roc noir comme un navire naufragé, est-ce qu'elle y était venue par dépit, par vengeance ?

Le bruit des vagues, l'une après l'autre, lentes, puissantes, elles se cassent au loin sur un banc de sable et se précipitent en tombant jusqu'à la pointe rocheuse, dans un bruit de verre brisé, un bruit de chaînes de fer, elles jettent vers les hautes murailles du fort des trombes d'embruns emportées aussitôt par le vent, qui retombent en pluie sur le chemin de ronde, piquent le visage et fouettent les vitres de gouttelettes aiguës et salées.

Chaque matin, depuis son arrivée, Letitia allait en haut du rempart. Elle se réveillait très tôt, avant l'aube. Depuis qu'elle était séparée de corps avec George, elle avait cette liberté. Elle n'avait plus peur de le réveiller, de l'entendre dire de sa voix pâteuse : « Où allez-vous ? Pour l'amour du Ciel, pourquoi ne dormez-vous pas comme tout le monde, il est quatre heures du matin ! » Maintenant, elle s'enveloppait dans son grand châle, elle sortait pieds nus sur la coursive, frissonnant dans le vent froid. L'appartement du Gouverneur (c'était ainsi qu'elle l'appelait depuis quelque temps) se trouvait à l'étage au-dessus. La porte d'accès à l'escalier privé était fermée, et lui seul avait la clef. Une porte monumentale, renforcée de pentures en fer, pour résister à un siège. Elle se souvenait d'avoir étouffé à cause de cette porte, avant même qu'elle ne songeât à se séparer de George Maclean. L'impression d'être une prisonnière. Elle l'avait écrit dans son cahier, au début d'un poème qu'elle avait commencé à la manière du *Giaour* :

... and the same shelter built to protect her
became the dungeon of her secret soul...

Elle s'en souvenait, il n'y avait pas un mois qu'elle avait débarqué au fort, déjà elle ressentait l'étouffement de cette prison, elle lui en avait parlé, et lui avait répondu froidement : « Croyez-vous que nous sommes ici en villégiature au bord d'un lac d'Italie ? En cas de rébellion des Noirs, vous serez bien contente de l'existence de cette porte. »

Maintenant qu'elle avait recouvré un peu de liberté, elle marchait sur le chemin de ronde jusqu'à la pointe, tout à l'ouest. Elle voulait voir l'Océan.

C'était l'heure qu'elle aimait. La nuit encore noire, mais déjà une lueur au-dessus de l'horizon, du côté de la terre. Une tache pâle qui se dissolvait dans l'espace. À l'ouest, au-dessus de la mer, la ligne d'horizon était à peine visible. Les étoiles fourmillaient très bas, autour de l'œil fixe de Canopus, la plus belle, la plus brillante, qu'elle regardait avec bonheur depuis qu'elle savait (grâce à Sterling, le géographe du navire) qu'elle annonçait le retour de la saison sèche, la fin des pluies et des fièvres.

Sur le chemin de ronde, elle passait devant les sentinelles endormies, recroquevillées dans des encoignures. Elle connaissait le nom de certains, Ronald, Abbee, Wadee, Epiphany. Ils étaient engoncés dans leurs uniformes, mais ils avaient ôté leurs souliers pour dormir, leurs chapeaux à trois pointes inclinés sur leurs visages, elle s'amusait de les entendre ronfler. Si c'était sur eux que le Gouverneur comptait pour donner l'alerte en cas d'attaque des Ashantis, ou bien d'un vaisseau de guerre français... Elle pensait le « Gouverneur », elle se surprenait à dire ce mot, parfois même à l'appeler M. George

Maclean, comme si elle ne portait pas son nom, qu'elle avait gardé entier son nom de jeune fille, ce Letitia Elizabeth Landon qui sonnait si bien, un nom pour la poésie et pour la gloire...

« Pourquoi sortez-vous chaque nuit ? » George Maclean l'avait convoquée dans son bureau, quelques jours après leur querelle. Il la recevait comme une étrangère, une quémandeuse. Vêtu de sa grande tenue, gilet de soie, veste bleue à grand col, culotte noire, bas blancs et souliers vernis, perruque et front poudrés, sa canne à pommeau d'argent à la main. Mais Letitia n'avait pu s'empêcher de remarquer qu'il était suant et rouge, avec ces petites rides au coin des lèvres qui trahissaient son âge.

Elle ne répondait pas. Elle se sentait une petite fille prise en faute, fragile et honteuse devant lui, dans la grande salle au sommet du Château, éclatante de la lumière des tropiques, entourée par le sifflement du vent et la rumeur de la mer.

« Ne le niez pas, Madame, vous sortez chaque nuit, mes hommes me l'ont dit, croyez-vous que ce soit un comportement digne de l'épouse du gouverneur ? » La réputation, non pas l'inquiétude, pour cet homme si sûr de lui, si autoritaire. Elle n'avait su quoi répondre. L'étouffement, la solitude, le poids des murs et des rideaux, le manque d'air, et l'appel de la mer surtout, la voix des vagues qui la harcelait, ressassait, se fracassait sur les roches noires de la pointe.

Alors, les jours et les semaines qui suivirent, elle resta enfermée dans la petite chambre, à lire ses chers livres de poésie, à rêver, quand la bougie se noyait dans sa cire. Le laudanum prescrit par le docteur Shepard l'entraînait chaque nuit vers le néant.

Mais c'était plus fort qu'elle, elle recommença à sortir. Elle attendait la dernière heure de la nuit, avant l'aube, quand tout avait sombré dans le sommeil. Les espions s'étaient-ils découragés ? George Maclean ne l'avait plus convoquée. Aux repas, il n'y faisait pas allusion. Pieds nus, Letitia marchait sur le chemin de ronde, une ombre qui passait devant les sentinelles endormies. Au bout du chemin, la pointe, pareille à l'étrave d'un navire. À cet endroit, le vent soufflait sans arrêt, par rafales brusques, appuyant sur le visage et le buste de la jeune femme. C'était un vent violent et délectable en même temps, pensait Letitia. Il forçait sa bouche et ses narines, bousculait ses cheveux, les dénouait, aveuglait ses yeux de larmes salées, pénétrait ses vêtements jusqu'à son corps en faisant naître de longs frissons.

Elle restait là, à respirer avidement les goulées d'air frais, à s'imprégner de l'odeur de la mer. Elle avait l'impression que cela la lavait, lui redonnait des forces. De l'autre côté de l'Océan se trouvaient ses amis très chers, sa vie, sa fille, tous ceux qu'elle avait quittés pour venir ici — et tous, ils lui arrivaient dans le vent de la mer, elle croyait entendre leurs voix, leurs rires, la musique des orchestres dans les jardins d'été, la rumeur des rues à Londres, du côté de Piccadilly, de Sloane Square, de Brompton Road. La petite voix chantante de Laura.

Échapper au fort. Dans le vent, s'envoler, les bras en étoile au-dessus de l'horizon invisible, et retourner là-bas, ne fût-ce qu'un instant, ne fût-ce qu'une heure.

Lorsqu'elle était arrivée, tout était tellement nouveau. Après l'interminable voyage sur l'*Endeavour*, vingt-huit jours de mer sans voir la terre depuis Portsmouth, dans l'étroite cabine à la poupe, séparée de son mari par la salle des officiers. Malade presque tout le temps, les premiers jours à vomir sans manger, vomir de la bile, défaillir. Après trois jours, George lui avait apporté du raisin, elle avait oublié pour le bref plaisir de sentir le jus frais couler dans sa bouche sèche, et tout de suite après elle avait tout rendu, avec de l'humeur verte et des caillots de sang. « Je vais mourir », avait-elle annoncé à son mari. Mais lui : « Ne dites pas de sottises, vous êtes simplement en train de vous faire à la mer. » Est-ce qu'il y avait eu de l'ironie dans sa voix ? De la froideur plutôt. Pourquoi l'avait-elle suivi dans ce voyage ? George Maclean avait montré de l'irritation quand elle avait demandé — quand elle avait exigé — de partir avec lui. « Je ne me suis pas mariée pour rester seule à Londres avec toutes ces femmes éplorées qui guettent chaque mois l'arrivée du courrier ! » Il avait essayé de l'en dissuader : « Attendez, laissez-moi préparer votre venue, deux, trois mois... — Non, je veux partir avec vous, je ne pourrais pas attendre, j'ai hâte de connaître mon nouveau pays, Londres me fait horreur sans vous ! » Elle n'avait pas dit : « J'en mourrais ! » Mais George s'était laissé attendrir. Ils étaient encore dans l'euphorie des nouveaux mariés, les baisers, les caresses, les nuits sans dormir. Letitia attendait cela depuis si longtemps, quelqu'un à qui elle appartiendrait, qui l'enlèverait à cette société égoïste et futile, à ce tourbillon de ragots et de perfidies, cette mascarade.

Le navire a mouillé au large de Cape Coast à la tombée de la nuit. Letitia s'est traînée jusqu'au bastingage, pour regarder la ligne de la côte, son nouveau pays, une bande sombre, confuse, soulignée par l'éclat de l'écume. Au centre, elle a distingué une sorte de pyramide blanche encore allumée par le soleil. Morgue, le second capitaine, lui a prêté sa longue-vue : « Bientôt votre domaine, Madame. » Elle a perçu un ton à peine moqueur dans sa façon de traîner sur le mot « domaine ». Dans le rond de l'objectif, brouillé par le mouvement du navire, elle a aperçu un édifice très blanc, dominé par une tour carrée et entouré de remparts à poternes, un absurde château médiéval au milieu des palmiers. Elle a ressenti un léger frisson, elle n'aurait pu dire pourquoi, le bonheur d'être arrivée au terme de cet horrible voyage, l'excitation de la vie qui l'attendait. Peut-être qu'elle a pensé au *Giaour*, à Missolonghi. Le château était semblable à tout ce qu'elle avait imaginé dans ses rêves, un endroit perdu au bout du monde, effrayant et mystérieux, un endroit pour oublier les échecs du passé et recommencer à écrire. « Mais c'est merveilleux ! » s'est-elle écriée d'une voix aiguë de petite fille qui a surpris le second. La nuit tombait, en quelques instants la forteresse blanche s'est effacée, pour se confondre avec la ligne sombre de la terre.

Cette nuit-là, le vent s'est levé. Letitia est sortie de sa cabine, alertée par le bruit. Une pirogue venait de quitter le bord, et à l'avant, éclairée par un fanal, elle a reconnu la silhouette de George Maclean emmitouflé dans son manteau. Pourquoi allait-il à terre en pleine nuit ? Le second a répondu évasivement : « Le gouverneur a des affaires urgentes à régler au Fort. » Quelles pouvaient être des affaires si urgentes en pleine nuit ? À la lueur de la lune roulant derrière les nuages, Letitia regardait la côte, les vagues qui fuyaient sous le navire, elle écoutait le sifflement du vent dans les agrès. Elle se sentait fébrile, impatiente. Vingt fois elle est retournée à sa couchette, pour ressortir sur le pont aussitôt, enveloppée dans son châle, les cheveux défaits. Puis elle a fini par s'endormir assise dans son fauteuil, la tête entre ses bras. Ce n'est que le lendemain à midi que George est revenu la chercher, sans descendre de la pirogue. Ils ont franchi la barre et Letitia a pu sauter sur la plage. L'eau de mer était douce, et le contact de ses pieds nus avec le sable était un tel bonheur qu'elle a senti un vertige. Mais elle n'a posé aucune question à George. Peut-être qu'elle a senti quelque chose de vaguement hostile, dans son regard.

Moi, Adumissa, fille d'Adjassa, petite-nièce d'Adumissa célébrée dans les chants des griots, de la lignée d'Adoo dernier roi de Braffoo, dont le peuple fut vendu en esclavage. Moi aussi, dépouillée de mes richesses et réduite à la mendicité, je témoigne de mon passé et je prends la parole pour que ma fille Aweeabil, le Milieu du Jour, baptisée sous le nom de Laure dans l'église du révérend Quaqua à Cape Coast, sache son rang et sa destinée. Est-ce que nous autres, du peuple d'Akim, d'Affettoo, de Dwabin, nous valons moins que ceux qui sont nos maîtres aujourd'hui, et nous ont apporté la parole du vrai Dieu sur celle de nos esprits protecteurs, le soleil, la lune, et la terre, et les animaux dont nous sommes les serviteurs, le serpent, les fourmis et les vautours ? Est-ce que nous devons disparaître de la terre parce que nos ancêtres ont trahi et ont été rejetés au loin ? Adumissa ma grand-tante maternelle est vivante en moi, dans la couleur rouge de ma peau, dans l'eau de la rivière Seennee, au bord de laquelle ma mère a accouché de moi et m'a lavée, la rivière que les Blancs ont appelée Ankobra parce qu'elle a le corps du serpent. Je sens en moi son orgueil et son courage, lorsqu'elle s'est donné la mort pour racheter l'homme qui s'est tué pour elle, quand elle a refusé de lui céder et qu'elle a respecté son père et qu'elle a posé son fusil sur son cœur pour mourir. Nous sommes devenus pareils à des mendiants mais nous ne demandons la charité à personne, nous ne devons notre nourriture de chiens à personne, nous ne devons notre hutte de feuilles et nos vêtements en guenilles à personne ! Aujourd'hui je connais le déshonneur et la solitude parce que l'homme que j'appelais mon mari, mukun, lui que j'avais surnommé Betchee, le Rouge, à cause de la couleur de sa peau, m'a quittée pour une autre femme qu'il est allé chercher de l'autre côté de la mer. Lorsqu'il est parti, cela fait maintenant plus d'un an, je pleurais sur la plage en tenant Aweeabil dans mes bras, et lui m'avait promis qu'il reviendrait, qu'il ne nous abandonnerait jamais, et moi je l'ai cru. Les jours, les mois ont passé, les saisons ont passé, les pluies, le vent, la sécheresse, les incendies. J'allais tous les jours au rivage et je regardais l'horizon, et Cudjo le mulâtre, l'esclave libéré du Fort, me disait, ne l'attends pas, je connais ces hommes, ils promettent et ne tiennent pas leur promesse. Il disait cela parce qu'il voulait que je devienne sa femme, mais Adumissa ne peut pas être la femme d'un esclave. Nous avons été maudits à cause de la trahison de notre ancêtre, et nous avons été condamnés à errer sans biens et sans possessions, sans maison et sans terre, nous avons été condamnés à vivre en mendiant notre nourriture au marché, mais nous ne serons jamais des esclaves. L'homme blanc est venu sur cette terre et, lorsqu'il a eu besoin d'une femme, j'ai accepté d'être sa femme, mais pas son esclave. Je veux que ma fille grandisse libre, je veux qu'elle porte mon nom, et le nom de son père, qu'elle soit Laure et Aweeabil, de la lignée d'Adoo et de Maclean. Maudite soit la femme qui nous a chassées du Fort, maudit son enfant. Quand elle est venue avec Maclean, c'était pendant la nuit. J'attendais mukun, mon mari, le père d'Aweeabil, et il est arrivé par la mer, les vêtements mouillés par la pluie, et il nous a chassées. Et ses soldats sont entrés dans notre chambre, ils ont rassemblé mes vêtements, mes colliers, et ils nous ont chassées dehors dans la nuit, comme si nous étions des voleuses ou des meurtrières. Et j'ai regardé le visage de mukun, mais ce n'était plus son visage. Cette femme avait changé son apparence, elle avait changé son regard, sa voix, ses cheveux, ses habits. Et nous avons marché pendant des jours en portant un peu de manioc et de l'huile de palme, et nous avons mangé des racines sur le chemin pour tromper notre faim, des herbes et même de la terre. Nous avons marché jusqu'à la maison de mon oncle, le fils d'Adookoo, parce que nous n'avions nulle part où aller. Et la femme de mon oncle nous a mal parlé, elle nous a traitées de mendiantes, parce que nous n'avions rien avec nous. Mais je veux que ma fille connaisse l'honneur de sa lignée, celle de sa mère et celle de son père, et qu'elle sache que même si nous n'avons plus de vêtements et de vivres, même si nous devons travailler à piler le mil et à cueillir les fruits de la forêt, nous n'avons pas perdu notre honneur et notre nom, et qu'elle s'appellera toujours de son nom, Laure Aweeabil Maclean de la lignée du roi Adoo des Braffoos, et qu'elle a été baignée à sa naissance dans les eaux de la rivière Seennee, qui donne la couleur rouge à la peau des filles d'Adumissa.

La vie au Château (c'était ainsi que tout le monde parlait du fort) était monotone, un ressassement quotidien, le son aigre de la cloche qui marquait les heures, le coup de sifflet de la revue du matin, la sonnerie pour les repas, pour le couvre-feu. Letitia avait attendu l'extraordinaire, l'aventure, les dangers venus de la forêt, les cris des bêtes sauvages, la magie. Elle avait lu avec passion les récits de Sarah Bowdich, elle avait imaginé la vie en Afrique, les combats contre les insurgés ashantis, la mission pour civiliser les sauvages. George Maclean, croyait-elle, était ce héros, capable de se battre à un contre cent, fort comme un lion et doux comme un ange. La réalité s'était imposée, jour après jour. En fait de combats héroïques, la garnison se contentait de l'exercice, chaque matin, une cinquantaine d'hommes de couleur manœuvrant dans la cour, sous le commandement d'un sous-officier écossais, sous un soleil de plomb fondu. Leurs uniformes étaient pour le moins fantaisistes, pour les uns trop grands, pour d'autres ridiculement courts, certains en guenilles, gris de poussière, et les souliers leur faisaient si mal qu'ils les accrochaient par les lacets autour de leur cou. Le gouverneur lui-même n'échappait pas au coup d'œil critique de Letitia : dans son uniforme rouge, sous son haut casque blanc, il transpirait abondamment, et avait mis à son service un petit garçon qui baladait un grand parasol de toile partout où son maître allait. Letitia n'avait pu s'empêcher de commenter : « George, vous ressemblez beaucoup à Robinson Crusoé avec votre parasol et votre Vendredi. » George n'avait pas apprécié la plaisanterie. Depuis leur séparation, il se montrait injuste avec Letitia. De fait, tout ce qui l'avait séduit chez cette femme en Angleterre, sa vivacité, son sens des reparties, son imagination fantasque, ici lui paraissait insupportablement futile et arrogant. Un après-midi qu'il avait à dîner le gouverneur hollandais d'Elmina, Letitia était apparue dans sa robe de mousseline rose, d'inspiration orientale, ses cheveux noirs coiffés en chignon piqué d'une fleur de frangipanier, ce qui avait suscité un peu plus tard un reproche aigre. « Ma chère, avait grincé George Maclean, vous me ferez plaisir en n'oubliant pas que nous ne sommes pas ici dans un salon de Brompton, et que le Château de Cape Coast n'est pas destiné aux bals costumés. » Avait-elle bu plus que de raison du vin mousseux apporté par le Hollandais, toujours est-il que la conversation, portant sur le rétablissement de la traite, avait donné lieu à un éclat, quand, à la réflexion que « le monde entier réclamait la main-d'œuvre qui manquait, et que même le roi des Ashantis ne comprenait pas la loi sur l'abolition », Letitia s'était exaltée : « Est-ce pour cela que l'Angleterre est présente en Afrique, pour plaire à un barbare ? » Le silence qui s'était ensuivi était une réponse éloquente. Letitia, le visage aussi rose que sa robe, avait dû s'enfuir dans sa chambre pour cacher ses larmes.

C'est à cette époque sans doute qu'elle a entendu parler pour la première fois des « Wench ». Les « filles », c'était le surnom qu'on donnait en Afrique aux femmes africaines qui partageaient la vie des officiers en poste dans les forts. Plusieurs fois, le mot était apparu dans les conversations, à propos des officiers de la Compagnie, ou de chirurgiens de passage. Un soir que George Maclean dînait avec le gouverneur de Whydah, venu de la rivière Lagos, le nom de Sally Abson fut mentionné et, à la demande de Letitia, le gouverneur raconta son histoire. C'était une histoire très triste, qu'elle écouta avec une émotion grandissante, jusqu'à verser des larmes. Sally était la fille que l'ancien gouverneur de Whydah, nommé Lionel Abson, avait eue d'une esclave du Dahomey avec laquelle il avait vécu maritalement. Elle avait été élevée dans le fort, et tous ceux qui l'ont connue racontent qu'elle était devenue une jeune fille d'une grande beauté, avec le teint noir brillant de sa mère et les traits réguliers de son père. Il paraît qu'elle avait des yeux d'un vert pâle transparent qui éclairaient son visage. Le gouverneur Abson l'aimait beaucoup, et avait voulu pour elle la meilleure éducation. Il lui avait fait donner des leçons de musique et de chant, et elle jouait très bien de l'épinette et de l'orgue dans la chapelle du fort. Elle lisait beaucoup, surtout de la poésie, et c'est peut-être ce trait qui avait arraché des larmes à Letitia.

Le malheur fit que Lionel Abson mourut de fièvre assez brutalement, et Sally et sa mère se retrouvèrent dans une situation difficile, sans argent et sans avenir. Un chirurgien de marine nommé Macleod, ami d'Abson, décida de venir en aide à Sally et la fit embarquer sur son navire à destination de Cape Coast. Mais, à l'escale de Popo, un roitelet du Dahomey, qui avait entendu parler de la beauté de Sally, la fit enlever par ses hommes et l'enferma dans son harem. Tous les efforts de Macleod pour faire libérer Sally furent vains, et la pauvre fille, devenue l'esclave du tyran, ne tarda pas à dépérir et finit par mourir de chagrin, loin de sa mère et de son pays natal. Cette histoire tragique emplit Letitia de mélancolie, et elle décida d'en faire une longue nouvelle qui mettrait en évidence la cruauté de l'esclavage.

À partir de ce récit, Letitia commença à poser des questions sur les « Wench ». Elle ne tarda pas à comprendre que l'aventure de Sally Abson n'était pas exceptionnelle, et que tous les hommes de la Compagnie, quel que soit leur rang, avaient une femme africaine, avec laquelle ils avaient fondé une famille, parfois sans cesser d'être mariés et d'avoir leurs enfants légitimes en Angleterre. Cette révélation fut pour Letitia un véritable bouleversement. Tout d'un coup, il lui semblait que ses yeux se dessillaient, qu'elle voyait la réalité. L'hypocrisie masculine, qu'elle avait expérimentée à Londres, lui apparut dans toute sa monstrueuse bassesse. Elle était si indignée qu'elle ne résista pas au besoin d'en parler à son mari :

« Savez-vous que des hommes d'honneur, que l'Angleterre a envoyés en Afrique pour qu'ils servent d'exemple aux indigènes, et leur montrent la vraie foi, non seulement se comportent en tyrans, mais qu'ils vivent en familiarité avec des femmes noires, de malheureuses filles qu'ils ont séduites ou, pis encore, qu'ils ont faites esclaves, et qu'ils ont avec elles des enfants bâtards qu'ils abandonnent lâchement quand le gouvernement les rappelle à la patrie ? » George l'avait regardée sans répondre. Letitia était emportée par son émotion, par sa colère. Qu'espérait-elle ? Les hommes n'étaient-ils pas tous complices ? Peut-être qu'à cet instant elle se souvenait de son propre déshonneur, quand elle avait été abandonnée par un homme alors qu'elle était enceinte, et qu'elle avait dû se cacher à l'étranger pour accoucher de son enfant. Puis le comble du déshonneur, quand cet homme avait refusé de démentir la rumeur et l'avait abandonnée une seconde fois à la vindicte publique, jusqu'à cet article publié dans le *Wasp*, où l'on disait qu'elle avait eu un enfant à Paris, et l'avait mis en nourrice dans la campagne française. Puis la calomnie organisée par l'infâme Alaric Watts, qui faisait de Letitia une aventurière, une mangeuse d'hommes, et la rupture avec John Forster, l'homme qu'elle avait cru être son seul ami — l'homme qu'elle avait voulu épouser, et qui s'était livré à cette manœuvre ignoble, avait diligenté une enquête policière à son sujet, comme si elle était une criminelle, une fille perdue. C'étaient ces souvenirs humiliants qui la submergeaient, maintenant, ce déshonneur qu'elle lisait malgré elle dans le regard froid de

George Maclean. Alors la honte l'envahit soudain, son cœur battant trop fort, son visage en feu, elle s'enfuit dans sa chambre, pour cacher ses sanglots comme autrefois quand elle était une petite fille. Elle attendait qu'il vienne, elle guettait à travers ses larmes le bruit de ses pas dans l'escalier, elle espérait qu'il la prît dans ses bras pour la consoler, la rassurer. Mais au lieu de cela, il avait refermé assez brutalement la porte de ses appartements, et Letitia avait entendu distinctement le bruit du pêne dans la serrure. Elle ressentait l'immensité de sa solitude.

Chaque nuit, c'est Laura qui est venue d'outre-tombe. Son petit visage, là-bas, à l'autre bout de la mer, en France. Plus fort que jamais, son absence, un morceau d'elle-même qui lui avait été arraché, par lâcheté, par faiblesse. « Laura... Laura. » Elle entendait battre les syllabes de son nom. Elle avait pensé, elle avait espéré. Contre toute logique, contre toute évidence. Elle avait imaginé que Laura vienne la rejoindre ici, au fort de la Côte, accompagnée de sa nourrice, elle aurait préparé une chambre à côté de la sienne, elle aurait fait venir une préceptrice. Cela aurait été une belle vengeance contre William, le père de Laura, lui qui avait refusé même d'entendre parler de sa fille, qui l'avait trahie, l'avait rejetée dans l'oubli. Ici, elle aurait eu une vraie famille, elle aurait rempli les corridors et les cours de ses rires, elle aurait appris le chant et la musique, elle serait allée à l'école du fort avec les petits Africains. Letitia pensait à tout cela comme si elle était en train d'écrire une nouvelle fin au roman de *Paul et Virginie*, ou à *Ourika*. Une fin heureuse, qui annoncerait le commencement d'une ère nouvelle. C'était un rêve, bien sûr. Laura était morte depuis très longtemps, emportée à l'âge de deux ans par une fluxion, et Letitia n'était arrivée à Honfleur que pour se recueillir sur sa tombe, sans l'avoir revue.

Cette nuit-là, Letitia est allée jusqu'au bout du fort, à l'endroit qu'elle aimait, où les vagues se brisent sur les rochers. Penchée sur le mur, elle regardait le vide devant elle, plein du vent et du mouvement de la mer, elle imaginait qu'elle s'élançait, les bras collés au corps pour que le poids de la tête l'entraîne, l'instant infini de la chute avant qu'elle s'écrase sur les rochers et que la mer la happe et l'entraîne vers les profondeurs.

Les sentinelles la voyaient passer par la porte de la poterne, monter l'escalier qui conduit à la plate-forme des canons, et elles ne bougeaient pas. Peut-être que George avait donné des instructions pour qu'on la laissât passer — ou bien c'étaient les soldats eux-mêmes qui avaient décidé de ne plus rien dire, peut-être qu'ils éprouvaient du respect pour cette femme qui errait la nuit dans le vent et les embruns, l'air d'une somnambule. À moins que ce ne fût un complot, pour se débarrasser d'elle — dans son délire, Letitia imaginait une vengeance de la Wench de Maclean. Seule, un soir, alors que Letitia était penchée au-dessus du vide à boire le vent, une voix douce s'est adressée à elle. Une femme l'a prise par le bras, l'a tirée en arrière. « Mame, il fait froid, venez, ne restez pas là... » Letitia a reconnu Meriama, l'aide de la cuisinière. C'était une jeune Africaine au corps massif, mais avec un joli visage souriant. Letitia s'est appuyée sur elle pour retourner vers les appartements. Dans la cuisine désertée, Meriama lui a fait chauffer du bouillon, que Letitia a avalé en se brûlant, les yeux pleins de larmes. De toutes les personnes habitant le Fort, George, le médecin Shepard, Miss Tardy la couturière, ou les voyageurs de passage de la cellule maçonnique de la Torridzonian, il n'y avait que cette servante qui montrait quelque sentiment à son égard, qui se souciait d'elle. C'était cela, et la brûlure du breuvage, qui avait mis des larmes dans ses yeux.

À partir de cette nuit, Letitia a pris l'habitude d'aller dans la cuisine chaque soir, pour parler avec Meriama. Meriama parlait un anglais mélangé de pidgin et de langue fanti, qui rendait son bavardage drôle, ingénu. Elle a raconté sa vie, comment elle avait été enlevée dans son village quand elle était enfant, et vendue à un soldat d'Elmina, et à la mort de celui-ci, elle était restée au Fort avec ses deux enfants, un garçon et une fille en bas âge, puis elle s'était remariée avec un pêcheur. Letitia lui a parlé de Sally Abson, mais Meriama ne savait rien d'elle. Et puis un jour Letitia lui a posé la question qui lui brûlait les lèvres : « Est-ce que Master George avait une Wench avec lui avant qu'elle n'arrive au Fort ? » Meriama a eu peur, elle a caché son visage dans ses mains et, comme Letitia insistait, elle s'est débattue : « Ah, Mame, il ne faut pas parler, c'est interdit, c'est interdit ! »

C'était devenu une obsession pour Letitia. Elle ne pouvait plus penser à autre chose, maintenant qu'elle avait quelqu'un qui pouvait lui apprendre la vérité. Une fois, elle s'est décidée à affronter George, elle a marché à son bureau, hors d'elle, mais ses jambes tremblaient au moment de franchir le seuil. Elle s'est assise sur les marches de l'escalier, incapable de respirer. À la demande de George, le docteur Shepard prescrivit quelques gouttes supplémentaires de laudanum à prendre chaque soir. Pendant une ou deux semaines, le médicament fit de l'effet, et Letitia dormit lourdement, ne sortant de sa torpeur qu'au milieu de l'après-midi. Elle devint pâle, ses cheveux, emmêlés et ternes. En se regardant dans sa psyché, elle découvrit son visage vieilli, des rides d'amertume au coin de ses lèvres, des cernes autour de ses yeux. Elle repéra même quelques fils d'argent dans ses cheveux noirs.

George Maclean commença à parler de la renvoyer en Angleterre. Il y avait de la place pour elle dans la maison de son frère, à Keith, en Écosse, elle pourrait se soigner, recouvrer la santé. Mais Letitia ne voulait pas entendre parler de retour : « Je ne suis pas malade ! » Elle ajouta, d'une voix assourdie par la colère : « Ce n'est pas de ma santé que vous vous souciez, c'est de votre — de votre tranquillité ! » Elle cherchait le mot, elle voulait dire, crier : « Votre Wench, votre maîtresse noire ! » Mais ces mots vulgaires et humiliants n'arrivaient pas à franchir sa gorge.

Elle en était sûre à présent. À force d'insistance, elle avait obtenu de Meriama la vérité. Une femme avait habité le Fort avant elle, une Wench, dans l'appartement du Gouverneur. Elle était partie la veille de l'arrivée de Letitia, justement lorsque George Maclean avait quitté le navire en pleine nuit. Avait-elle eu des enfants ? Meriama avait entendu dire qu'elle avait eu une fille, qui vivait loin, du côté d'Axim, au cap Trois-Points. Et comment s'appelait l'enfant? Meriama savait qu'elle avait un nom païen, mais que le Gouverneur l'avait fait baptiser au Fort, et qu'elle s'appelait Laure. En entendant ce nom, Letitia s'est mise à rire, de dérision, de ridicule, un rire grinçant. La destinée s'était jouée d'elle en donnant à cette fille métisse de son mari le même nom qu'elle avait donné à sa propre fille!

Il lui semblait se réveiller d'un long sommeil. Maintenant, tout semblait différent à Letitia. Le Fort, qu'elle avait imaginé sans le connaître un château romantique, une sorte de vaisseau de pierre immobile au-dessus de l'Océan, entouré de légendes et du bruit de la forêt, dans lequel des hommes de la noblesse ancienne, solitaires et farouches, vivaient dans l'exaltation de l'aventure, pour accomplir leur idéal chrétien, jusqu'au sacrifice de leur vie — le Fort était devenu une prison ignoble et sombre, pénétrée de fièvres et de mélancolies, habité par des monstres avaricieux et impudiques, qui utilisaient leur pouvoir pour asservir les Noirs, les réduire en esclavage et violer leurs filles, et voler leur or. Au fil des discussions, elle notait le mal qui l'entourait : tel gouverneur d'Accra, qui avait dérobé des millions sur l'argent qu'envoyait la Compagnie, au moyen de fausses factures, inventant des campagnes militaires, des cadeaux aux rois africains. Tel autre, qui avait fait fouetter à mort un serviteur, pour un mot de travers, pour avoir cassé de la vaisselle, ou pour avoir chapardé dans la réserve.

À Christianborg, à Elmina, à Chamah, que les maîtres soient anglais, hollandais, ou danois, c'était la même chose. Un jour, elle découvrit la prison souterraine, sous la place d'Armes. Elle voulut visiter les cellules, et pour cela elle mentit aux soldats, profitant de l'absence du Gouverneur en visite sur un bateau marchand mouillé au large. Descendant par un étroit boyau, elle arriva à une grille de fer rouillé, de l'autre côté de laquelle se trouvait une grande salle voûtée éclairée par deux puits de ventilation, d'où tombaient deux colonnes de lumière qui semblaient le regard de deux yeux pleins de tristesse.

Une seule des grandes salles souterraines était encore occupée par des prisonniers. Des rebelles ashantis, quelques soldats surpris en état d'ivresse, quelques petits voleurs, et un assassin. À part ce dernier qui était entravé par une lourde chaîne rattachée au mur, les prisonniers étaient assis sur le sol de terre battue, le même sol où avaient séjourné dix ans auparavant les esclaves en partance pour les Amériques. Ils ne parlaient pas, et semblaient abattus par la fièvre et par la demi-obscurité, sauf un vieillard qui gémissait en continu, une chanson plutôt qu'une plainte. Mais ce qui horrifia Letitia, c'est l'odeur qui sortait des cellules, même celles qui étaient vides, une odeur qui émanait du sol et des murs. Letitia était agrippée à la grille, elle avait mis un pan de son châle sur son visage, pour lutter contre cette odeur de mort. Au fur et à mesure que ses yeux s'habituèrent à l'obscurité, elle distingua les visages des prisonniers, leur expression sauvage et féroce pour certains, pitoyable pour les autres. « Combien de temps vont-ils rester ? » Le gardien cherchait une réponse. « Long temps, Mame, très long temps, pour lui, pour lui, tuer des gens, long temps, Mame, deux ans, trois ans... » Letitia montra le vieillard recroquevillé contre le mur. « Et lui, combien de temps ? » Le soldat eut un petit rire de mépris. « Lui, depuis temps de l'esclavage, Mame, dix ans, maintenant aller en enfer. » Letitia voulait continuer l'exploration des galeries souterraines. « Et les femmes, où étaient les femmes ? » Le garde l'a accompagnée jusqu'aux cellules éloignées, contre le mur d'enceinte du Fort. Au centre des cellules une cour pavée, en dessous de la caserne. « Ici, beaucoup, beaucoup de femmes. » Le soldat avait l'air de bien s'en souvenir. Ici aussi, l'odeur était repoussante, une odeur inhumaine, plus acide pensait Letitia, l'odeur du sang des menstrues qui avait imprégné le sol. Une odeur animale. Les murs étaient recouverts d'une mousse noire, sauf par endroits, où on voyait encore la trace des ongles qui avaient griffé la pierre. Letitia frissonnait d'horreur, mais elle ne pouvait pas détacher son regard des cellules. Elle était entrée à l'intérieur, elle touchait les murs, elle cherchait à ressentir les souffrances de celles qui y avaient été enfermées. Au centre de la cour, un bassin de pierre était rempli d'eau croupie. Le soldat se pencha sur le bassin et fit semblant de se laver. Il montra les fenêtres de la caserne, au-dessus de la cour. « Là-haut, les hommes regarder, les jolies femmes, venez, venez s'amuser. » Letitia s'écria avec dégoût : « S'amuser, elles s'amusaient avec les hommes là-haut ? » Le garde hocha la tête. « S'amuser, les femmes avec les hommes, la nuit, l'escalier pour les femmes. »

Letitia n'a pas osé parler du Gouverneur. Est-ce que lui aussi venait sur le balcon pour choisir une femme, une jeune fille en train de se laver dans le bassin, et que les soldats lui amenaient toute tremblante, ses yeux apeurés comme ceux d'une biche que l'on conduirait à un loup ?

Depuis la visite aux cellules souterraines, Letitia ne pouvait s'empêcher de penser aux prisonniers qu'on avait enfermés sous la cour d'honneur, avant de les pousser vers les chaloupes qui les emmenaient vers les navires des trafiquants. Chaque fois qu'elle sortait, elle regardait avec horreur les trous de ventilation aménagés de chaque côté de la cour, pareils à des puits sans fond. Pendant le jour, le brouhaha de la vie couvrait tout, mais la nuit, au fond de sa chambre, Letitia croyait entendre la plainte du vieux fou dans sa cellule. Elle se bouchait les oreilles, mais cela venait avec la rumeur de la mer et du vent. Elle croyait entendre les voix des autres prisonniers, le cri de rage de l'assassin qui attendait qu'on le pende, et aussi les voix des esclaves, les femmes surtout, un grondement de colère et de peur, et leurs ongles qui grinçaient sur les murs. Parfois, elle se réveillait au beau milieu de la nuit, le cœur battant, la gorge serrée, elle avait entendu distinctement la voix de Laura qui l'appelait. « Ma chérie, tu es là, tu es venue ! » Et quand elle se redressait dans son lit, le sang battant dans ses tempes, le dos trempé de sueur, la solitude l'enveloppait d'un voile glacé. « Oh mon Dieu ! Qu'est-ce que j'ai fait ? Qu'est-ce que j'ai fait de ma vie ! » Et elle se laissait aller en arrière, les yeux ouverts sur le vide.

Quand Letitia laissait sa lampe allumée, Meriama

venait frapper à sa porte. « C'est Meriama, Mame, c'est Meriama de la cuisine. » Elle apportait du bouillon chaud. Elle s'asseyait par terre à côté du lit pendant que Letitia soufflait sur la tasse. C'était un moment de douceur, grâce à la voix chantante de Meriama, à ses expressions enfantines, à sa façon de rire de tout, comme si rien n'avait d'importance. « Parle-moi, Meriama, parle-moi de tes enfants, comment s'appellent-ils, où sont-ils maintenant ? » Et Meriama parlait, racontait la vie au village, son mari pêcheur, les enfants qui viendraient à l'école du Fort l'année prochaine, grâce au Gouverneur, c'était lui qui avait ouvert l'école aux enfants des serviteurs, tout le monde aimait beaucoup Master Maclean, il était juste et bon, il ne faisait jamais fouetter les domestiques comme font les autres gouverneurs à Anomabu, à Elmina. Letitia s'endormait en écoutant le bavardage de Meriama, parfois elle tenait sa main, une main large et rugueuse comme une main d'homme, cela la rassurait. Avec elle rien n'était vraiment tragique, elle racontait les choses horribles en riant, cet homme qui l'avait violentée au Fort, quand elle était arrivée, un soldat ivre, que le Gouverneur avait renvoyé, elle disait cela en montrant ses fesses, « C'est malheur, Mame, c'est malheur d'avoir un joli cul », elle ne mâchait pas ses mots.

En écoutant Meriama, Letitia a eu l'idée de son voyage. Elle irait là-bas, jusqu'à Axim. Elle sortirait de la prison du Fort, elle irait voir les enfants de Meriama, et peut-être qu'elle rencontrerait l'autre femme, peut-être qu'elle verrait la fille métisse de George Maclean, Laure. C'était une idée un peu folle, mais elle a fait tout pour obtenir l'autorisation de son mari. À lui, elle a parlé de Sarah Bowdich, elle irait elle aussi en exploration, elle écrirait un récit de ses aventures pour la Torridzonian, qu'elle publierait à Londres, dans la *Literary Gazette*, et ainsi tout le monde saurait en Angleterre qu'elle était encore en vie, qu'elle restait une romancière, africaine certes, mais aussi populaire que dans sa jeunesse, et tout le monde là-bas l'adorerait à nouveau, comprendrait sa vie dans ce nouveau monde ! Son exaltation était telle qu'elle a dû en parler tout de suite à George, dès le matin. Il était encore en chemise, il attendait son barbier. Il l'a écoutée sans broncher.

« Vous verrez, promettait Letitia, ce sera un roman, ou peut-être un long poème, tel qu'on n'en a jamais fait sur l'Afrique. »

George était étonné. Il retrouvait la femme dont il était amoureux, qui s'était jetée dans l'aventure, n'avait pas hésité à embarquer à bord de l'*Endeavour* pour l'accompagner sur la côte ashanti. L'éclat des yeux noirs de Letitia, la vivacité de ses gestes, le timbre chaud et grave de sa voix, l'air si jeune, si enthousiaste, quelque chose d'oriental dans sa façon d'être. Quand elle s'est assise à ses pieds, à la manière d'une enfant, entourant ses jambes de ses bras, pour mieux parler de son désir, il voulut dire : nous verrons cela plus tard, mais elle ne l'a pas laissé prononcer sa phrase, elle s'est écriée : « Oh, George, dites oui, s'il vous plaît ! » Il n'a pu que répondre : « Quand voulez-vous partir ? » Elle était prête à partir tout de suite, là, ce matin, le temps de rassembler des porteurs et des vivres. George l'a calmée : « Non,

non, il faut bien tout préparer, que je prévienne Dixcove, le gouverneur d'Elmina, d'Axim. Le docteur Shepard vous accompagnera, et une dizaine de soldats, je ne veux pas que vous couriez le moindre risque. » Le départ fut fixé pour le début de la semaine suivante.

Cette semaine fut la plus longue que Letitia eût jamais vécue. Chaque matin, dès l'aube, elle se tenait, non plus sur la plate-forme pour regarder la mer, mais à la pointe est, pour voir le soleil se lever au-dessus de la terre, éclairer les toits des maisons des pêcheurs, et briller sur les feuillages des arbres et sur la ligne de la forêt.

Enfin le voyage commença. Letitia était installée dans un hamac porté par quatre hommes. Pendant des jours, elle subit le balancement de leur marche à travers la forêt, du matin jusqu'au soir, avec quelques arrêts qui lui permettaient de se dégourdir les jambes pendant que les porteurs se reposaient. La nuit, ils dormaient dans des huttes au toit de feuilles. À la lumière de sa lampe tempête (une bougie enfermée dans une lanterne en laiton à fenêtres micacées), Letitia écrivait le journal du voyage, par bribes, au crayon à mine de plomb sur des feuilles de papier humides. Elle lisait avant de s'endormir de la poésie, Shelley, Byron, Keats. Sur un carnet, elle avait recopié à la main des passages du poème de Felicia Dorothea Hemans, *Le Sanctuaire de forêt.* C'était cela qu'elle écrirait à son retour au Fort, un poème où elle conterait la fuite d'un esclave et son amour pour une femme libre de la côte... Puis elle se couchait sur son matelas de coton, enveloppée dans un tulle qui faisait office de moustiquaire. Les nuits étaient telles qu'elle les avait imaginées, bruissantes d'insectes, de cris étranges, de frôlements inquiétants. Elle ne s'endormait qu'au petit matin, quand le serein ruisselait sur le toit. Elle s'étonnait de n'avoir pas peur. Elle se sentait emportée dans un tourbillon, il n'y avait plus de frontière entre la réalité et les rêves.

Passé Elmina et Jago, la troupe s'arrêta au fort de San Sebastian de Chamah, où le seul militaire anglais de la garnison leur offrit l'asile pendant quelques jours, pour profiter de l'eau, qui selon ce qu'on disait était la meilleure de toute la côte. Mais Letitia était impatiente de continuer, et dès le lendemain, avant le lever du soleil, elle donna le signal du départ. Après Segondi, Fort Orange, la piste s'enfonçait dans l'intérieur, à travers une forêt épaisse. Quand elle était lasse du balancement des porteurs, Letitia marchait sur l'étroit chemin. Pour rendre plus résistantes ses bottines, elle les avait doublées avec des guêtres de toile qui recouvraient ses jambes. Elle s'était habillée légèrement, une longue robe de coton à manches larges, qu'elle avait cousue au milieu pour faire une sorte de culotte à la manière des femmes orientales. Elle portait un chapeau de paille acheté exprès à des femmes missionnaires, qui protégeait sa nuque du soleil. Malgré cela, elle se sentait trempée de sueur, ses cheveux bouclés étaient collés sur ses joues et sur ses épaules. Elle avait pensé voir des bêtes sauvages, des singes, des oiseaux de toutes les couleurs. Tout ce qu'elle rencontra fut la nuée des moustiques qui s'abattait sur la troupe à la tombée de la nuit, et les tiques noires qui tombaient sur elle quand elle frôlait les feuilles. Mais les plantes étaient magnifiques, des arbres géants aux branches et aux racines tentaculaires, des palmes, des lianes rouges qui étouffaient les troncs, des fleurs pâles qui poussaient dans l'air, une nature immobile et puissante qui excitait son cœur.

Ils arrivèrent à Axim au milieu de la seconde semaine. Letitia croyait découvrir une ville, avec des maisons de commerce en pierre, des remparts, un port. En réalité ce n'était qu'un pauvre hameau de huttes de paille, et le Fort hollandais était en mauvais état, ses murs verdis par l'humidité de la mer. Le gouverneur d'Axim les reçut froidement, affectant de ne pas parler anglais. Il n'offrit aux voyageurs qu'un abri de palmes ouvert au vent, en dehors des murs du fort. Il y avait quelque chose d'hostile dans ce promontoire gris au-dessus de la plage semée d'écueils noirs.

Les porteurs, envoyés aux nouvelles, revinrent sans résultat. Personne ne connaissait une femme qui aurait eu un enfant métis du nom de Laure, ou Laura. Letitia était en proie à une obsession insurmontable. Elle allait de l'un à l'autre posant toujours la même question, il lui semblait que c'était sa propre fille qu'elle avait perdue. Le docteur Shepard, malgré sa réticence, fut obligé de l'accompagner avec des interprètes de langue fanti. Le village se résumait à une longue rue de terre rouge flanquée de cases en bois et en terre, encombrée de bétail et d'enfants. Letitia marchait au-devant, vêtue de sa robe claire et s'abritant sous une ombrelle, et cette fois ce fut elle qui eut à admettre qu'elle devait ressembler à

Robinson sur son île ! Les Noirs restaient en retrait, visages fermés, l'air sauvage avec leurs incisions tribales. Shepard était mal à l'aise. « Nous ne devrions pas rester ici un jour de plus, avait-il dit à Letitia. Le Hollandais ne bougerait pas d'un pouce si ces gens décidaient de nous couper la gorge. » Bien qu'il se soit écoulé près de dix ans depuis la bataille de Nsamankow, le souvenir du sort du gouverneur Macarthy, tué par les Ashantis, et son crâne transformé en coupe pour le vin du roi Osei Bonsu lui revenait à l'esprit. Letitia haussait les épaules quand elle entendait cela. « La guerre est finie, rassurez-vous ! Nous sommes dans un pays ami. »

À un moment, une femme s'est détachée de la foule, attirée par Letitia. Elle s'est mise à la toucher, ses habits, ses cheveux. C'était une femme très grande, d'une beauté sculpturale, à peu près complètement nue sauf un cache-sexe de raphia. Letitia a pu admirer la qualité de sa peau, ce noir brillant qui faisait la réputation des femmes d'Ankobra. La femme a pris les mains de Letitia, comme pour les embrasser, et Letitia a eu un mouvement de recul, non pas de peur, mais plutôt de surprise devant ce geste de soumission. La femme d'Ankobra continua à lui tenir les mains, en lui parlant dans sa langue, mêlée à des mots d'anglais, c'est du moins l'impression que Letitia avait. Elle a appelé l'interprète : « Que dit-elle ? » L'homme l'écouta, puis : « Elle ne parle pas fanti, mais elle demande, avez-vous des enfants, avez-vous un mari ? » Ce n'était pas une question, a pensé Letitia, plutôt un bavardage, car en même temps la femme passait ses mains sur la robe de Letitia, sur ses cheveux, elle tirait les petits poils noirs sur ses bras, elle touchait les bijoux, les bracelets, l'alliance en or. D'autres femmes sont arrivées, enhardies par la scène, et l'instant d'après Letitia était complètement entourée par des femmes et des enfants, séparée du groupe des porteurs et du docteur Shepard. Chacune poussait pour arriver jusqu'à elle, en parlant, en criant, les mains se tendaient pour la toucher, tiraient sur sa robe jusqu'à en déchirer des morceaux, arrachaient son ombrelle et son chapeau. Letitia les avait laissé faire au début, éloignant les porteurs prêts à leur donner des coups de trique, et bientôt elle s'est retrouvée assaillie, elle étouffait, elle titubait, et elle s'est mise à crier d'une voix étranglée, elle se noyait. Les porteurs sont arrivés, ils ont crié des ordres, ils ont battu les femmes à coups de bâton, et les enfants s'accrochaient encore aux jambes de Letitia en hurlant, elle serait tombée à terre si Shepard ne l'avait pas rattrapée, entraînée au loin.

« Vous avez commis une imprudence », lui dit-il avec sévérité. Letitia sanglotait, cherchait à reprendre son souffle. « Je ne savais pas, pardonnez-moi... » Sa robe était déchirée à l'épaule, son chapeau piétiné n'était plus qu'un déchet, et son ombrelle avait disparu. « Vous ne pouvez pas leur faire confiance, pas plus qu'à des loups féroces », dit encore Shepard sentencieusement. Il resta silencieux jusqu'à ce qu'ils aient regagné l'abri près du fort.

Oui, qu'elle soit maudite, l'étrangère qui est venue me prendre mon mari, mukun, que j'ai appelé Betchee, le Rouge, George Maclean, le père d'Aweeabil Laure Maclean, de la descendance d'Adoo et d'Adookoo, qu'elle soit maudite et avec elle son engeance ! Elle a osé venir jusqu'ici, dans le village d'Axim où je me cache depuis la honte de mon bannissement, depuis que je suis revenue à mon état de mendiante et que chacun me traite en esclave, moi la descendante d'Adumissa qui a mis une balle dans son cœur pour sauver l'honneur de son père.

Elle est venue dans son orgueil, vêtue de sa plus belle robe, coiffée d'un chapeau de princesse, portant une ombrelle pour préserver la pâleur de sa peau, et moi j'étais nue, sans bijoux et sans peigne, sans servante et sans protecteur.

Elle est venue entourée de ses soldats et de ses serviteurs, et quand j'ai voulu m'approcher ils m'ont battue à coups de bâton, et si je ne l'avais pas protégée dans mes bras ils auraient battu Aweeabil, la fille de leur maître. Quand j'ai voulu m'approcher, l'étrangère m'a regardée et dans son regard j'ai senti la haine pour ma race, la haine pour mon peuple. Qu'elle soit maudite, la femme blanche au regard de sorcière. Que le fleuve Seennee l'emporte dans son tourbillon et la noie, que les vautours qui nous protègent s'acharnent sur elle et dévorent ses yeux. Je l'ai approchée, j'ai touché sa peau et ses habits, j'ai touché ses cheveux, et j'ai maudit son corps qui est entré dans la couche de mukun, mon mari, qui a accueilli son sperme, j'ai maudit son âme qui a dévoré celle de mukun, mon mari, George Maclean, gouverneur de ce pays, notre maître. J'ai approché l'étrangère, et mes jambes tremblaient, ma gorge ne buvait plus l'air, mes yeux se voilaient, j'étais à la mort. Aweeabil se tenait derrière moi, mais les autres femmes du village sont venues et nous avons été séparées. Puis l'étrangère a fait distribuer par ses serviteurs des gâteaux de farine et du sucre, mais j'ai défendu à Aweeabil d'en manger, car je pensais qu'ils étaient empoisonnés, qu'ils contenaient la malédiction de cette femme, le mensonge de son cœur, amalaloo. C'est cette nourriture qu'elle a fait manger à mukun, mon mari, et ainsi elle l'a éloigné de moi. Puis l'étrangère est retournée au fort, et moi je l'ai suivie de loin, en me cachant derrière les arbres, et la nuit qui a suivi je suis restée à côté du fort, pour surveiller. Je l'ai regardée sans baisser les yeux, pour qu'elle sente mon regard et qu'elle reçoive ma malédiction, sur elle et sur ses enfants. Le lendemain, j'ai conduit Aweeabil jusqu'à la pierre aggry, j'ai posé mes mains sur la pierre pour qu'elle reconnaisse l'odeur de la peau et des cheveux de la femme que je hais, de l'étrangère qui a volé mon mari. J'ai versé du vin de palme sur la pierre, et j'ai vu que le serpent bleu qui s'enroule dans la pierre brillait avec force. Alors j'ai pensé que la femme étrangère devait mourir bientôt.

Le retour fut long et pénible, pour Letitia semblable à une fièvre qui propage sa douleur à travers le corps jusqu'au centre des os, jusqu'au bout des nerfs. Dans la trousse du médecin, elle chercha un remède, de l'eau de quinquina, du laudanum. Elle ne trouva qu'un petit flacon qui contenait un liquide bleuâtre dont Shepard se servait pour empoisonner les rats qui pullulaient auprès des provisions. Elle mit le flacon dans son sac, presque machinalement, sans rien dire au médecin.

À Dixcove, elle était si mal que le gouverneur de la place décida d'affréter une pirogue à voile qui la conduirait par la mer, en compagnie de Shepard et de trois soldats. Le reste de la troupe continuerait à pied à travers la forêt. Couchée au fond de la pirogue sous une toile qui l'abritait du soleil, Letitia passa deux jours sans manger, ne buvant qu'un peu d'eau saumâtre qui la faisait vomir aussitôt. Le soir, ils campaient sur une plage, à l'abri du vent. Elle délirait à tel point qu'elle entendit distinctement un des marins dire, après l'avoir regardée sous sa toile : « Missus mourir. » Elle se sentit étrangement indifférente, comme si son esprit était déjà détaché de son corps, et voyait avec dérision cette scène. Au troisième jour, la pirogue franchit la barre, et atterrit sur la plage de Cape Coast, où on transporta Letitia sur une civière jusqu'à sa chambre dans le fort.

Le lendemain, Letitia constata que George était absent. Où était-il ? Elle réclama Meriama, pour apprendre que la jeune femme était partie — avait été chassée, comprit-elle, pour avoir trop parlé. Dans son délire, Letitia se persuada que George avait profité de son absence pour aller voir l'autre, sa femme africaine, et leur fille mulâtresse. Mais personne ne répondit à ses questions. Shepard lui enjoignit de se calmer, il lui fit une saignée qui l'affaiblit beaucoup, à tel point qu'elle ne pouvait plus quitter son lit.

Alors Letitia pensa à l'homme de Missolonghi, qu'elle avait aimé plus que quiconque au monde, qui avait donné sa vie pour la liberté de la Grèce. Il avait exactement son âge, trente-six ans, quand le docteur Polidori coupa sa veine et l'envoya d'un coup de lancette vers la mort. Étendue sur son lit, Letitia se sentit cette nuit-là assaillie par des pensées funèbres. Lui revenaient tous les moments de sa vie, depuis les années brillantes à Chelsea, quand elle était invitée par toute la société littéraire de Londres, dans les salons de Brompton Road, et qu'elle lisait à haute voix ses poèmes, et que les jeunes gens s'asseyaient à ses pieds pour mieux l'écouter. William était auprès d'elle, elle le revoyait tel qu'il lui était apparu alors, dans les bureaux de la *Literary Gazette*, grand et très brun, vêtu de son habit noir pareil à celui d'un révérend, la voix grave et douce quand il lui avait dit : « Vous êtes notre poétesse, notre Laure de Noves. » Il était tombé amoureux d'elle quand elle n'avait que seize ans, et qu'elle se promenait dans Oxford Street, un cerceau de petite fille dans sa main droite, et un livre de Byron ouvert dans sa main gauche ! Elle savait bien qu'il était marié, mais elle s'était laissé aller à la passion, elle se sentait libre grâce à la poésie, orgueilleuse et libre, elle ne pouvait pas se tromper, ni être trompée. Elle serait plus forte que sa destinée, elle vivrait l'émancipation des femmes, elle militerait pour l'émancipation des esclaves en Afrique. Les images de sa gloire passée défilaient devant elle dans l'étroite prison de sa chambre, et c'étaient plutôt des figures fantomatiques, qui retournaient au néant.

La pierre m'a dit que le moment de ma victoire était proche, que j'allais retrouver mukun, mon mari. Chaque jour, depuis la venue de l'étrangère dans notre ville d'Axim, je suis allée voir la pierre. J'ai apporté des offrandes, du vin de palme, des fruits, du foufou, des poissons pêchés dans la rivière Seennee. Je suis restée jusqu'à la tombée de la nuit, jusqu'à ce que j'entende les pas des hyènes dans les herbes. Je n'ai peur d'aucun animal, les serpents sont mes protecteurs. Parfois Aweeabil pleurait un peu, mais je la faisais taire. Tu ne dois pas pleurer, tu es la fille d'Adumissa, de la lignée de celle qui a posé un fusil sur son cœur pour garder l'honneur de son père. Tu as été baignée dans l'eau de la rivière Seennee, qui t'a donné la couleur rouge du cobra. La pierre bleue brillait sous la pluie, dans la nuit elle jetait une lumière douce et fraîche qui enlevait mon malheur et ma solitude. À l'esprit de la pierre, à l'esprit de la forêt, j'ai parlé chaque soir, jusqu'à l'heure où les animaux féroces sortent pour chasser. J'ai raconté l'histoire de ma famille et le déshonneur et le bannissement de mon père et de mes oncles, j'ai raconté comment j'avais été mariée à George Maclean, et comment j'avais porté sa fille jusqu'à sa naissance et comment j'avais été la femme du gouverneur de Cape Coast, pendant des années, comment il m'avait habillée de soie jaune, et m'avait donné des servantes, et comment il avait fait baptiser Koomba Aweeabil dans l'eau de l'église de Quaqua, et qu'il lui avait donné son nom dans la religion du roi Jésus, son nom de Laure Aweeabil.

Enfin le dernier jour de novembre, lorsque la fête de l'igname commence chez nous à Mankasim, je suis allée avec Aweeabil jusqu'à la vallée profonde où vivent les Anciens. J'ai payé en poudre d'or empruntée au fils de Cudjo, dix onces pour que la magie soit nouée contre l'étrangère. Les vieillards ont chanté dans leur langue, ooframma, oosoraba, pour que vienne la tempête, et j'ai chanté le seul chant que je connaisse, la berceuse ashanti avec laquelle j'endormais Aweeabil quand elle était bébé, le vieux chant de l'orphelin : Aganka l'orphelin, tu cries dans la nuit, orphelin, tu cries dans la nuit, cela est triste, triste, pardonne-moi, cela est triste, cela est triste, pardonne-moi... Et pendant le chant des vieillards, le ciel se couvrait de nuages épais, et le vent commençait à tourner dans la vallée fermée, un vent froid qui arrachait la terre et les feuilles des arbres, et les éclairs dessinaient des serpents entre les nuages, sans bruit, sans pluie. Puis j'ai entendu le bruit de la mer, comme je l'entendais dans le Fort, et ce bruit faisait peur à Aweeabil et elle cachait son visage dans un pan de mon pagne. Les vieillards chantaient dans leur langue que personne d'autre ne parle, et moi je répétais le chant de l'orphelin Aganka, que je chantais autrefois pour endormir Aweeabil, dans la langue ashanti, dans la langue de nos ennemis. Et le vent a soufflé pendant longtemps, jusqu'à ce que la nuit vienne sur la vallée, et les vieillards se sont couchés pour dormir, et l'un d'eux m'a donné la corde qu'il avait nouée, pour que je l'attache autour de ma taille. Et quand la nuit est venue, tout s'est apaisé, les nuages se sont écartés et j'ai vu la lune et les étoiles, telles que je les voyais autrefois dans le Fort, et le bruit de la mer est devenu très doux, et Aweeabil s'est endormie dans mes bras. Alors nous avons pris le chemin du Fort, et nous avons marché des jours dans la forêt, en nous cachant des ennemis, en dormant dans les arbres creux pour nous protéger des hyènes. Nous avons marché des jours sans manger, en buvant l'eau des mares, et Aweeabil était si faible que je croyais qu'elle allait mourir. Et je lui racontais l'histoire d'Adumissa qui avait traversé la forêt pour échapper à l'homme qui voulait l'épouser, et comment elle s'était défendue contre les animaux. Puis quand cet homme s'était tué, comment elle était retournée au village, avait pris le même fusil et l'avait retourné contre son cœur, pour que la vengeance ne vienne pas contre son père. Et après des jours et des nuits dans la forêt, nous sommes arrivées à Anamaboo, le Nid, où le peuple fanti a été détenu en esclavage, et vendu aux étrangers de l'autre côté de la mer. Et nous avons été reçues par une vieille femme du peuple d'Axim, que j'appelle Minna, et elle nous a nourries de ses provisions et elle a donné à Aweeabil une potion amère pour guérir sa fièvre. Et chaque jour j'allais sur les rochers noirs devant la mer et je regardais dans la direction du soleil couchant la grande tour blanche du Fort où vit mukun, mon mari, avec l'étrangère, et j'attendais de voir le navire qui emmènerait cette femme vers son pays, pour ne plus revenir. Et chaque nuit je rêvais d'elle, telle que je l'avais vue à Axim, vêtue de sa robe claire et coiffée de son chapeau de princesse, portant son ombrelle, ses yeux noirs et son visage très blanc, et la peau de ses bras et la couleur de ses cheveux longs comme des herbes. Son visage était creux, et une grande tache noire gran-

dissait autour de ses lèvres, et je sentais son haleine de mort, une odeur froide qui sortait de sa bouche et de son nez, et je voyais sa peau se flétrir et son corps s'effacer, elle était devenue un fantôme. Et c'était la peur qui entrait en moi, je serrais Aweeabil contre moi jusqu'à ce qu'elle crie de douleur. Elle ne comprenait pas mon rêve, elle disait : retournons à la maison d'Axim, je ne veux plus rester ici, j'ai trop peur de ce qui doit arriver. Et moi je devais rester jusqu'à ce que chaque nœud de la corde soit défait, jusqu'à ce que tout devienne comme autrefois, quand nous étions avec George Maclean, Betchee, mukun, le gouverneur du Fort. Et je répondais à Aweeabil que ce qui est commencé doit s'achever, sans regret. Et un matin, quand j'étais dans les rochers noirs d'Anamaboo, j'ai entendu le canon du Fort de Cape Coast. J'ai vu d'abord les petits nuages blancs glisser dans le ciel, puis j'ai entendu les coups du canon. Et j'ai senti dans mon cœur un souffle de vent qui me libérait, parce que je savais que tout était terminé. Je tremblais et je pleurais, et je ne pouvais pas marcher, mais Aweeabil m'a enlacée et nous avons fait le chemin jusqu'à la maison de la vieille Minna, et quand je suis arrivée, j'ai défait mon pagne et j'ai vu que la corde des vieillards était lisse, sans aucun nœud. J'étais si fatiguée, après ces jours et ces nuits de veille, que je me suis couchée par terre devant la maison de Minna et je me suis endormie.

Cette nuit, la tempête souffla sur le rocher noir. Le fracas des vagues était assourdissant, le vent cognait et sifflait dans les volets, secouait les carreaux de la fenêtre. Comme les premières nuits qui avaient suivi son arrivée au Fort, Letitia entendait dans le vent la plainte des prisonniers dans leurs cellules sous la place d'Armes, une voix monotone, tantôt grave, tantôt aiguë, qui marmonnait sa prière. Que disait-elle ? La voix geignait, et tantôt c'était le vieux fou recroquevillé contre le mur de sa prison, tantôt une voix de petite fille qui résonnait à l'intérieur de la chambre, tout près de Letitia, une voix qui faisait naître sur son dos un long frisson d'horreur : « Mamma ! Mamma ! » Laura, enfermée dans une maison en France, à Honfleur, au bord de la mer verte, et c'étaient les mêmes vagues qui apportaient son cri, elle était malade, mourante sans doute, elle appelait sa mère. William avait obligé Letitia à se séparer de leur enfant. Non par la menace, mais doucement, avec sa voix persuasive, il savait si bien y faire quand il disait : « Vous êtes une poétesse, Letitia, c'est votre destinée, ne laissez pas la vie vous enlever cela... » Il avait ajouté : « Je m'occuperai de tout, après la naissance, j'ai trouvé une bonne maison, elle ne manquera de rien... » Il ne prononçait jamais son nom, il disait seulement « elle », ou l'« enfant ». Comme si elle était une étrangère.

La vague appelait Letitia, une musique lourde et sombre dans laquelle elle entendait l'appel du néant. Elle pensa aller jusqu'à la pointe du Fort, son endroit préféré, mais le vent poussait sur le volet une main puissante pour l'empêcher de sortir. Cette main l'enfermait dans sa prison. Personne ne pourrait jamais la libérer. « Mes amis, ô mes amis, où êtes-vous ? » Sa plainte faisait écho à la lettre poème que Letitia avait écrite en débarquant de l'*Endeavour*, « Pensez-vous à moi comme je pense à vous mes amis, ô mes amis ? » Elle essayait de prononcer leurs noms comme les mots d'une prière, mais aucun nom ne venait à son esprit terrifié. Seulement le nom de Laura, telle qu'elle la voyait encore, une enfant, fragile et lumineuse, avant que la mort ne l'emporte dans le froid de l'hiver en Normandie. Sur la table, la lampe à huile tremblait, la pluie fouettait les volets par rafales, un bruit crissant de sable qu'on jette à la volée. Letitia essaya d'écrire, mais seules des bribes incohérentes coulaient de sa plume, écrites dans une encre invisible. Penchée sur l'écritoire, elle trempa une dernière fois la plume d'oie dans la petite bouteille opaque qu'elle avait rapportée du voyage vers Axim. L'odeur d'amandes douces se répandit dans la chambre, c'était à la fois effrayant et sucré comme un gâteau d'enfance.

Puis, sans trembler, sans hésiter, elle tourna la pointe de la plume vers ses lèvres.

Au matin, la femme de chambre (une nouvelle, très jeune, encore une enfant, Letitia n'avait même pas eu le temps de lui demander son nom) ouvrit les volets, entra dans la chambre, les yeux agrandis pour percer l'obscurité, s'interrompit dans le mouvement pour écarter les rideaux de chaque côté de la porte, et poussa un grand cri. Cassé sur les carreaux rouges du sol, le corps de sa maîtresse reposait à moitié sur la chaise, son bras repoussé par le bord de la table tenait droit en l'air, comme pour montrer quelque chose au ciel !

C'est Shepard qui constata le décès. Sur la table, il repéra tout de suite son flacon d'acide prussique, et songea un instant à l'échanger précipitamment contre une bouteille de laudanum. La peur d'être surpris par la femme de chambre lui fit changer d'avis. Il envoya un soldat prévenir le gouverneur Maclean, qui arriva un peu avant midi. Sur le registre médical, Shepard avait déjà écrit le constat, qui portait la mention : « La mort est consécutive à une absorption d'acide prussique que la victime avait pris pour le laudanum prescrit par le médecin du Fort pour soigner ses crises nerveuses. »

L'enterrement eut lieu le même jour, dans l'après-midi, le gouverneur officiant dans la cour d'honneur en remplacement du pasteur, récemment retourné en Angleterre — le poison avait déjà commencé à ronger les chairs, autour des lèvres et à l'intérieur de la bouche, et l'odeur était insupportable. George Maclean semblait curieusement affecté — c'est ce qu'a pensé le médecin Shepard, mais il se garda bien par la suite de faire tout commentaire. Le gouverneur lut un passage de la Bible, dans le livre de Job, là où il est écrit : « Tes mains m'ont formé, elles m'ont créé, elles m'ont fait tout entier, et tu me détruirais. Souviens-toi que tu m'as façonné comme de l'argile, voudrais-tu me réduire en poussière ? » Le cercueil plombé fut ensuite descendu au moyen de cordes dans une tombe profonde creusée dans l'enceinte du Château, au bout de la cour des manœuvres, non loin de l'escalier que Letitia avait pris chaque nuit pour aller respirer le vent de la mer. La dalle fut un simple rectangle de ciment peint à la chaux sur lequel George Maclean fit graver les initiales L.E.L. et les dates de la naissance et de la mort, 1801-1837 — en mémoire de la façon dont Letitia signait ses premiers poèmes.

Le soir même, malgré la tempête qui menaçait de reprendre, George Maclean s'embarqua avec ses soldats pour Anomabu, au risque de naufrager dans la mer démontée. Dans son cœur, il ressentait le trouble délicieux du désir qui allait combler le vide de la mort, comme un soleil qui allait éclore dans les bras d'Adumissa qui l'attendait là-bas, et dans les baisers de la petite Laure, son doux babil et la moue de reproche qu'elle ne manquerait pas de faire à son père, pour être resté si longtemps absent.

Je suis Adumissa, fille d'Adjassa, de la lignée du roi Adoo de Menkassim, des Braffoos, qui fut vendu en esclavage aux étrangers par ses propres frères. Sommes-nous inférieurs à nos ennemis, sommes-nous pareils aux animaux qui changent de maître, que l'on conduit au couteau du boucher ? Les vieillards de la vallée secrète ont rendu la corde de mes empêchements lisse et pure ainsi qu'au premier jour de ma vie. C'est ainsi que je donne la corde aujourd'hui à Laure Aweeabil, la fille de George Maclean, pour qu'elle reste libre et pure telle que je l'ai lavée dans l'eau de la rivière Seennee, le jour de sa naissance. L'étrangère est partie, son visage s'est flétri et son corps est devenu noir, imprégné du poison. J'ai rêvé d'elle chaque nuit, couchée dans le sable devant la maison de la vieille Minna, tenant Aweeabil serrée contre moi. J'ai rêvé que l'étrangère s'enfuyait loin, vers le nord, son âme flottait au-dessus de la mer jusqu'à la terre de ses ancêtres. Lorsque les soldats sont venus me prendre, avec Aweeabil, pour m'emmener au Fort, où le Gouverneur m'attendait, je les ai insultés. Qui êtes-vous, que voulez-vous de moi ? Suis-je un animal qu'on jette et qu'on reprend, et qui obéit aux ordres de son maître ? Je préfère mourir, comme jadis ma grand-tante

Adumissa, qui a trouvé l'honneur en appuyant le fusil de son amant sur son cœur. Les soldats se sont assis par terre devant la maison de la vieille Minna, ils ont mangé du foufou et bu de l'eau de coco qu'elle leur a offerts. Les soldats sont des étrangers à leur propre terre. Ils sont un troupeau, et ils ne parlent pas la même langue. Ils sont vêtus de rouge, ils portent des chaussures de cuir noir et des chapeaux. Ils ont des fusils et des sabres, avec lesquels ils tuent ceux de mon peuple. Ils ont trahi leurs ancêtres, ils sont devenus des étrangers sur cette terre, des orphelins. Ils ont vendu leurs frères et leurs sœurs en esclavage aux navires qui viennent de l'autre côté de la mer, qui les emmènent en enfer. Ils n'ont pas reçu l'eau du baptême, ils ne savent pas lire le livre des chrétiens, ils ne connaissent pas le roi Jésus. Aweeabil est restée derrière moi, agrippée à mon pagne, dans mon ombre. Et le soir les soldats sont repartis vers le Fort de Cape Coast, je les ai regardés s'éloigner à travers la forêt. Je suis restée au bout du chemin, et Aweeabil était enlacée à moi, comme une liane au tronc d'un arbre. Personne ne pourra me l'enlever, personne ne pourra la prendre et la faire esclave. La corde est lisse de tous ses nœuds, les vieillards m'ont rendue libre. L'étrangère est repartie vers le pays de ses ancêtres, et jamais je ne reverrai George Maclean, Betchee, le Rouge, celui qui est le gouverneur dans son château sur la mer. Bientôt, il repartira aussi vers son pays, le pays de froid et de brouillard dont il me parlait autrefois, le pays où le soleil ne se lève pas. Je vais marcher sur le chemin de la forêt, sans peur des léopards et des hyènes, pour retrouver l'endroit où vivait Adumissa, ma grand-tante maternelle. C'est elle qui m'est apparue dans mes songes, telle que la chantent les griots. Vêtue de son pagne de soie jaune, les poignets sertis de ses bracelets d'or, sa peau rouge brillante et lisse, ses yeux allongés par un trait de khôl. Je vais vers elle, en compagnie d'Aweeabil, pour qu'elle nous enseigne la vie des femmes libres.

NOS VIES D'ARAIGNÉES

À ras de terre, là où passe le vent qui soulève de petits nuages de poussière. C'est là que nous vivons, sans faire de bruit, presque sans bouger, presque sans rien faire. Il y a tellement de jours, tellement de nuits, là-haut, au-dessus de la terre, au-dessus des grands arbres, dans le ciel nu, au sommet des montagnes.

Nous habitons la vallée, non loin de la rivière, que nous entendons toujours mais que nous ne voyons jamais. Les bruits sont immenses : le bruit de l'eau, le bruit du vent dans les branches sèches, le bruit de la terre qui coule du haut des à-pics. Ici il ne se passe rien, nous n'avons pas grand-chose à raconter. Nous sommes derrière des glaces épaisses, au fond d'une longue salle vide. Tous les jours le ciel est blanc au-dessus des arbres si hauts, et la nuit nous voyons les Pléiades immobiles. Peut-être qu'elles sont nos yeux. Peut-être que les yeux sont partout, à la commissure des branches, dans les pierres, dans la mousse, en haut des tiges dans la corolle des fleurs. Il n'y a pas de mot pour dire tout l'espace qu'on ne connaîtra pas. Il n'y a pas moyen d'être à la fois ici et ailleurs, dans le jour blanc et dans la nuit noire, et jamais nous ne savons si nous sommes en train de continuer le rêve qui avait commencé avant nous, le rêve qui doit finir après que nous aurons rêvé.

Aujourd'hui, c'est aujourd'hui. Parfois nous nous endormons les yeux ouverts, et l'espace de la vallée entre et nous devenons énormes, le vent et la lumière gonflent nos ventres, et nous tremblons, nous vibrons. Ce qu'il faudrait, c'est manger sans s'arrêter, dévorer ce qui vit dans l'air, avaler ce qui vit sous nos pattes et être pareilles à un goulot au travers d'un fleuve, tandis que la vie passe à travers nous.

Les bruits, nous voulons aussi les dévorer. Ils viennent de partout, les gros bruits qui éclatent, qui avancent en roulant leurs spirales, et hop ! hop ! dans le corps enroulés comme des serpentins, et ils appuient dans nos ventres au point le plus sensible. C'est là qu'est le centre de la terre et du ciel, même de la mer et des astres, parce que nous sommes les bêtes étoilées sur le monde. Ça, c'est un peu difficile à expliquer, et d'ailleurs ça n'a pas à être expliqué. Simplement, une fois pour toutes : les Pléiades en haut, la Grande Ourse et les Gémeaux, en bas, nous. Le soleil, nous ne le voyons pas. Nous l'aimons bien, toutes, peut-être même que nous n'aimons que lui. Mais nous ne le regardons jamais. Ou bien il est pareil à une paupière brûlante qui recouvre le haut de nos yeux, et cela fait mal de vouloir regarder vers elle, cela brûle et fait mal. C'est pourquoi nous ne le regardons pas. Mais nous aimons bien, toutes, quand il est là, au sommet du ciel vide, par-dessus les branches des hauts arbres noirs. Toutes les cinq minutes environ nous pensons à lui. Nous aimons écouter ses bruits. Le soleil craque et se froisse et fait de drôles de bruits d'insectes, vous comprenez, des bruits crissant de carapaces d'insectes, ou alors du verre qui se fendille. Nous devenons un peu plus plates quand nous entendons ces bruits, nous sommes attentives aux petits frôlements, petits craquements. Et là nous sommes au centre du réseau de petites fêlures, nous devenons peut-être de petits soleils à notre tour, cachées entre les herbes, cachées et chaudes, de petites étincelles craquantes, de petites boules de feu. Tout ce qui se passe dans l'espace nous le dessinons, nous le dansons, nous le refaisons ici, dans nos creux entre les herbes et les pierres. Nous ne sommes jamais seules, toujours ensemble, pas loin les unes des autres, bien sûr nous ne pouvons pas nous voir, mais nous savons que les autres sont là, nos amies, nos ennemies, pas bien loin, cachées dans les creux entre les herbes et les pierres.

Dans chaque creux il y en a une. Petite, recroquevillée, ensevelie sous les graines d'arbres, à l'abri du vent, de la lumière, nous sommes si tendres et fragiles. En haut, très haut dans le ciel éternellement blanc volent de grands oiseaux silencieux qui font courir à terre leur ombre. Ils tracent leurs cercles, mais nous n'avons pas peur. Nous sommes blotties dans nos cachettes entre les ronces, dans nos nids, dans nos crevasses. Partout autour sont les murs qui contiennent le vent, qui freinent l'espace.

Mais nous ne bougeons pas. Les heures passent sur

nous, les heures, les poussières qui tombent du ciel. Les jours s'écoulent doucement sur nos dos velus, sans laisser de marque. Chaque matin, des milliers de gouttelettes sont accrochées aux parois blanches, c'est là que nous buvons. La rivière au bruit de tonnerre use la terre et vibre et tremble mais nous n'allons jamais vers elle. Puis le soleil brûle les gouttes. Les rideaux blancs, les rideaux gris flottent dans le vent. Nous sommes sur tous les points sensibles de la terre, et chaque onde qui parcourt les rochers, les arbres, les herbes, va jusqu'à nos pattes et entre dans nos corps. C'est ainsi que nous écoutons le monde.

Ce ne sont pas des histoires compliquées, elles ne veulent rien dire. Ce sont des légendes qui se suivent, vagues après vagues, qui s'accumulent comme les jonchées. Nos routes ne sont pas tortueuses, elles vont droit d'un bloc de pierre à une branche, puis à une autre branche, puis à une herbe, puis à un caillou pointu, puis à une racine, et retour au bloc de pierre. Tout ce qui se passe à ras de terre, nous le savons. Les vols de moucherons, les sauts des sauterelles, les cohortes des fourmis, les escalades des hannetons et des carabes, les grignotements des carias, les colonies suintantes des pucerons, les danses des papillons jaunes et des libellules bleues. Nous savons bien d'autres histoires, des histoires bizarres et secrètes, les pétales de fleurs qui s'ourlent, les peurs des sensitives, les barbes empoisonnées des orties. Des choses, des choses immobiles et aiguës, les épines des ronces et les aiguilles des agaves. Des choses, des choses lointaines, des feuilles qui font du bruit dans le vent en haut des arbres, des fruits qui gonflent, des choses mortes qui pourrissent longuement, des odeurs de miel, des odeurs d'urine, des odeurs d'encens ; il y a tellement de choses partout, quand nous sommes enfoncées dans nos secrets, dans nos troncs d'arbres, dans nos cachettes, c'est pourquoi nous ne pouvons ni bouger, ni parler, ni penser, seulement écouter, respirer, frémir.

Oui, il se passe beaucoup de choses. Nous ne pouvons pas les dire toutes, d'ailleurs, nous sommes plutôt du genre muet, nous sommes sans langue, nous avons la bouche enfoncée dans nos pattes et le dos rond, nous n'aimons pas expliquer les choses. À qui pourrions-nous les dire de toute façon ? Tous ces gens qui bougent, dansent, volent, ne restent pas en place, et même toutes ces choses immobiles comme les pierres et les branches, personne ne parle notre langage. Nous, nous préférons écouter et sentir, même sans voir. Nous avons appris toutes sortes de secrets. Nous les avons entendus là où nous sommes, dans nos creux entre les herbes et les pierres. Les bruits courent sur la terre molle, se heurtent aux pierres dures, et tombent dans les petits trous cotonneux que nous fabriquons. Les secrets, les secrets sont dans la poussière. Ce sont des choses qui tombent et s'accrochent, puis deviennent grises. Elles se transforment en fumée, elles disparaissent. Mais nous tissons des murs et des rideaux légers et nous les capturons.

Nous savons bien ce qui se passe dans la nuit. Quand la lumière décline, doucement, doucement. Quand tout devient léger et transparent, plein de fumée grise, et que les bruits ralentissent, battent faiblement à la manière de pouls endormis, quand il n'y a plus rien, presque plus rien, et que le froid arrive avec l'ombre, en se glissant dans les interstices, à travers les trous, lentement, lentement, alors le monde se roule en boule, rentre ses antennes & pattes, se fait petit pour dormir, nous autres nous veillons, nous restons vigilantes. Nous ne dormons pas. Non, non, nous écoutons intensément, nous sentons très fort ce qui arrive. Pas grand-chose d'abord, parce que le crépuscule est un breuvage qui enivre et endort la terre et le ciel, et au moment où le soleil bascule de l'autre côté de l'horizon, derrière la mer et les montagnes, on entend comme un cri, ou une sorte de vague de silence blanc qui avance à toute vitesse. Nos pattes tremblent quand passe le cri, quand passe la vague, nous frissonnons, nous nous recroquevillons dans nos trous. Vous le savez, c'est toujours un peu terrible chaque fois que le soleil disparaît et que la nuit avance sur la terre.

Alors tous les petits animaux arrêtent de bouger, ils se cachent et deviennent des cailloux, des boules froides serrées, bien lisses. Il nous semble qu'il n'y a plus personne sur la terre ni au ciel, sauf les chauves-souris. Le ciel est gris, c'est comme si nous étendions nos murs, nos lambeaux légers qui flottent d'une roche à l'autre. Il y a le silence. Le silence, le froid dans notre vallée. Le silence vient de l'ouest, le froid de l'est, et ils se rejoignent au-dessus de notre vallée. Et puis tout s'arrête.

Nous restons immobiles, retenant notre souffle, parce que c'est la chose la plus importante du monde quand cesse la lumière. C'est comme si on ôtait un poids de l'air et que soudain le vide de l'espace était proche, le vide glacé du fond du ciel, là où brillent les Pléiades.

Ce n'est pas la peur, mais nous ne bougeons plus, nous ne respirons plus, nous ne pensons plus. Les petits animaux faibles ferment leurs yeux et leurs oreilles, se roulent en boule dans les feuilles mortes. Une odeur fermée monte de nos cachettes, une petite odeur un peu acide qui doit être celle du sommeil. Mais c'est une odeur imaginaire, car nous ne dormons pas, nous ne dormons jamais. Tapies dans les cachettes duveteuses, pattes écartées, nous guettons dans la nuit.

Quand tout est noir, très noir dans notre vallée, nous distinguons de petites lueurs qui brillent furtivement, qui clignotent. Viennent les insectes de la nuit, les oiseaux de la nuit, les carnassiers de la nuit. Nous écoutons leur passage, les ailes qui se froissent, les ailes qui battent l'air obscur, le vent des ailes, et parfois le bruit de pas souples qui traversent les hautes herbes, qui se coulent entre les branches basses, les frémissements, l'haleine courte des chasseurs de la nuit.

Dans leurs nids sur la terre, les petits animaux craintifs tremblent, loin au fond du sommeil. Il ne faut pas qu'ils s'éveillent. Ceux qui ouvriraient leurs yeux verraient l'horreur et aussitôt ils mourraient.

Nous sommes les gardiennes du sommeil, c'est cela notre rôle sur la terre. L'air vibre dans les toiles invisibles, vibre jusqu'à nos ventres et nous connaissons l'histoire qui se déroule.

Quand l'ombre est assise partout dans notre vallée, c'est comme si l'air était rempli de fibres minuscules, d'un entrelacs de fils et de mailles couleur de poussière, qui flottent doucement entre les branches des arbres et les pierres, entre les collines, qui font des ponts jusqu'au bout du monde. C'est ainsi que nous sommes les maîtresses du temps. L'air est à nous, nous le tenons entre nos pattes et avec nos bouches. Nous attendons, nous attendons. Les petits animaux fragiles dorment à l'abri de nos cocons, chaque seconde de la nuit les tisse de nos fils. Nous tissons sans cesse, nous tissons la nuit. Le ciel est couvert de nos liens, c'est une forêt, une chevelure terne qui absorbe la vie. Nous tissons le silence. Alors, pris dans les trous de leurs terriers, les petits animaux dorment enroulés sur eux-mêmes, la tête à l'envers, dans l'enveloppe de leur haleine acide. Ils rêvent à peine, à peine, juste quelques tremblements, juste quelques lueurs, dans la nuit. Leurs pattes s'agitent, leurs moustaches frémissent, sous leurs paupières fermées leurs yeux roulent. Nous veillons, parce que nous sommes les gardiennes. Nous ne bougeons pas, ni le jour ni la nuit, toutes les toiles grises sont reliées à la terre et flottent dans le vent. Nous attendons. Le temps passe et nous livre bien quelques mouches, quelques papillons égarés. Mais ça n'est pas seulement pour cela que nous sommes là. Si les petits animaux frêles et nus dorment paisiblement dans leur trou, c'est grâce à nous. La nuit pour nous n'est pas si terrible. Elle cesse d'être vide. Elle n'est plus si froide, si lointaine. Il y a tous ces yeux qui guettent, entre les herbes, à la commissure des branches, et jusqu'au firmament où sont les Pléiades. Bientôt le jour se lève, le soleil sort de l'eau et recommence sa course autour de la vallée. Nous serons ici jusqu'à la fin du monde.

AMOUR SECRET

pour Sarojini

Dans la touffeur de sa chambre, sous le toit de tôle surchauffé par le soleil, Andréa se souvient. Elle est assise sur sa chaise, le dos bien droit calé par un coussin pour oublier son mal de reins. C'est la tombée de la nuit, les moustiques ont commencé leur sarabande. Au-delà de la haie de bambous qui entoure le couvent, les embouteillages de la fin d'après-midi ont atteint leur comble. Andréa n'a pas besoin de les voir : les files ininterrompues de voitures, les camions, les autobus bondés sur leur moitié gauche de la chaussée, le long de la route de Saint-Paul, cherchant à atteindre le carrefour de la route de Vacoas, ou à descendre vers la mer, vers Flic-en-Flac. Elle écoute le bruit des moteurs, les coups de klaxon, de temps en temps des interjections, les cris de colère des chauffeurs. C'est l'heure où le cardinal vient cogner à la fenêtre. Quand elle parle de l'oiseau, Andréa dit « elle », parce que ses yeux sont dessinés d'un fin trait au khôl, et qu'elle vient se mirer dans la vitre quand le reflet du crépuscule la transforme en miroir. La cardinale donne de petits coups de bec sur la vitre, et Andréa pour elle a semé le rebord de la fenêtre de miettes de biscotte gardées de l'heure du thé. Andréa l'attend chaque soir, elle lui a même donné un nom, Payal, parce qu'elle ressemble aux filles pensionnaires du couvent, quand elles dansent entre elles dans la cour en faisant tinter leurs bracelets de cuivre à leurs chevilles. Les autres, les filles de la prison, ce seraient plutôt des oiseaux perdus, des martins insolents, des condés, des serins voleurs de sucre. Mais ce sont ces oiseaux-là qui lui manquent le plus, c'est pour les filles perdues de la prison des femmes qu'Andréa a envie d'écrire ses histoires.

C'est une histoire vécue, histoire de ce monde qui passe emportant dans ses creux, ses plis et ses replis, et tous les gens qui pleurent et tous les gens qui rient. L'histoire de Maya la vieille Indienne qui pleure les jours enfuis, le temps perdu. Orpheline, elle n'a connu qu'un ciel sombre. Dans les bois elle n'a connu que le travail. Mariée encore enfant, Maya avait grandi avec ses enfants, travaillé à l'âge où elle aurait aimé jouer avec eux. Elle partait avant le jour pour désherber à la pioche les champs de cannes. Un sac de jute autour des reins, un autre sur la tête quand il pleuvait, elle avait fait le travail d'un homme. Le père de ses enfants l'avait abandonnée pour une autre femme. Et penchée sur la terre, elle grattait, piochait, travaillait sans avoir le temps de regarder le ciel. Quelquefois, quand la nuit venait enveloppant la terre de son ombre reposante, Maya allait voir les braconniers. Ils lui donnaient un morceau de cerf qu'elle emportait sur sa tête — de quel prix l'avait-elle payé ? Ses mains restaient libres pour pouvoir jeter du sable ou du gravier qu'elle portait dans son sari à la tête d'un garde-chasse qui aurait voulu prendre sa viande. Les épaules ruisselantes de sang, Maya réveillait les enfants qui n'avaient pas dîné, grillait la viande sur un feu de bois, et après avoir mangé tout le monde s'endormait, serrés les uns contre les autres sur l'unique lit. Les enfants n'allaient pas à l'école. Ils grandissaient en gardant quelques cabris, et le soir venu Maya les retrouvait dans sa cabane. On dînait le plus souvent d'un peu de riz cuit sur un feu de brindilles, et allongés sur un tas de hardes, on s'endormait pour recommencer le lendemain la même vie...

Vers six heures les demi-pensionnaires de l'école revenaient au couvent. C'était le moment qu'Andréa attendait avec impatience. C'était comme l'arrivée de l'oiseau Payal, mais avec plus de bruit et de mouvement. Les jeunes filles envahissaient la cour, leurs cris aigus résonnaient à l'intérieur des chambres. Puis Andréa voyait arriver Maryse, âgée de quatorze ans, jolie avec sa masse de cheveux bouclés et son sourire éclatant. Toujours gaie, rieuse, elle entrait dans la chambre sans frapper, elle embrassait Andréa, la taquinait, un flot de bavardage et de cancans auxquels Andréa feignait de ne répondre qu'avec des rebuffades. C'était leur complicité. Maryse apportait des fruits qu'elle avait chapardés en chemin, des mangues piquées, des gousses de tamarin, une grenade. Andréa en échange donnait quelques roupies économisées sur sa pension. Elle n'était pas dupe. Elle achetait ainsi les éclats de voix et les dents blanches de la jeune fille, le droit de passer sa main sur son cou et de sentir sous ses doigts le grain serré de sa peau, humide de sueur. Après le départ de Maryse, c'était à nouveau le silence, la grisaille du soir. Alors Andréa ouvrait son cahier bleu d'écolière sur lequel était marqué *ATLAS*, et elle laissait courir son écriture régulière, énergique, barrant les *t* d'un grand trait ferme, oubliant les accents.

Rien ne pouvait faire croire à Maya qu'il existât une autre vie, et que dans le ciel il y eût des étoiles brillantes. Les étoiles s'allument chaque nuit et regardent la terre quand les pauvres s'endorment, et personne ne lui avait jamais parlé d'elles. Le pauvre vit pour son ventre comme le riche vit pour le monde et l'argent — gens qui vont, gens qui viennent, pensez à tous ceux que vous ne voyez pas, cherchez-les pour leur dire qu'il y a des étoiles au ciel.

La nuit, Andréa écoute le muezzin dont la voix tourne autour de Vacoas. Lorsqu'elle s'est installée au couvent de Bonne Terre, ça doit bien faire dix ans maintenant, une cousine est venue lui rendre visite à cette même heure. Comment supportes-tu d'entendre ça cinq fois par jour ? Andréa lui a répondu : « Est-ce trop d'entendre parler de Dieu cinq fois par jour ? » Les sarcasmes, les moqueries d'Andréa ont détourné d'elle la plupart des membres de sa famille. Des enfants gâtés, des petites pestes. Maintenant, sa famille, ce sont les filles de l'école, les délinquantes de la prison de Beau Bassin, les filles perdues. Elle aime leurs rires, leurs gros mots, leurs éclats de colère et leurs chagrins. Grâce à elles, Andréa a changé sa propre histoire, elle est entrée dans les contes qu'elle aime écrire. Est-ce que ce sont vraiment des contes ? Les filles les écoutent les yeux brillants, elles l'interrompent pour suggérer une repartie, un détail, elles demandent à ajouter leurs expériences, les noms des gens qu'elles connaissent. Elles ne savent pas lire, ou à peine. Mais elles savent écouter.

Le temps passa, les enfants étaient devenus un homme, une femme. La mère les maria comme on l'avait mariée, et un jour elle se retrouva seule. Elle était devenue vieille avant d'avoir été jeune, et elle regardait autour d'elle. La misère s'étalait toujours, son visage et ses mains étaient noircis par le soleil des champs, mais il lui semblait qu'elle avait édifié un rempart contre la pauvreté. La maison lui appartenait, elle avait résisté au vent des cyclones. Tout à côté, derrière un sac de jute servant de porte, une cahute de paille abritait une vache, enfermée dans l'ombre à cause des mouches. Un marchand ambulant venait chaque matin acheter le lait. Le purin de l'étable coulait devant la porte, quelques poules picoraient, un chien famélique dormait à l'ombre. La maison de Maya n'avait pas de confort, pas de fosse d'aisances. Un sac en plastique éventré était étalé au pied d'un acacia et recevait les excréments que Maya allait jeter au bord du chemin, si les poules et le chien ne les avaient pas consommés. C'était loin du ciel, loin de la mer, la terre dans toute son horreur. Seul un petit bloc de ciment servait d'autel, une écuelle en terre cuite posée dessus pouvait accueillir l'esprit — pourquoi cet autel ? La vieille n'en savait rien. Quand elle était toute petite, son grand-père, toujours accroupi sur une natte, mâchonnant sa chique de bétel, lui avait dit que c'était nécessaire. Elle ne priait pas, elle n'en avait jamais eu le temps, mais elle avait entretenu l'autel, en faisant brûler de temps en temps un peu d'encens, et elle ressentait au fond d'elle que quelque chose veillait sur elle, sur sa maison, quelque chose de vague à quoi elle n'avait jamais su donner de nom.

Les filles sont dans la prison des femmes, sur la route qui descend vers la mer, une grande bâtisse blanche entourée d'un jardin sauvage. Ce sont des voleuses, des menteuses, des dévergondées, ou pire encore, c'est ce que la rumeur publique raconte. Elles ont été enfermées par une décision de justice, ou à la demande de leur propre famille. Lorsqu'elles ont fini leur temps, le couvent les accueille pour leur donner une éducation. Pour la plupart, elles ne croient ni à Dieu ni à Diable, mais Andréa s'en moque bien. Avant, quand elle ne souffrait pas d'arthrose, elle allait deux fois par semaine à la prison, elle était supposée enseigner aux filles à lire et à écrire, mais au lieu de cela, elle leur racontait des histoires. Thésia, Samia, Annette, Sibylle, Marie-Michelle, Maya, elle avait un nom pour chacun de ses personnages. Quand elle entrait dans la salle de classe, l'après-midi, les filles lui criaient : « zistoir Marie, zistoir Puja, Madame ! » Elles parlaient toutes à la fois, mais Andréa n'aurait jamais espéré un pareil auditoire. Le brouhaha se calmait peu à peu, et elle commençait, toujours avec la même formule : « Gens qui vont, gens qui viennent, c'est une histoire vécue, histoire de ce monde qui passe emportant dans ses creux, ses plis et ses replis, et tous les gens qui pleurent et tous les gens qui rient... » Les filles écoutaient, Andréa n'était pas sûre qu'elles comprenaient, mais elles se taisaient, et il y avait de la magie dans l'air. L'histoire commençait, celle qu'Andréa écrit aujourd'hui dans son cahier Atlas, à la lumière de la fenêtre qu'éclaire le soleil couchant, en attendant que Payal vienne, ou Maryse, ou n'importe qui.

Quelque chose qui existe, et qu'on ne voit pas, quelque chose qui rend content. La vieille Maya avait appuyé contre l'autel une longue gaule de bambou à l'extrémité de laquelle flottait un chiffon rouge, et de voir ce drapeau s'agiter dans le vent elle se sentait rassurée. Et pourtant l'enfer l'attendait. Auprès d'elle jouait un garçonnet, l'enfant de son fils. Tous dans la famille de Maya avaient la peau couleur de terre cuite, mais son petit-fils avait la peau noire comme une nuit sans lune. Était-ce à cause de cette différence, ou bien était-il un témoignage gênant pour sa mère ? Personne n'avait voulu de l'enfant. Maya l'avait recueilli, elle lui avait donné un nom, Bala, et elle l'avait élevé comme elle avait élevé ses propres enfants. Lui aussi courait les champs de cannes, à l'aube, avec la vieille pour aller chercher le fourrage de la vache. Et la vie continuait, sans vraie joie, mais dans le bonheur que Maya ressentait d'être avec Bala. Et un jour, un jour néfaste et dur, le père de l'enfant revint, tituba sur le seuil et tomba comme une masse dans la case.

Les filles avaient frémi, pensait Andréa, comme si elles avaient vécu cette scène, comme si elles avaient été témoins. Ici, dans la prison des femmes, chacune avait son histoire, semblable à celles qu'écrivait Andréa. Mariette, la petite créole de Blue Bay, violée par son beau-père, et par le fils aîné de celui-ci, et qu'on avait fait enfermer pour qu'elle ne porte pas plainte. Lisa, Louisa, Adhara, Rani, Alia, que la police avait raflées à la sortie des dancings de Grand Baie, à quatorze ans droguées, prostituées, voleuses, leurs familles les avaient abandonnées. Il y avait les mauvaises, celles qu'on disait irrécupérables, elles s'étaient battues à coups de couteau, elles avaient rançonné des familles, elles s'étaient sauvées plusieurs fois, et à chaque fois on les avait reprises. Crystal de Bambous, forte comme un homme, elle faisait la loi en prison, elle obligeait les nouvelles à être ses esclaves, toutes la haïssaient. C'était pour elle aussi qu'Andréa écrivait ses histoires. Un jour elle lui avait dit : « Puisque je n'ai pas eu d'enfants, toi tu seras mon fils. » Crystal n'avait pas souri, elle n'avait pas accepté, mais peu à peu elle s'était laissé faire. Les autres filles étaient sorties de prison, mais Crystal restait, et c'est Maryse qui donnait de ses nouvelles à Andréa.

Il avait bu, c'était son habitude. Sa femme l'avait chassé et, pour être sûre d'en être débarrassée, elle avait pris un autre homme. La vieille Maya regarda l'ivrogne et elle dit : je l'ai porté, je l'ai nourri, je ne peux pas le chasser. Et l'homme resta. Il était méchant, surtout dans son ivresse. Il frappait l'enfant à coups de pied, Maya pleurait, et l'enfant se sauvait, grimpait dans un arbre pour se cacher, passant de branche en branche, et ne revenait qu'à la nuit. Le bois de la porte était pourri, il poussait le crochet, il entrait et se cachait sous le lit, le seul meuble de la case, et c'est là qu'il dormait. Et c'était ainsi — les étoiles brillent par une nuit sans lune mais qui les voyait ?

Dans la prison, les filles sont enfermées comme des bêtes féroces dans leurs cages. Elles tournent en rond, d'un même mouvement, la tête penchée vers le sol, les yeux rivés sur le ciment. Il n'y a pas d'autre lumière dans la salle que les derniers reflets du soleil qui s'accrochent aux grilles des fenêtres, tellement poussiéreuses que les rayons ne parviennent pas à les traverser. Dehors, c'est la fin de la journée, les bus s'entassent sur la route, le vacarme des moteurs surchauffés emplit la prison, les coups de corne, les jurons, parfois une voix jeune qui crie un nom au hasard, Ravi ! Ravi ! mais les filles ne redressent même pas la tête. Dans quelques instants les surveillantes vont apporter le repas, du riz pâteux, du dal et des faratas, et les filles vont se précipiter sur la nourriture sans dire un mot. C'est ainsi chaque jour, trois fois par jour. Depuis la dernière bagarre, il n'y a plus que des cuillers en plastique rose. Le chariot roulant n'entre pas dans la salle du réfectoire, il reste à l'entrée et c'est Rosa qui distribue la nourriture, une louche par assiette. À côté de Rosa les gardiennes sont debout, un bâton à la main. Les filles tendent l'assiette, repartent sans un mot, et mangent assises sur leurs talons, le dos contre le mur de la salle. Les surveillantes ne quittent pas des yeux Crystal, elles gardent la main sur la poignée de leur matraque. Crystal de Bambous, qui a tué deux hommes à seize ans pour leur faire les poches. C'est elle qui fait tourner les filles dans la salle du réfectoire, elle les oblige, à coups de poing dans le dos : « Marche ! Marche ! » Les filles obéissent, et si elles ne tournent pas assez vite, Crystal les pousse par la tête, un coup à l'occiput, et elles galopent comme des dindes.

Un jour, la fille revint aussi avec l'enfant qu'elle avait eu — son mari avait retrouvé une femme et lui offrait la vie à trois. La fille de Maya avait refusé et venait chercher asile chez sa mère. Tout le monde s'entassa dans la case, partageant l'unique lit, et la vieille souvent n'avait qu'un tout petit coin pour s'accroupir, appuyée contre le mur. Et la vie continuait ainsi, l'homme buvait, les femmes travaillaient, la vache mugissait attachée à son piquet dans l'étable. La saleté était partout, et le petit garçon couleur de nuit sans lune gardait l'enfant de la femme sans mari. Les étoiles brillaient, mais qui les voyait ? Qui disait qu'elles existaient ? Gens qui vont, gens qui viennent, pensez à tous ceux qui ne savent pas qu'il y a des étoiles au ciel.

Aujourd'hui l'orage gronde au-dessus du couvent, et de la prison des femmes. Le ciel est couleur d'encre. Avertie par un pressentiment, Andréa ne tient plus en place. Elle sort dans le jardin, elle étouffe. Elle n'arrive plus à écrire. Elle pense aux filles, enfermées dans la grande salle, au silence, à la violence. Depuis des mois elle a reçu son congé. Mme Sanbar, la directrice a mis fin aux séances de lecture. « Du temps perdu, à quoi ça sert? » Elle a ajouté : « Et puis franchement, à votre âge... » Andréa a essayé de protester : « Mais elles ne sortent jamais ! Ça leur donne de la distraction, elles pensent à autre chose ! Demandez-leur si ça ne sert à rien ! » Mais les ordres viennent d'en haut. Mme Sanbar n'y est pour rien, ce sont les notables, ils veulent punir les filles, leur briser l'échine. Alors Andréa a décidé d'écrire. Elle a acheté à la boutique chinois des cahiers d'écolier, 74 pages, marque Atlas, avec sur la couverture ce dessin qui l'aurait fait rêver quand elle était petite, une mappemonde devant laquelle se croisent un avion et un paquebot. D'une écriture régulière, au crayon à bille, elle a commencé à rédiger ses histoires : « Yahvé », « Thésia ou la vie des autres », et maintenant, « Les sans-étoiles », cette histoire de la vieille Maya, de sa vache et de l'enfant couleur de nuit, pour les filles de là-bas, pour Maryse, pour Crystal. Quand elle aura fini, elle fera passer les cahiers à la prison, en douce, pour que les prisonnières voient qu'elle ne les oublie pas.

Les scènes se multipliaient. La fille reprochait à sa mère la présence de l'ivrogne grossier et obscène. Un jour, l'homme revint, plus méchant que jamais. L'enfant couleur de nuit lançait des cailloux au chien du voisin qui aboyait furieusement. Alors l'ivrogne prit un phoukni, ce tuyau de fer dans lequel les paysannes soufflent pour attiser les braises du foyer, et il s'approcha de l'enfant en le menaçant. Maya accourut pour le protéger, elle s'empara d'un tison qu'elle leva sur son fils. L'homme, surpris par la rage de la vieille femme, recula en titubant. Puis, d'un geste presque machinal, le tube de fer qu'il avait dans sa main retomba lourdement sur la tête de Maya, et elle s'affaissa, frappée à mort. La fille qui s'occupait de la vache accourut avec des injures. L'enfant poussait des cris aigus de frayeur, le chien aboyait toujours, et l'ivrogne, avec des grognements de bête, entra dans la case et se jeta sur le lit et s'endormit. Les voisins étaient venus. On allongea Maya sur la terre devant la maison, on versa de l'eau sur sa tête, on souffla dans sa bouche, mais elle ne se réveillait pas. La nuit descendait, une étoile parut dans le ciel.

Mais aujourd'hui, tout se précipite. C'est à cause de l'orage qui tournoie au-dessus de la ville, dans la chaleur étouffante de la fin d'après-midi. Maryse est venue au couvent, tout essoufflée d'avoir couru. Elle n'a pas frappé à la porte, elle est allée droit à Andréa. « Il faut venir, Madame, il faut venir. Ils vont la tuer. » Elle dit « touyé » en créole, mais son visage ne prête pas à rire. Andréa a eu juste le temps de mettre ses chaussures, et malgré l'arthrose elle court sur la route avec Maryse. La jeune fille répète une histoire incohérente, c'est Crystal qui s'est enfermée dans la salle du réfectoire, elle a un bidon d'essence et elle menace de mettre le feu à la prison, la police est venue, ils ont des fusils, ils empêchent tout le monde de passer. La route est embouteillée chaque soir, Andréa aurait bien pris un taxi, mais elle a pensé qu'elle arriverait plus vite à pied. Arrivée devant le portail, elle s'arrête un instant pour se calmer, éponger la sueur qui couvre son visage. Il faut se montrer calme, ne pas céder à la panique. Mais son cœur bat la chamade quand elle entre dans le jardin. Du monde attend devant la porte de la prison, Andréa reconnaît la silhouette trapue de Mme Sanbar. Elle va droit à elle. « Laissez-moi entrer, je vais parler à Crystal. » Elle dit ces mots avec tellement de certitude que Mme Sanbar ne peut pas protester. Elle marche le plus droit qu'elle peut, malgré la douleur de ses genoux. Les policiers sont massés devant le réfectoire, mais quand Andréa arrive ils s'écartent d'eux-mêmes. Peut-être qu'ils croient qu'Andréa est la chef de la prison, ou bien une envoyée du gouvernement, c'est parce qu'elle est grande et sèche, avec son costume gris et ses chaussures de cuir noir. Maryse est restée en retrait, elle n'a pas osé suivre. Andréa entre dans la grande salle complètement vide, elle cligne des yeux à cause de l'obscurité, une pénombre grise recouvre tout dans un brouillard. Elle reste immobile au milieu de la pièce, les bras un peu écartés du corps comme si elle attendait un mouvement, une aveugle avant de traverser la rue. Puis elle distingue quelque chose, une forme tapie contre le mur du fond, près des fenêtres, une forme en boule, les bras autour de ses genoux, la tête rentrée entre les épaules. Elle est si petite, si tassée qu'Andréa ne peut pas croire que ce soit Crystal. Très doucement, à voix basse presque, elle prononce son nom : « Crystal... Crystal ? » La jeune fille tient contre son ventre le bidon d'essence, elle le serre contre elle comme un doudou, elle regarde Andréa sans rien dire, et Andréa lit dans ses yeux la colère et la peur, et elle pense aux personnages de ses contes, à Maya, à l'enfant couleur de nuit sans lune, à tous ceux qui ont été privés de leur enfance, battus, violés. Elle s'approche doucement de Crystal, et sans comprendre comment, elle retrouve la souplesse de sa jeunesse, pour s'asseoir à côté de la jeune fille, le dos contre le mur. Elle passe son bras autour de son cou, elle murmure des mots doux. Elle sent son odeur, pas une odeur d'adulte, mais une odeur d'enfant, une odeur tendre, un peu sucrée. Elle dit : « Je ne peux pas laisser mon fils tout seul. » Et ça doit faire rire Crystal, de sa façon de rire à elle, un petit grognement ironique du fond de la gorge. Pour Crystal, pour elle seule Andréa lit lentement la fin de l'histoire :

La nuit descendait, une étoile parut au ciel. Maya ouvrit les yeux un bref instant, elle aperçut l'étoile. Sa bouche n'arrivait pas à sourire, mais dans un suprême effort elle tendit ses mains vers l'astre, et quelques mots s'échappèrent de ses lèvres en bhojpuri, sa langue maternelle, ist aspara kota sari, tohre raasta taakat rahli, *c'est ce que j'attendais, et doucement son âme s'envola vers cet infini dont personne ne lui avait jamais parlé.*

Les gens vont, les gens viennent. Sur la route qui descend vers la mer, les caravanes de voitures et d'autobus emmènent leurs passagers vers leurs maisons, vers leurs familles, pour le repas du soir, pour une nuit de sommeil. Au carrefour, ils s'embouteillent, klaxonnent, la fumée des échappements remplit l'atmosphère, fait peser un nuage jaune sur la ville, on pourrait croire que ce sont les couleurs du soleil couchant. Par-dessus les toits l'appel du muezzin traîne, s'éloigne, revient, Andréa l'écoute dans sa chambre et elle récite sa prière.

Aux dernières nouvelles données par Maryse, dans la prison des filles tout est revenu à la normale. Les policiers sont repartis, et Crystal a écopé de trois jours de mitard. Pour soulager les autres, Mme Sanbar pour la première fois les a autorisées à sortir dans le jardin, à planter des fleurs, à arroser les plates-bandes. À travers les grilles de l'enclos, elles ont respiré l'odeur de la vie, les gaz des voitures, le parfum poivré des lantanas, peut-être même que des garçons leur ont jeté des goyaves marron par-dessus la haie comme des amoureux.

Maryse va régulièrement voir sa sœur aînée à la prison, et Andréa a donné le fameux cahier qui contient l'histoire des sans-étoiles. Elle n'est pas sûre que Maryse la lira aux autres, ni même qu'elle gardera le cahier. Peut-être qu'il finira comme tout ce qui est éphémère, mouillé par la pluie, taché par la nourriture, bouffé par les carias. Ça n'est pas très grave, pense Andréa. Les écrivains n'écrivent pas pour qu'on garde leurs livres. Même s'il ne reste que quelques mots, un bout de phrase, un nom, même s'il ne reste que ces mots de bhojpuri que Maya murmurait avant de mourir, *ist aspara kota sari, tohre raasta taakat rahli*, il y a de quoi espérer. Dans le jardin du couvent les martins ont commencé à jacasser comme chaque soir. Andréa attend l'arrivée de Payal, ses coups de bec à la vitre, ses yeux cerclés de khôl. Assise bien droite sur sa chaise, les mains sur son giron, toujours habillée de gris, elle attend. La seule différence, c'est qu'elle a mis ses chaussures noires, elle veut être prête à tout, on ne sait jamais. Les moustiques dansent dans le ciel jaune. Le monde est un, pense Andréa, et elle se surprend à sourire, comme si cette évidence à peine vaniteuse signifiait vraiment quelque chose.

BONHEUR

The child ever dwells in the mystery of ageless time, unobscured by the dust of history.

RABINDRANATH TAGORE
Fireflies

La ville grise, si grise, non loin de la mer. Une grande rivière qui sépare la ville en deux moitiés, le nord, le sud. Des ponts, certains anciens, en fer peints à l'antirouille, d'autres modernes, en béton, arches géantes, tabliers suspendus à des câbles d'acier. Les cris des oiseaux au-dessus de la ville, oiseaux de mer, oiseaux de proie, des cris geignards, des grincements de charnières rouillées. La rumeur monotone des voitures qui roulent sur les ponts, sur les quais du fleuve, de temps à autre un cri de bête, un navire qui appelle son pilote, un train rapide qui traverse les gares sans s'arrêter, vers le nord...

Cela arrivera dans quelque temps, peut-être, au pli du temps, lorsqu'il ne restera que peu de chose de ce que nous avons connu. Les guerres auront changé la surface du monde, les villes seront des miroirs brisés.

En ce temps, le mot bonheur a disparu. Sans doute existe-t-il encore quelque part, mais il a été interdit, et plus personne ne l'utilise. Il s'est vidé de son sens, comme une vie qui s'échappe. Peut-être s'est-il usé, à force d'avoir servi à tout le monde, aux marchands de biens et aux agents d'assurances, aux vendeurs d'autos et aux politiciens.

Quelque chose a changé dans ma ville. Elle n'a jamais été aussi vide, aussi grise, murailles de béton aux fenêtres identiques, rubans d'autoroutes en forme de trèfle à quatre feuilles, ponts, esplanades, voies ferrées qui percent la terre. Cette ville autrefois luxueuse ne peut plus échapper à la désolation des rivages de la mer. La mer n'est plus une aventure. De grandes nappes irisées dérivent aux embouchures, le vent porte des nuages de ciment. Même vers le sud il n'y a plus de liberté. Une angoisse incompréhensible, irrépressible jaillit du bleu du ciel. Le soleil, la beauté des palmes, la douceur des lagons au crépuscule portent une douleur lancinante.

Nous sommes les Imparfaits. On nous appelle les « Mezclillas » à cause de nos habits ordinaires, en toile bleue, à cause de nos baskets blanches, de nos casquettes à la visière qui empêche de voir nos yeux — autrefois les prêtres les avaient interdites, comment Dieu aurait-il pu lire dans nos yeux ? Mais nous sommes libres aujourd'hui de ces superstitions.

Garçons et filles, jeunes et vieux, juste assez semblables pour que de loin on ne puisse nous reconnaître — mais les filles sont plus grandes, chaussées d'escarpins à talons aiguilles, et on les distingue aussi par le bruit qu'elles font quand elles courent dans les souterrains, clac-clac-clac, à toute vitesse.

Et les vieux d'antan, les vieux qui ont survécu aux

guerres fratricides, aux expurgations, aux révolutions culturelles et aux lavages de cerveau, aux autodafés et aux confessions publiques. Eux se souviennent de la lumière du jour, du temps où ils glanaient dans les champs de blé, du temps où ils mettaient à sécher les gerbes de riz au bord des routes. Mais ils n'en parlent guère. À qui pourraient-ils conter les sornettes du temps longtemps, du temps mort et oublié ? Bien sûr de leur temps il n'y avait pas de Séparés, pas d'Enterrés, mais est-ce que ça rendrait les Imparfaits plus parfaits, est-ce que ça effacerait les erreurs, les crimes ?

Les vieux sont tapis dans les couloirs. Ceux qui ont les moyens, ceux qui ont gardé quelques-uns des privilèges d'autrefois, ont leur petit banc en bois de caisse, qu'on dirait fabriqué par les antédiluviens, sans clous, sans colle, juste en mortaises et queues-d'aronde. Les autres sont par terre. Accroupis, à genoux. Certains se prosternent le front contre le sol, au ras des pas des passants. Ils attendent quelque chose, une piécette, un gâteau, une cannette de soda, n'importe quoi, pour continuer à vivre.

Imparfaits. On nous a appelés ainsi parce que nous avons tout oublié. Nous naissons, nous vivons, nous mourons. Il est entendu que nous ne laissions aucune trace. Nous occupons tous ces grands, anciens, somptueux monuments, tours d'église, temples à péristyle, jardins suspendus, bibliothèques impériales, halls carrelés de marbre, galeries, théâtres antiques, hippodromes romains, arènes, cloîtres, mais nous ignorons l'histoire de ces lieux, nous n'avons pas de nom, pas de lignée, pas d'ancêtres. Nous vivons et disparaissons sans que personne y prenne garde. On dit : untel, Sonalal, ou Chitrakout, ça fait un moment qu'on ne le voit plus, Sonraj et Minta non plus. Ah oui ? Tiens donc, cela est vrai, ça fait un bon moment. Et c'est tout.

Mais les enfants. Ça, c'est autre chose. Quand ils ont commencé à disparaître, au début (mais je parle d'un temps très lointain, complètement révolu, avant ma naissance), leurs portraits étaient placardés dans les lieux de passage, les bureaux de poste, les agences d'intérim, les salles de vidéo. Et puis il y en a eu de plus en plus, au point que leurs photos étaient épinglées, scotchées les unes par-dessus les autres. Avez-vous vu ?... Et suivait la liste des noms, les adresses, les numéros de téléphone, aussi lassante que les pages des annuaires. Saadi, Malard, Sénan, Gorbio, Hidéo, Manant, Bélard, Avalon, Fina, Fadé, Gina, Antonin, Jean-Étienne, Rhodes, Yacoub, Liliana, Abada, Jelloul, Ruth, Zinna, Zoé. Et leurs visages. En parcourant les murs à toute vitesse, ils s'animaient, tressautaient, les bouches, grandes, petites, les yeux, globuleux, rapprochés, enfoncés, et les traits devenaient indistincts, il n'y avait plus qu'un seul visage gris, estompé, déjà disparu, imparfait, vous dis-je.

Puis, peu à peu, au cours des mois et des années, les portraits se sont déchirés, oubliés, lacérés par le vent des couloirs, rongés par l'eau de pluie qui suinte, par l'air âcre, par l'acidité du temps. Plus personne ne s'est arrêté pour lire les noms, pour chercher un visage.

La rumeur, je l'entends maintenant. Elle devient de plus en plus obsédante, assourdissante, incompréhensible. On dit que, chaque nuit, dans les quartiers périphériques de notre ville, un étrange animal, une bête de proie, sort de son antre et part à la chasse. Cette chose n'a pas de nom, pas de forme. Personne ne l'a jamais vue, pour la bonne raison que quiconque la voit disparaît aussitôt. Pas seulement les enfants. Maintenant on sait que des adultes ont été enlevés eux aussi, et les vieillards. Un jour, un matin, ceux qui dorment par paquets dans les halls des gares, ou dans les souterrains, constatent qu'un vieux manque à l'appel. Son carton, ses hardes sont là, mais on aperçoit un trou dans la file, comme une dent tombée. Et déjà les autres ne se souviennent plus très bien de son nom, ni à quoi il ou elle ressemblait. Père Grandin, mère Sheila, ou bien un surnom, Nez-Rouge qui aimait bien boire, ou Filoselle avec sa tignasse embrouillée pleine de poux, ou Canal qui sentait mauvais. Et puis les voisins se partagent les vêtements, les couvertures, les sacs de mégots.

La rumeur, à propos des Chavantes. Pourquoi sont-ils appelés ainsi ? Cela n'avait rien à voir avec l'Amérique du Sud, avec les tribus d'Indiens. C'est le travail d'un journaliste, sans aucun doute, de ceux qui font des raccourcis, des rencontres inopinées, insensées, parce que ça marque l'imagination du public et fait vendre de la copie. Du temps où il y avait des journalistes, et des journaux. Les tout derniers journaux, je me rappelle vaguement en avoir vu bouler dans les rues, le vent les balayait et les plaquait contre les grilles des parcs avec les sacs en plastique. Ils restaient accrochés aux épines des acacias.

Les journaux ont disparu, mais les mots des journalistes sont restés — certains noms. On dit kamikazes pour les auteurs d'attentat-suicide (mais on trouve peu de Japonais parmi ceux-là), on dit acteur social, *empowerment,* salut public, rayonnement, objectivité, société des loisirs, souveraineté, choix de vie, multiculturalisme, État providence, quotient intellectuel, ressources humaines. Mais le mot bonheur n'existe plus. Mis à l'index, rayé des lexiques, vidé, aboli. Est-ce la disparition de tous ces enfants ? Les Chavantes ont interdit de prononcer le mot, de l'écrire, même de le penser. Les Chavantes punissent de mort toute personne qui effleurerait ce mot, le dirait tout bas. Ils en ont les moyens. Ils coupent les têtes !

On ne les voit jamais. Ils vivent dans le même monde, mais à un degré au-dessus. Ils n'empruntent pas les souterrains, les tunnels, ils n'habitent pas les immeubles aux mille fenêtres identiques, ils ne prennent jamais le métro ni les autobus où s'agglutinent les grappes humaines, ils ne vont pas à pied dans les rues nocturnes, on ne les voit jamais dans les zones rouges. Ils sont inconnus, sans corps, sans visage. La rumeur, la même rumeur les accuse des disparitions d'enfants et de vieux. Ils n'agissent pas eux-mêmes. On dit qu'ils ont des milices, des hommes et des femmes qui ressemblent à tout le monde, mais qui ont le droit d'arrêter les citoyens et de les emmener dans leurs fourgons, dans leurs limos, de les bâillonner, de les droguer, de les effacer. C'est un vent furieux qui parcourt les rues et les avenues, et les esplanades vides de notre ville, sans qu'on sache d'où il vient, ni ce qui l'a causé, et après son passage on compte les morts et les disparus.

Je sais aussi un animal mystérieux, dangereux, qui sort chaque nuit, se cache dans les coins sombres, à la recherche de ses victimes. C'est une sorte de loup-garou, un lycaon, une hyène, du temps où on racontait cela pour faire peur aux petits enfants. Je ne peux pas dire ce que c'est, personne ne l'a vu. La bête rôde silencieusement, elle préfère les quartiers pauvres, les quartiers où les gens vivent dans des cabanes sans fenêtres, où les filles s'échappent pour se saouler. La bête suit des pistes invisibles, fantomatiques. Elle n'a pas de nom, mais j'ai entendu les surnoms plus insensés les uns que les autres. On l'appelle malédiction, effroi, et le plus souvent on dit l'Ombre — le Regard sans yeux. Est-ce vraiment une histoire de bonne femme, comme elles disent quelquefois : Dors, petit, dors ou bien le diable viendra te manger ce soir. Mais alors comment expliquez-vous ces garçons et ces filles qui sont sortis au crépuscule, pour aller chercher à manger, ou pour aller se baigner au fleuve, et qui ne sont jamais revenus ? Comment expliquez-vous ces jeunes gens qui bravent le danger (car la jeunesse a naturellement un goût pour le risque) et qui se retrouvent sur la rive pour boire des bières et faire de la musique et qui s'aperçoivent soudain que l'un, ou deux, ou trois d'entre eux ont disparu ? Qui s'est emparé d'eux, en silence, sans même un claquement de bec, sans même un cri ? L'Ombre, assurément. Ils retournent chez eux, ils racontent cela à leur manière, ils prétendent avoir vu, avoir entendu quelque chose, là-bas, c'est sorti de l'eau, une forme irréelle, mi-poisson mi-oiseau, cela a fondu sur eux et cela était si rapide et si étrange qu'ils ont cru vivre un rêve. Une chimère. Le Regard sans yeux.

Je voudrais vous parler aussi de la Maison blanche. Celle-là, tout le monde la connaît, elle est visible de toute la ville, construite en haut d'une colline, non loin de la mer. Plutôt peinte en gris, une bâtisse imposante sans décor, avec ses fenêtres régulières identiquement occultées par des grilles de fer, son toit de tuiles mécaniques, et les arbres de son jardin, des arbres austères, cyprès, ifs, thuyas, et quelques marronniers d'Inde. On la dit blanche parce que, sur le gris de la colline et contre le vert sombre des arbres, elle brille à la lumière du soleil, d'une lueur éblouissante. Elle est redoutable, inaccessible.

Elle a toujours existé. Même les vieux les plus vieux, ceux qui n'ont pas perdu la mémoire, et qui passent leurs journées assis sur leurs tabourets dans les couloirs sous terre, ont connu la Maison blanche dans leur enfance. C'était déjà l'endroit où on enfermait les gens.

Quand ils désobéissaient à leurs parents, disent-ils, eh bien, une camionnette passait dans les rues avec sa sirène stridente (ou peut-être une cloche, ils n'en étaient plus très sûrs), et à ceux qui étaient révoltés, insolents, les parents disaient : un jour on t'emmènera dans la Maison blanche. Un endroit d'où personne ne revient. Non pas une prison, ni une maison de correction, ou un prytanée. Un endroit où on perd son nom, où on s'oublie soi-même. Où l'on devient un fantôme.

Viram.

Comment est-il arrivé dans notre ville ? Tout à fait impossible, quoique...

Viram, un nom étrange, ai-je pensé, pour un garçon venu d'ailleurs, venu de l'autre bout du monde. Difficile de lui donner un âge. Ceux qui l'ont vu à ce moment-là ont parlé de ce qui surprenait chez Viram, sa façon de marcher, ses yeux, fendus et étroits, rapprochés, son front bombé, et la lueur bleu acier de son regard. Ou bien ses mains, longues et fines, aux ongles coupés en carré. Mais surtout ses cheveux. Les uns ont dit blancs, les autres gris-bleu, d'autres encore parlent du reflet vert qu'on voit parfois sur les cheveux blonds.

Ce qui est certain, c'est qu'il n'avait pas peur. Il s'est mis à marcher dans les rues de notre ville, dans les souterrains, comme s'il n'y avait jamais eu de guerre, et que rien n'avait été détruit.

Je l'ai aimé dès que j'ai connu son existence. Nous autres, les Imparfaits, nous l'avons aimé. La nouvelle courait dans les couloirs, elle se répandait dans les dortoirs et dans les halls de gare. « Est-ce que vous l'avez vu ? » — « Est-ce que vous l'avez rencontré, est-ce que vous lui avez parlé ? » — « D'où peut-il être, parce qu'un homme tel que lui, nous n'en avons jamais entendu parler ? » — « Mais existe-t-il vraiment ? N'est-ce pas encore une invention des Doctes, des Chavantes, cette clique, cette engeance ? » — « Et si c'était un espion envoyé d'en haut pour nous faire du mal ? » Les rumeurs les plus absurdes, les plus incroyables. On disait qu'il y avait ces gens, des surhommes, leur milice qui portait des couteaux dans les os de leurs avant-bras, les Zokerrés.

Mais lui, Viram, il n'y croyait pas. Quand on ne croit pas à quelque chose, est-ce qu'elle cesse d'exister ? Nous, par exemple, les Imparfaits, les Mezclillas, nous avons cessé de croire au mot bonheur, et il a disparu. Lui, Viram, il y croyait. C'est ce qu'il disait, ce que les gens avaient cru entendre, ceux qui l'ont approché. C'est la rumeur, elle est entrée en moi comme si j'avais été témoin de tout cela. Contre les Zokerrés, contre les Amazones et les Chavantes, et tous ces noms qui errent dans les rues de la ville, ces noms sans corps et ces corps sans nom, contre les petits tourbillons du vide qui dansent sur les esplanades, les temps d'attente infinie qui ploient le dos des vieux et les prosternent le front à terre, contre la peur atroce, contre l'ignorance qui ricane… Parce qu'à ce moment-là, on peut croire, on peut imaginer que ce garçon aux cheveux blancs est l'envoyé du futur, qu'il est venu pour nous changer, pour tout changer. Parce que c'est maintenant que nous avons besoin d'y croire. Quand il n'y a plus rien que le paysage de guerre, de l'après-guerre, ces champs de ruines, ces terrains entourés de fil-rasoir, ces chicanes dans le lit des fleuves et sur les rivages de la mer, et en contrebas des autoroutes, entre les jambes des ponts, ces sols perdus envahis de ronces et d'orties, cette zone démilitarisée, ce *no man's land, terra nullius,* notre seul espace libre. Quand un mur a été construit pour nous séparer, pour diviser une terre autrefois commune, pour empêcher de voir de l'autre côté, de traverser, d'être quelqu'un d'autre.

Terre de personne, terre de silence. C'est pourquoi j'ai aimé la rumeur de Viram. Sa venue, son arrivée dans notre ville, après des années ou des siècles d'attente, cette rumeur qui s'est répandue dans mon corps et a allumé des chemins de poudre. Même si personne ne veut me croire. Même si An-Nee, la fille que j'aime, ne veut pas me croire, même si elle me regarde avec des yeux inquiets. Quelqu'un comme lui, que personne n'a vu, entendu, rencontré, a-t-elle dit. Viram qu'il est impossible d'imaginer même en rêve, lui ai-je dit, parce que quelqu'un comme lui nous n'en avons jamais vu, ni entendu parler...

Pourquoi est-il venu ?

Qu'est-ce qui l'avait chassé de son pays natal, et d'abord est-ce que Viram a un pays natal ? Autrefois, longtemps avant la guerre, les hommes et les femmes étaient libres d'aller où ils voulaient. Ils partaient sur les routes, ils suivaient les chemins d'aventure. Ils s'arrêtaient dans les clairières, ils couchaient à la belle étoile. Les femmes chantaient. Ma grand-mère me le racontait, lorsque j'étais enfant. Avant la guerre, partout on chantait dans les rues, on sifflait, il y avait des bruits dans les rues, des clochettes, des cymbales. Les bords du fleuve étaient remplis par les foules, les pêcheurs, les dockers, les portefaix, les vendeurs ambulants. Et sur l'eau lente descendaient de grands radeaux habités par des voyageurs éternels, sous leurs toits de palmes, de longues barques manœuvrées à la perche dans le crépuscule.

Viram vient de ce temps, mais c'est miracle parce qu'il est enfant, le seul enfant qui ait survécu, ou le seul adulte qui soit resté pareil à un enfant. Il sourit, on me l'a dit, j'en suis sûr, non pas un de ces sourires entendus, un de ces sourires grinçants comme il y en a partout aujourd'hui, mais un vrai sourire, doux, confiant, un sourire d'ange (car nous connaissons encore ces effigies, ces visages emmurés dans les vieux temples, ces images lointaines enfouies dans la poussière des musées). Il est debout dans un wagon du métro, vêtu de son T-shirt sur lequel est écrit ABITBOL ou ABITIBI, de son jean délavé identique aux nôtres, de ses baskets éculées, avec sa tignasse trop longue, trop emmêlée, les mains dans les poches, regardant tous sans regarder personne. C'est comme cela que je le vois. Il est venu dans notre ville chercher le bonheur quand personne n'y croit plus. Je l'ai dit à An-Nee, et elle a eu un sourire, elle m'a embrassé, pendant un instant la distance n'a plus existé entre nous.

Qu'est-ce qui a changé ?

Nous autres, les Imparfaits, nous avons pris l'habitude de ne plus demeurer dans nos palais, nos cathédrales, nos universités hérités d'ancêtres magnifiques. Nous sommes les bernard-l'hermite de cette cité. Un souffle est passé, un vent desséchant, âpre, brûlant et glacial à la fois, un vent de l'espace, un vent du vide. Tout est resté en place, mais l'âme n'y est plus. Des jeunes gens jouent à la balle dans les cours, ils ne regardent même plus quand un carreau est cassé. Des enfants galopent entre les collines des parkings, s'embusquent dans les cages d'ascenseur vides. Il y a si longtemps que plus rien ne marche, que plus rien n'a de sens. Et aujourd'hui, cet espoir infime, une petite pulsation, un faible clignotement, dans mon esprit, dans ma gorge, parce que Viram est ici, dans notre ville, en même temps que nous.

C'est ce que nous disons, c'est ce que nous pensons. Les mots, les bribes de phrases, entre nous, dans un murmure, une rumeur. Il vient, il arrive, il marche au milieu de nous, dans nos rues, il n'a peur de rien. Il est au nord, du côté des collines chargées de nuages, il va de porte en porte, il frappe, mais il ne demande rien.

Dans une cour, il est allé à la pompe, il a bu de l'eau dans le creux de sa main, jamais l'eau n'a été si claire. Une fille lui a donné des fruits, un morceau de pastèque au goût de miel.

Au sud, de l'autre côté du fleuve, il a traversé sur le pont de fer, il a marché sur un câble, tel un funambule.

Sa voix douce est celle d'un enfant, il a chanté une berceuse pour un bébé qui a peur de la nuit. Dans sa chanson il est question des enfants accrochés aux branches des arbres comme des fruits, que le vent fait tomber quand ils sont prêts à naître. Même les plus endurcis d'entre nous s'arrêtent pour l'écouter.

Il parle des langues étrangères, celle d'Abitibi, de Mingan, de Riga, d'Andalsnaes, de San Pedro de la Côte d'Ivoire, il connaît l'ibo et l'ibibio, il parle les langues éteintes depuis des siècles comme si l'ange avait posé son doigt sur ses lèvres.

La couleur de ses yeux, bleu de nuit, violet.

La trace de ses pas dans la boue, aussi belle que le sable blond des atolls. La trace de ses pas dans le tapis de feuilles mortes.

Sa parole alors, son silence, c'est la même chose.

Lorsqu'il parle quelque chose s'enroule et vous prend aux cheveux, mais ce n'est pas un piège, c'est plutôt une caresse, un soupir.

Que nous est-il arrivé ?

Rumeur contre rumeur. Le bruit, l'obsession, nous les ressentons chaque jour, grandissants, omniprésents, irrépressibles. Il fallait qu'il y eût un coupable. Ces enfants avaient disparu, jusqu'à leurs images se sont effacées, comme ces affiches déchiquetées qui flottent sur les murs, aux pylônes, et que le vent balaie sous les pas indifférents des piétons.

Qu'ont fait les Chavantes de nos enfants ? Parce qu'ils sont impuissants, et leurs femmes stériles, ils ont volé ce qui était le plus précieux en nous, la chair de notre chair, notre espoir, notre avenir. L'ombre sans nom, le Regard sans yeux, le visage sans traits, rôdant dans les rues et les corridors, à la recherche de proies, et nous sommes si terrifiés que nous laissons commettre ces crimes, sans bouger, sans combattre.

De temps en temps, une braise rougeoyante de colère s'allume. Dans des salles en sous-sol, ou dans des coins isolés des parcs, sur les talus marécageux de la rivière, là où il n'y a que le chant des moustiques et la rumeur atténuée de l'autoroute, des rencontres ont lieu en secret. On reçoit, on transmet les nouvelles :

« Abigaïl, la fille de Matias, a été vue dans les hautes sphères, elle se pavane accompagnée de gardes du corps, vêtue d'une robe indescriptible, couronnée de jasmin comme une jeune mariée... »

« Elle si jeune ! Conduite au sacrifice... »

« ... ou tout comme. Peut-être une fille à soldats, une putain. »

« Elle qui encore hier jouait à la poupée avec son petit frère, cuisinait pour lui avec du lait de chèvrefeuille. »

« Mais sa mère, que dit-elle ? »

« Les Chavantes savent acheter le silence. Ils ont donné une médaille au père, et des bons du trésor, et à la mère une image, ils appellent ça une Vestale. »

« Nous sommes dans la capitale du crime, sans recours. »

« Nous devons disparaître. »

« Tout doit disparaître. »

Mais le bruit des vaines paroles ne peut rien changer au réel. La contagion de ce mal est si évidente, inévitable, que l'on se croit atteint avant même d'en connaître les symptômes. Une large, longue tache grise qui se glisse dans les anfractuosités, suit les rigoles, s'étale et infuse nos vies, notre ville. Alors nous frissonnons, nous nous recroquevillons dans nos cavernes, dans nos petites cellules, dans toutes les alvéoles de ces vieux palais que nous avons cessé d'habiter.

C'est ainsi que Viram est apparu, lui, l'important.

Je l'ai vu au début de l'hiver.

Cela s'est passé dans la ligne circulaire qui joint le nord au sud et passe deux fois le fleuve sur des ponts de fer (et c'est la rare occasion qu'ont les Imparfaits d'apercevoir cette ville, son extraordinaire architecture moderne, que dominent les tours de cent étages cerclées de spirales de routes et de chemins de fer). Ces wagons sont remplis ordinairement d'une foule compacte, hétérogène, une humanité précaire et odorante qui soulève le cœur, et à la fois donne de la joie (une sorte de plaisir suspect proche du mépris, comme lorsqu'on se surprend à jouir d'une souffrance). J'allais au travail, ou j'en revenais, je ne sais plus. J'ai d'abord entendu la musique, mais je n'y ai pas fait attention. Il faut dire que sur cette ligne, on rencontre souvent des vieux à moitié infirmes ou complètement aveugles, qui remontent les wagons en poussant de petits chariots à trois roues chargés d'un tourne-disque qui diffuse une horrible musique de grêle. Mais la foule a bougé, et la musique est devenue plus claire, et c'était une musique étrange, entraînante, une sorte de valse du temps jadis, rythmée par des coups de talon sur le plancher du wagon, et j'ai cherché à comprendre d'où elle provenait. J'ai aperçu d'abord l'accordéoniste, un homme d'une cinquantaine d'années assez grand et fort, aux cheveux grisonnants, barbe mal rasée, vêtu d'une veste de similicuir noir. Il jouait en regardant à droite et à gauche, avec cette expression de contentement et d'assurance de quelqu'un qui cherche à plaire, qui gagne sa vie en jouant et en rythmant du talon. J'ai remonté le wagon en poussant un peu les voyageurs, et j'ai vu Viram. J'ai été sûr que c'était lui au premier coup d'œil. C'était un jeune garçon, à sa taille j'ai pensé qu'il pouvait avoir douze ans, mais j'ai compris ensuite qu'il pouvait être plus âgé, et qu'il avait peut-être même près de vingt ans. Petit, donc, mais svelte et bien bâti, des épaules rondes, pas trop de cou, un buste étroit, mais ses jambes et ses bras paraissaient solides, comme un mousse (je ne sais pourquoi j'ai pensé à un mousse alors que nous ne sommes pas une ville de bord de mer et que les seuls bateaux qui circulent sur le fleuve sont des barques de promeneurs et les services de la brigade fluviale qui surveillent l'estuaire). Il se tenait debout en face du vieux qui jouait, non pas les mains dans les poches et l'air désinvolte, mais avec une sorte de gêne mêlée de grâce, et en même temps du contentement, et il marquait la mesure du bout du pied. C'est l'expression de son visage qui m'a tout de suite dit qu'il était lui, Viram, celui dont tout le monde du dessous parlait, celui qui était venu pour changer nos vies, pour écarter l'enveloppe, pour craquer la croûte qui enfermait le petit rouleau de papier sur lequel est écrit le bonheur.

Son regard a rencontré le mien.

Par-dessus les épaules et les visages, d'un bout du wagon à l'autre. La musique un peu nasillarde du vieux remplissait l'habitacle, annulait le fracas des boggies, les grincements d'essieux, et même la voix automatique qui annonce les stations précédée de ce ridicule pépiement d'oiseau qui est la marque de fabrique de la compagnie de transports urbains, qui nous exaspère mais qui nous manque quand on est loin... Piew-piew, piew-piew, Candos station, descente à gauche, prenez garde à la marche... J'avais manqué mon arrêt pour écouter l'accordéoniste et regarder Viram. Un peu plus tard, l'enfant a remonté le wagon, une sébile à la main. J'ai cherché dans ma poche, je n'ai trouvé que quelques piécettes jaunes, même pas de quoi acheter un chewing-gum, j'ai voulu m'excuser, mais Viram est passé, avec son sourire très doux, il m'a frôlé et il a continué sans rien dire, et j'ai ressenti au moment où il passait, où il me frôlait, une onde de chaleur, mais en réalité autre chose, puisqu'il faisait très chaud dans le wagon, ce serait plutôt un souffle, quelque chose qui donnait la paix, qui dénouait les nerfs noués comme des cordes rouillées.

Il est passé, il est revenu jusqu'au musicien, les portes du wagon se sont ouvertes et Viram est descendu, il s'est perdu dans la nuit. Perdu dans la foule, parce que moi aussi je suis descendu sur le quai et j'ai cherché à l'apercevoir. La ligne circulaire est la plus chargée de la ville, je n'avais aucune chance de le retrouver, et pourtant, ce jour-là, et les jours qui ont suivi, j'ai circulé sur la même ligne dans l'espoir de revoir Viram et l'accordéoniste, j'ai traversé et retraversé le fleuve vingt fois, en vain. À la fin, j'ai été repéré par les gardes, j'ai compris qu'ils me prenaient pour ces gens qui passent leur vie sous la terre, un voleur à la tire, un obsédé sexuel, un maniaque dépressif en mal de suicide, et j'ai renoncé à la ligne circulaire.

À partir de ce jour, tout est devenu plus clair, évident. La face cachée des choses apparaissait. Étais-je le seul à le voir ? J'ai cessé d'aller à mon travail, sans donner d'explications. Avec An-Nee, ma petite amie, la situation s'est rapidement dégradée. L'amour avec elle devenait impossible. Je me souviens d'un après-midi chez elle (elle habite un petit studio au centre-ville, qui résonne des bruits de la rue). Malgré le froid de l'hiver, nous étions couverts de sueur sur les draps défaits. Il y avait cette odeur aigre, le fracas des tramways, et au plafond, par l'interstice des volets, se projetait l'image inversée de la circulation, des taches rouges et bleues qui coulaient d'un bord à l'autre, parfois les ombres des piétons pareilles à de minuscules insectes.

Je lui ai parlé de ma rencontre avec Viram, à mots couverts, parce que déjà je n'étais plus sûr d'elle — peut-être était-elle manipulée, elle aussi, par l'insidieux pouvoir des Chavantes, peut-être avait-elle été contactée par les Amazones, dans cette lutte pour le pouvoir qui conditionne la vie des Imparfaits ? — An-Nee s'est moquée de moi. An-Nee est une fille naturellement sarcastique. Elle est la dernière-née d'une fratrie de quatre frères et sœurs plus âgés, elle a appris à se défendre à coups de moqueries et de grincements.

« La scène que tu me rapportes ressemble étrangement à un coup de foudre ! » a-t-elle dit.

Je n'ai pas su quoi répondre. Elle a voulu effacer ma déception, elle m'a serré dans ses bras, et un bref instant, l'odeur de sa peau et de ses cheveux a écarté mon obsession. Mais le mot de foudre a résonné dans mon esprit par la suite. Il portait une vérité. Quelque chose de soudain et d'irrésistible, sans aucun fondement logique, et dans le chaos de nos vies une lumière était apparue, un signe éblouissant de liberté et d'amour. C'est à partir de ce jour-là qu'An-Nee s'est éloignée, que ma vie d'autrefois s'est écartée de moi pour devenir une autre rive.

L'hiver est passé dans cette incertitude. Je survivais maigrement sur mes économies, mais je voyais venir le temps où je perdrais tout, n'ayant plus réglé ni loyer ni factures, bientôt jeté à la rue. Maintenant, à mesure que j'avance vers l'été, les choses se précipitent. Peut-être est-ce dû aux orages électriques qui ont pris possession du ciel au-dessus de la ville — je les vois particulièrement au-dessus de la Maison blanche, épars, décharges silencieuses entre les nuages, et parfois un arbre flamboyant qui unit la terre au ciel, frappe le haut des immeubles, jaillit des grues et des mâts des chalands immobiles sur le fleuve.

Tout semble se hâter, pour une mise en scène de la fin — mais quelle fin ?

An-Nee refuse de me voir. Nous étions dehors, sur une terrasse qui surplombe le sud de la ville, nous regardions l'orage. Je ne sais comment il a été question de Viram. En réalité, depuis plusieurs jours, je refuse de parler de tout cela avec elle, je ne prononce plus le nom de celui qui doit venir. Je me retiens même d'y penser, par vertige peut-être. An-Nee a persiflé : « Ce garçon que tu as vu dans le métro, tu t'en souviens? Avec le musicien dans le wagon, eh bien, je suis sûre qu'il est loué par le joueur d'accordéon. » Je n'ai pas compris, j'ai failli crier : « Loué, qu'est-ce que tu veux dire, loué ? » An-Nee fumait tranquillement. « Tu sais bien — loué, par sa famille, pour faire la manche, pour exciter la pitié des gogos. »

Curieusement ma colère est tombée d'un coup. J'ai ressenti une immense tristesse, je veux dire une immense fatigue. Je regardais cette ville, dont je connais chaque détour, chaque coin de rue, chaque coupole, parce que je n'ai jamais vécu ailleurs. Et en même temps, il me semblait que sa réalité m'échappait. Quelque part, dans ces rues, dans ces souterrains, l'enfant aux cheveux blancs était vivant, au milieu de nous, il nous visitait, avec son sourire un peu moqueur, son regard clair, il nous voyait, mais nous ne le voyions pas.

J'ai pensé à dire à An-Nee : oublions tout, viens, nous allons partir ensemble pour l'autre côté de la terre, nous nous prenons par la main et nous partons !

Je me souviens de cet instant final, avec An-Nee, la femme que j'ai aimée plus que personne au monde. Elle était déjà loin de moi, elle m'avait déjà quitté. Elle me regardait avec méfiance. Elle a dit simplement, mais sa voix était sourde à cause de l'émotion qu'elle maîtrisait : « Je crois — je pense que tu devrais aller voir un médecin. » An-Nee est interne des hôpitaux, elle doit avoir sur tout un regard médical. J'ai répondu brusquement : « Je sais ce que j'ai à faire. » Cela a été la fin de notre relation.

Est-ce cela qu'on attend de moi ? Que je devienne un Imparfait jusqu'au bout, jusqu'à la folie, jusqu'à la mort ? Rien n'est écrit, rien n'est stipulé pour nous. Nous naissons, nous vivons, nous mourons, et cela ne laisse pas de trace, pas l'ombre d'une cicatrice sur la peau du vivant. Peut-être que nous méritons ce qui nous arrive, puisque nous sommes lâches et que nous courbons la tête. Mais lui ? Viram n'est pas comme cela. Il est venu de loin, il a quitté sa famille et son monde, il s'est lancé sur les routes, pour nous libérer de notre peur, nous guérir de notre soumission, pour partager avec nous son savoir et sa liberté. Il a pris cette forme, celle d'un enfant sans âge, vêtu à notre mode de Mezclilla, de baskets, avec un T-shirt trop grand qui bâille aux épaules, sur lequel est écrit un nom bizarre, un nom magique, Abitibi, Abitbol, je ne sais plus, et il accompagne le joueur d'accordéon qui répète ses trotts et ses mazurkas, il passe dans le couloir central des wagons avec à la main un drôle de bonnet de scaphandrier, pour quelques piécettes, sans un mot, simplement souriant, et de son front et de ses lèvres jaillit une onde de joie telle que nous n'en avions jamais senti ni entendu parler avant lui.

Qui est qui ? Cette ville, jadis libre, est devenue le séjour des forces qui nous courbent, qui nous plaquent au sol, parce que plus personne ne leur résiste. Tout est complot, partout. Depuis les gens d'action qui vont et viennent en faisant semblant d'être affairés et qui sont seulement des figurants jouant leur rôle devant les antres obscurs des restaurants pareils à des ombres à l'entrée d'une caverne. Je l'avais dit à An-Nee mais elle ne voulait plus m'écouter. Pourquoi a-t-elle cédé ? Pourquoi m'a-t-elle trahi avec eux ? Il ne me reste plus qu'à interpeller des inconnus. L'autre jour, sur le bord du trottoir, à un arrêt de bus désaffecté. « Regarde », ai-je dit. Un homme d'une cinquantaine d'années, l'air désœuvré, déjà pris par la clochardisation. Peut-être un ivrogne. « Regarde ces gens, ils ont l'air très occupé, regarde-les bien, ils sont des leurres, ils sont là, ils courent, ils se dépêchent, mais ils ne vont nulle part, ils passent devant nous juste pour que nous nous sentions coupables. » L'homme a ricané d'un air entendu. Il m'a parlé de sa vie, d'un roman qu'il a décidé d'écrire pour changer la destinée. En réalité lui aussi a sombré dans le mensonge. Il perd sa vie sur un banc, ou assis à la terrasse d'un café à regarder passer le monde. Pour me plaire il en rajoute : « Oui, oui, d'ailleurs, ce sont toujours les mêmes, regarde ce banquier en bleu, ça fait la troisième fois qu'il passe, et cette femme avec son sac à dos, comme si elle partait en voyage ! » En réalité, il a envie que je l'invite à prendre un verre au café du coin. C'est pitoyable, mais je me sens si seul que j'accepte, pour pouvoir parler un instant.

« As-tu entendu parler des Amazones ? » Au lieu de

me rassurer, sa question me tord le cœur. Il en est peut-être, lui aussi, sous son air de dérision.

Il a saisi l'occasion. Il n'y a rien qu'il aime mieux qu'affabuler. Il baisse la voix : « Oui, tu es au courant de ce mouvement des Amazones. » Il se jette avec impatience dans une description longue et embrouillée, ces femmes qui ont décidé de prendre le pouvoir, de ne plus avoir d'enfants, d'enlever les enfants des autres pour constituer leur armée et dominer les Imparfaits. C'est consternant. Une bouillie qui mêle le vrai et le faux, le sarcasme et la sincérité, une grandiose blague à l'échelle de nos vies, à la mesure de cette ville qui disparaît. Je crois reconnaître des bribes de ce que j'ai dû raconter à An-Nee, tout à coup je me recule, comme si cet inconnu avait été posté ici pour me piéger, m'extorquer des noms, des faits, des dates.

Peut-être qu'il est déjà trop tard. La folie s'est emparée d'An-Nee, elle est devenue par ma faute le maillon faible, inutile. Cet homme est son messager, sans le savoir. Une épave qui traîne sa vie de café en bistrot, de salle de conf en salle de ciné, il est devenu dans ce projet le clochard à teint mâché, vêtu de son éternel pull à côtes gris, imprégné de l'odeur de mégot froid, ce hâbleur qui pratique la philo en crédit-rentier, miroir de nos incapacités. Alors que je m'enfuis, j'entends sa voix aigre qui crie dans mon dos : « Surveille les indices ! Surveille les indices ! »

Jusqu'aux vieux dans les couloirs souterrains, assis sur leurs tabourets de bois. Autrefois, je sentais pour eux de la compassion. Je m'arrêtais pour donner une pièce, ou bien pour échanger quelques mots. Il me semble maintenant qu'ils ne sont pas là par hasard, ils font partie d'un plan général, ils vous enveloppent dans leur malaise, ils sont feints. Ceux qui poussent des landaus dans lesquels nagent des chiffons et des cartons, ceux qui sont prosternés le front contre terre, la paume des mains tournée vers le ciel comme si la manne divine allait pleuvoir ! Et cette vieille au dos cassé en équerre, qui avance, ou plutôt qui rampe le long des quais, agrippée à un fauteuil à roulettes, non pas un siège d'infirme, mais un vrai fauteuil de bureau en moleskine noire, avec des accoudoirs larges comme des bras et un dosseret luisant, elle rame contre le courant des passants, marche en crabe à cause des roulettes folles qui de plus couinent d'un bruit de souris. Comment ressentir encore de la pitié ? Et aussitôt me revient le commentaire d'An-Nee à propos de Viram, un garçon loué par sa famille à ce musicien ambulant, pour faire la manche dans les wagons de la ligne circulaire. Je ressens le même vertige, la nausée, puisque tout est double et résonne deux fois, ce sont des coups qui frappent sur les profilés des constructions, deux fois réels, une fois sur la surface, et une deuxième fois, au fond, au plus profond.

Et puis cette vieille, dans le centre-ville. Car on l'avait oubliée. Les gens la connaissaient autrefois, allaient manger chez elle. Son bouge est au centre des grands quartiers, des grands immeubles modernes, là où vivent les Supérieurs, les Présidents, les Décideurs. Les Parfaits. Non pas les Chavantes, parce que ceux-là reçoivent leurs ordres d'en haut. Ils n'ont rien inventé, ils sont aussi, à leur façon, des victimes. Puis les gens ont cessé d'aller chez cette vieille. Peut-être qu'ils se sont méfiés d'elle, qu'ils ont fait courir des bruits sur son passé, sur ses mauvaises mœurs. Parce qu'elle a été une prostituée, autrefois, dans ces beaux quartiers. Même son fils a honte d'elle, il ne vient plus la voir, bien qu'elle ait payé toutes ses études, pour qu'il devienne quelqu'un d'important, un avocat, un médecin, un ingénieur.

C'est une ancienne station-service abandonnée. Les pompes ont disparu, et les garages ont été murés. Au sous-sol, la vieille a installé sa cuisine. Ça n'a pas de nom, ça s'appelle « Chez la vieille ». Certains, par dérision, ou parce qu'ils l'aimaient bien, avaient l'habitude de dire « Maman ».

Une grande salle, éclairée par un vasistas, occupée au fond par la cuisinière à butane sur laquelle la vieille cuisine ses platées de rizotto et de pâtes, ses soupes au piment. Le seul mobilier du restaurant est constitué de trois tables en longueur, de bancs et de tabourets. La vieille est une femme assez forte, pas très grande, pas beaucoup de cou, mais un visage lisse et sans âge, la peau noire et luisante, et des cheveux frisés d'une couleur indéfinissable qui tire sur le rouge. Une fois par semaine elle se fait faire une permanente et elle déteint ses cheveux à l'eau de chaux, comme c'est la coutume dans son île.

La qualité de nous autres, les Imparfaits, c'est que chez nous les nouvelles se propagent vite. Elles suivent des chemins secrets et tortueux, vont de bouche à oreille sans contrôle ni censure. Cela peut être aussi un inconvénient quand il s'agit de rumeurs, de frayeurs, ces histoires d'enfants disparus, de Zokerrés avec leurs avant-bras armés de couteaux, qui rôdent dans nos rues à la recherche de victimes. Mais lorsque nous avons su que Viram avait trouvé refuge chez la vieille, cela nous a contentés, et nous avons ressenti de l'espoir. Donc, il était protégé, il avait de quoi manger, un endroit où dormir en sécurité, où les milices à la chasse perpétuelle aux étrangers ne pourraient pas le retrouver. Du fond du sous-sol, il pouvait continuer à nous donner sa lumière, sa gaieté. Peut-être même qu'il chantait, certains jours, pour distraire les clients de Maman. Ou bien il l'aidait à faire la vaisselle, à ranger les ustensiles, à promener son petit chien. Et le soir, quand elle avait fini son travail, elle avait maintenant quelqu'un à qui parler. Elle carrait son dos contre les coussins, elle allumait une cigarette pour mieux s'endormir, elle sirotait son verre d'alcool, et elle pouvait rêver au temps jadis, à son pays natal, de l'autre côté de l'océan, à la musique des vagues et du vent, et à côté d'elle Viram était toujours silencieux, et dans le coin du restaurant le vieux poste de télé clignotait une romance sur le mode muet.

Il faut imaginer toutes les belles choses que Viram nous a rendues, toutes les tâches qu'il est venu accomplir. Est-ce que nous les avions vraiment oubliées, ou bien est-ce que ces choses, ces pensées, ces féeries étaient enfermées au fond de nous-mêmes, prisonnières, et qu'elles attendaient le regard d'un enfant pour se libérer? Alors maintenant cette ville grise et froide, éteinte sous la coupe des élites et de leurs milices, tout à coup possède à nouveau un cœur, et ce cœur se trouve dans l'endroit que personne n'aurait pu imaginer, dans le sous-sol obscur d'une station-service en ruine, dans la cuisine d'une vieille mulâtresse au corps lourd, qui chaque soir à la fin de la journée boit plus que de raison et fume ses cigarettes, affalée sur le sofa qui lui sert de chambre à coucher, dans un restaurant où plus personne ne vient. Et c'est d'ici, de cette cuisine que viendra la parole nouvelle, la lumière d'aube, le recommencement de notre race maudite, c'est ici que se forgera la nouvelle liberté, la révolution qui jettera à bas les statues de nos maîtres, les meutes de chiens, les espions, les clubs d'Amazones et les armées secrètes de Chavantes, et toutes leurs soi-disant ombres menaçantes, leurs regards sans yeux, leurs horlogers nocturnes !

Donc, je suis retourné sur la colline, d'où on voit les deux hémisphères de notre ville séparés par le grand fleuve gris. C'est l'endroit où j'ai rencontré An-Nee avant que tout ne sombre dans le délire. Il me semble que ça fait des années que je n'ai pas pris cette liberté. Que je n'ai pas osé, pas voulu la prendre.

Il fait très chaud, le chant des cigales dans les collines

est assourdissant. De temps à autre, des promeneurs s'arrêtent sur le terre-plein en demi-lune, ils cherchent à distinguer les points saillants de la brume, la Tour des Miroirs, la Tour de Jade, l'immeuble de Kalinko, Malinké. Ils comptent les clochers pointus des églises, ils montrent du doigt l'antenne des télécommunications, ils cherchent à reconnaître les silhouettes crénelées des immeubles locatifs, indécises, pareilles aux murailles de châteaux en ruine. Plus loin, les cheminées de l'usine d'incinération, les fabriques de savon dont l'odeur rance enveloppe toute la ville. Parfois, un couple d'amoureux s'installe à l'ombre des oliviers, la fille juchée à cheval sur l'homme, ils singent l'acte amoureux en poussant de petits cris, de petits ris. Est-ce que j'ai jamais fait cela ? Comment peuvent-ils être à ce point indifférents à ce qui se passe autour d'eux ?

Il n'y a pas si longtemps, je me serais méfié. J'aurais cherché à deviner le complot, les espions postés sur ma route. Mais grâce à Viram, je suis délivré de ma peur. Les indices, les fameux indices : les bruits doubles, les gestes coupants du tranchant de la main, la musique tzigane, les affiches « Avez-vous vu ? », les messages cryptés sur l'écran des ordinateurs, avec ces mots : loger, logement, comme si on te menaçait d'une balle dans la tête, et les annonces, toutes les annonces, dans le journal, sur les panneaux publicitaires, au téléphone, à la télévision, partout, ce code secret, ce langage à double entendre, et les signes, partout, sur le trottoir, à la craie sur les murs, à la hâte, jetés par les enfants, mais il faut remonter à la source, trouver l'origine, déchiffrer le sens, avant qu'il ne soit trop tard — ils n'ont pas cessé, ils sont toujours là, autour de moi, mais je n'ai plus peur d'eux, je ne leur fais plus la faveur de m'abuser sur eux.

Une immense fatigue dans le ciel pèse sur la ville, dans la brume rose qui noie les châteaux, dans le nuage qui se tasse en bas, au fond des sillons des artères, et le long du grand fleuve rampe un grand tapis cotonneux et gris.

Une fatigue de trop savoir, de trop comprendre. Peut-être que je voudrais être semblable à ces amoureux, indifférents à ce qui se passe autour d'eux, trop occupés à se regarder, à se lire dans les yeux, à se dire des choses minuscules. J'ai téléphoné à An-Nee pour qu'elle vienne me rejoindre. Pour ne pas l'effrayer, je lui ai dit que j'allais mieux, que j'avais pris des médicaments. Depuis plusieurs mois nous ne nous étions pas vus, et j'ai lu dans ses yeux tout ce qui avait changé dans mon apparence. Ma maigreur, ma pâleur, les cernes d'insomnie, les rides, peut-être des cheveux blancs. Comment lui dire que je n'étais pas vaincu ? Que bien au contraire, Viram m'a chargé d'une certitude. An-Nee s'est assise sur le banc à côté de moi. Ses yeux très noirs brillent, deux feuilles d'obsidienne allongées vers les tempes. Elle a ces yeux qui semblent toujours étonnés. Elle parle de l'hôpital, des examens proches, à la fin de l'été. Elle dit qu'elle a l'intention de partir très loin, en Afrique, au Congo, pour accompagner une équipe qui opère les hernies. Elle pose des questions, est-ce que j'ai trouvé un autre travail, et mon projet de reportage sur les syndicats du port, sur les *longshoremen* et leurs chapitres ? Le soleil est en train de se noyer dans la brume, tout baigne dans une lueur d'or. C'est cela, mon indice, le signe que je dois suivre. Tout à coup, je prends la main d'An-Nee, je la serre très fort.

« Viens ! Nous devons nous envoler ! »

La première fois que je suis sorti avec An-Nee, nous avions couru dans les ruelles, descendu les volées d'escaliers, passé sous les ponts des autoroutes, jusqu'au fleuve. Nous étions des enfants. C'était avant le complot, avant que cette ville ne soit envahie par l'ombre. Avant les disparitions d'enfants et de vieillards, avant les crimes et les rafles.

An-Nee détache sa main de la mienne.

« Je ne peux plus, nous ne devons plus nous voir. »

Je ressens la douleur de cette déchirure. Ça n'est pas imaginaire, c'est une blessure saignante. Je ne savais pas qu'on pouvait avoir aussi mal d'être trahi.

An-Nee s'éloigne rapidement, sans se retourner. J'entends ses enjambées, les talons qui frappent le trottoir. Une-deux. Je ne peux plus bouger de mon banc. Je suis pareil à ces vieux cloués à leur morceau de ciment, dans les sous-sols, le front par terre et les paumes tournées vers le ciel.

On dirait que la vieille m'a attendu. Ai-je pensé trouver Viram chez elle ? Mais je suis à bout de forces, j'ai seulement besoin d'un peu de réconfort. C'est la fin du jour, au-dehors la chaleur et l'humidité sont à leur comble. En descendant l'escalier crasseux qui mène à cet antre, je ressens la fraîcheur bienfaisante de la vie sous terre. La vieille a allumé l'unique barre de néon au fond de la salle. Je viens ici pour la première fois, et pourtant l'endroit me semble familier, comme si je retrouvais un lieu de mon enfance, un lieu plein de délices et de mystères où se mêlent les odeurs de la suie, de la sciure de bois, des légumes cuits, des fruits trop mûrs. Une odeur de vin.

Que viens-tu faire ici ? Est-ce qu'elle m'a dit ces mots, ou bien je les ai rêvés ?

Peut-être, plutôt : Qu'est-ce que tu veux manger ?

Je ne sais pourquoi je suis venu chez Maman. Il n'y a plus personne, alors, plus d'autre endroit. C'est ici que Viram est venu, pour échapper aux sbires qui voudraient l'arrêter, le déporter. Quand les amis, les amours ne sont plus rien, et vous êtes à la poursuite d'une chimère, d'un enfant sorti de l'histoire pour changer la vie, pour rendre les mots à ceux qui n'en ont plus.

Je parle avec la vieille. Je ne suis pas venu pour manger, d'ailleurs, depuis des jours j'ai un goût de sang dans la bouche. Mais la vieille me sert sa fameuse soupe blanche, de la moelle et des pâtes épaisses, chaudes, gluantes, que j'avale voracement en faisant du bruit. La vieille me regarde manger en fumant sa cigarette. Ses yeux sont plissés en deux fentes étroites, ses lèvres peintes en rouge s'arrondissent pour lâcher un cercle de fumée qui s'étale, sa tignasse rouge brille à la lumière du néon en halo au-dessus de son visage très noir. Elle est laide, presque repoussante, mais bienveillante. Elle, la fille d'un soldat de la dernière guerre américaine, qui a grandi dans les bars, et qui a eu au mitan de sa vie un enfant de père aussi inconnu que son propre père. Il me semble qu'elle est ma seule parente, ma seule amie. Elle est ma mère, que je reconnais enfin.

À moitié ivre, sans doute. Elle guérit ma tristesse avec sa soupe qui emporte la bouche, qui brûle ma gorge et mon estomac comme un brouet de sorcière. Elle se met à me parler de son fils, son seul garçon nommé Michaël, qu'elle a élevé en petit prince et qui est fiancé à une fille de la haute, une fille parfaite, une princesse rose à qui il raconte que sa mère est morte depuis longtemps. Michaël ne vient jamais voir la vieille, il se contente de téléphoner pour les chèques qu'elle envoie chaque mois, pour payer sa chambre en ville et ses études. Qu'il aille au diable, lui et sa princesse parfaite !

La vieille parle de Viram avec précaution comme si Jésus lui-même lui avait rendu visite dans son boui-boui. Il est entré, il s'est assis là où je suis, il a mangé la soupe blanche, il a bu son soda, et puis il est reparti. Elle en parle doucement puis elle ricane. Qu'est-ce qu'il croit, qu'il est par hasard l'envoyé du ciel, venu prendre la mesure de ma vie, et m'annoncer ma mort prochaine ? Elle ne sait même pas son nom, et quand je le lui dis, elle se balance un peu sur ses coussins, la cigarette au bec, elle répète d'une voix hébétée : « Viram... Viram. »

L'instant d'après, elle prend dans son sac une petite photo encadrée, en couleurs, qui montre un jeune homme aux cheveux noirs très lisses, aux yeux langoureux en amande, l'air un peu bellâtre, c'est lui, c'est mon Michaël, il est si grand, deux mètres, est-ce qu'il n'est pas beau ? Est-ce qu'il n'est pas mon dieu ?

Chacun dans sa cage, prisonnier de soi-même.

Et j'imagine Viram marchant toujours dans cette ville, rencontrant d'autres humains. Marchant dans les rues mouillées par la pluie d'août, marchant dans le crépuscule, passant devant toutes ces fenêtres, son reflet glissant sur les ruisseaux. J'imagine les endroits où il va dormir, à l'abri d'une entrée d'immeuble, sur des cartons, ou dans un trou de tunnel, une bouche qui sent l'urine et la mort. Je vois les milices qui le cherchent, les brigades vêtues de blanc, j'imagine les assassins et les violeurs d'enfants, les marchands d'esclaves, les loueurs de misère avec leurs petits accordéons pour ravir les innocents.

Je dis à la vieille : un crime va être commis ce soir, il faut l'empêcher. Elle me regarde sans comprendre, et je répète, presque avec méchanceté : le sang va couler, il va y avoir une terrible hémorragie. Alors elle compose un numéro sur son téléphone. Ils vont venir vous aider, n'ayez pas peur, ils seront ici dans quelques minutes. Elle a rangé la photo de Michaël, elle s'est calée dans le sofa, une jambe repliée sous sa cuisse. Elle allume une cigarette et plisse ses yeux à cause de la fumée, elle a l'air vraiment de la prostituée qu'elle a toujours été. Je pourrais partir maintenant. Je pourrais m'enfuir à toutes jambes, m'envoler dans les rues de cette ville infinie, si grande qu'on ne me retrouverait jamais. Mais je reste immobile à attendre, pour connaître la fin de cette histoire, pour suivre les pas de Viram jusqu'au bout, jusqu'à la Maison blanche.

Ici règne une sorte de paix.

C'est un lieu hors du monde, perché en haut des collines, pas très loin du fleuve, peut-être la mer, en tout cas une étendue liquide qui brille le soir entre les grilles. Un grand jardin entoure le bâtiment, un parc aux allées rectilignes comme dans un cimetière, couvertes de gravillons, des terrasses de mignonnette, et des arbres, des arbres très hauts et très droits, dans le genre des ifs, des cyprès.

Ici, il n'y a plus d'Imparfaits, ni de Parfaits, plus de Mezclillas, de Chavantes ni d'Amazones. Ce n'est pas que les indices aient disparu, au contraire. Dans les couloirs, résonnent les bruits doubles, les portes qui claquent et rebondissent, clang-clank, les talons des infirmières, les grincements des roues des chariots, des civières roulantes, des sifflements de scies, des bourdonnements électriques, des barres de néon qui grésillent sans pouvoir s'allumer, des borborygmes de haut-parleurs tôt le matin, qui donnent des ordres dans une langue inconnue. Tout cela. Et surtout, les voix humaines, les cris, mais ce pourrait être des cris d'animaux, aigus, douloureux, menaçants.

Puis à nouveau le silence, un grand vide, une plage de paix immense, avec seulement le bruit de vent et de mer, le bruit des pneus sur les autoroutes le long des rivages.

Il est ici. Viram. L'enfant aux cheveux gris. On l'a amené ici, un jour, entre deux gardes, les poignets liés comme un assassin. Il n'a pas opposé de résistance. Peut-être même qu'il a gardé ce sourire, ce regard lumineux qui ne craint personne. Il est au bout de la chambrée, il occupe un lit près d'une fenêtre, son regard est toujours tourné vers le rectangle de ciel bleu ou gris haché par le grillage. Vers trois heures de l'après-midi, un rayon de soleil l'éclaire, et il ferme les yeux.

Il ne parle à personne. D'ailleurs, il ne parle aucune langue connue. Quelqu'un a dit que, parfois, en dormant, ou dans un rêve éveillé, il prononce quelques mots — quelqu'un dit que c'est du corse. Ou peut-être du kurde, ou bien une langue d'un pays situé à l'autre bout du monde. Mais il ne s'adresse à personne en particulier. C'est sa langue, une langue qui se mêle au monde entier, aux bruits de la vie, à la musique des oiseaux le matin, au chant des baleines, aux froissements d'élytres des scarabées, au murmure que font les plantes qui déroulent leurs vrilles, au bâillement indolent des fleurs dans l'après-midi d'été.

C'est pourquoi Viram est enfermé dans la Maison blanche. Ce qu'il annonce est trop pour le monde des hommes ordinaires, nous les hommes qui sommes les sujets et les objets du pouvoir, qui sommes les agents agissants de la dictature, les objets ordonnés et possédés par les puissants. Viram est libre, même quand il est attaché par des sangles à ce sommier de fer. Il n'a peur de rien ni de personne, et c'est pourquoi il fait peur à ses bourreaux.

Dehors, en bas, en ville, tout est redevenu normal, trop normal. Ceux qui avaient relevé la tête, les vieux des corridors sous terre, ont reposé leur front sur la pierre, ont ouvert les paumes de leurs mains pour quémander des aumônes. Les hommes en complet noir, les femmes en tailleurs gris, chaussées d'escarpins à talons hauts, un instant arrêtés dans leur course, ont repris leur route à grandes enjambées, martelant le sol des sentiers. Et chaque nuit, comme avant, la peur se glisse dans les coins sombres, remonte les avenues et envahit les places de son ombre liquide. La rumeur un instant suspendue recommence son travail de sape. Ceux qui disparaissent. Les enfants enlevés, vendus aux Amazones, pour remplacer leurs fils avortés, leurs filles traînées, profanées, les garçons transformés en serviteurs, emmenés à l'aube en camion pour cueillir les fruits des plantations, pour porter les pierres à la construction de nouvelles pyramides. On parle à nouveau de l'ombre invisible, du regard sans yeux, des milices de démons qui cachent des couteaux dans leurs avant-bras, des Zokerrés coupeurs de têtes, arracheurs de mots, des Puissants à qui l'idée seule du bonheur fait jeter de longs jets de vomissure.

Ils ont attaché ses poignets de chaque côté du sommier, par des bracelets de cuir. Ils disent que c'est à cause de sa tentative de suicide, il paraît qu'il a cassé une bouteille sur la plage et qu'il s'est tailladé les veines, et que son sang faisait une large tache dans la mer. Ils disent que lorsque les policiers sont venus, il s'est débattu et les a insultés dans sa langue, une langue que personne pourtant ne pouvait interpréter, mais quelqu'un a prétendu qu'il parlait indien, une langue proche du Rajasthan, mais à l'envers, en retournant les mots dans sa bouche à la manière des voleurs.

Les hommes blancs l'ont conduit ici, et dans une petite pièce une femme lui a injecté un liquide qui brûle les veines et lui a coupé bras et jambes et l'a fait dormir. Et le matin suivant, les hommes blancs l'ont porté sur une civière, parce qu'il ne pouvait plus marcher, comme un enfant nouveau-né, c'est ce que le docteur a dit. Jusqu'à une salle assez grande où se trouve une pile. On l'appelle la pile, mais en réalité c'est plutôt un condensateur variable qui envoie de l'électricité dans le corps et lave le cerveau. Et là, ils l'ont allongé entièrement nu sur une table, attaché aux poignets et aux chevilles par des sangles, et la même femme a branché les électrodes sur sa peau, au bout des seins, aux pieds et aux mains, et aussi de chaque côté de la tête sur les tempes. Elle a enduit la peau auparavant avec une sorte de graisse, de vaseline. En même temps, elle parle, elle dit des choses sur un ton enjoué de petite fille qui joue au docteur :

« Ça va te chatouiller un peu, tu ne crains pas, j'espère ? »

« Allez, on va jouer tous les deux. »

« Si ça brûle trop, si ça fait mal, tu lèves la main — non

bien sûr je plaisante, tu ne peux pas, mais tu dis stop, c'est tout. »

Viram la regarde de ses yeux très doux, entourés d'un halo sombre. Peut-être déjà des larmes s'accrochent à ses cils. Il la regarde, elle lit la peur, pourtant ce n'est pas la peur qu'il ressent, mais une grande solitude.

« Bon. On y va. »

C'est un bourdonnement suave d'abord, un essaim d'abeilles qui caresse son corps, qui volette à travers des champs de bruyère d'été. Le regard de l'enfant se trouble à peine, mais il sent son cœur battre dans sa gorge, dans son crâne, de plus en plus fort, de plus en plus vite. Ce qui lui arrive m'arrive à moi aussi. En cet instant je suis Viram, je suis enchaîné à ce lit, promis à la torture. La femme a un sourire qui traîne. Sa main appuie sur la manette et tous mes muscles se tendent, deviennent des cordes de douleur, et je crie. Viram crie-t-il, lui aussi ? Est-ce qu'il sait résister à la force qui veut le déchirer, qui veut le vaincre ? Je crie d'un cri aigu, comme si quelqu'un d'autre en moi s'échappait par ma gorge, je crie pour vivre, pour revenir à la lumière du monde.

La main de la femme repousse la manette, et mon corps retombe, retombe du haut d'une falaise, tombe à plat sur le dos, j'entends un vlan silencieux qui résonne dans mon thorax et dans ma colonne vertébrale, et mes jambes et mes bras sont parcourus de fourmis, d'étincelles. La femme déplace le curseur sur les électrodes reliées aux tempes. « Tu voudrais bien savoir, hein, tu voudrais bien ? » D'un seul coup le bourdonnement éclate, se transforme en une sirène stridente, la lumière aussi éclate, se transforme en boule de feu, en tourbillons, il n'y a plus rien que ce trou de lumière qui fore le cerveau, enfonce les yeux dans leurs orbites, cloue au sol, cloue à la terre, enfonce son pieu au fond du cœur. Puis la nuit. Je me suis évanoui.

Les interrogatoires ont commencé.

Les médecins, les sociologues, les métaphysiciens. Les curieux aussi, il s'en trouve toujours, aux procès, aux exécutions publiques. Ils prennent des notes, des photos, ils enregistrent sur leurs ordinateurs portables.

Votre nom. Énoncez clairement.

Viram. Comment cela s'écrit-il ? Quel genre de nom est-ce ? Est-ce votre vrai nom, ou l'avez-vous inventé ?

Savez-vous pourquoi vous êtes ici ?

Les Amazones, les Chavantes. Qu'est-ce que signifient ces noms ? Les avez-vous inventés ?

Pourquoi dites-vous que vous êtes un Imparfait ?

Vous parlez d'une vieille femme, vous dites Maman. Savez-vous qui est votre mère, si elle vit toujours ?

Savez-vous quel jour nous sommes ? Quelle année ? Qui est le Président ?

Savez-vous où vous êtes en ce moment ?

Viram est parti. Son lit, à l'autre bout de la chambrée, est vide. La fenêtre grillée dessine un rectangle sur le sommier recouvert d'un drap blanc, comme pour un mort. Mais Viram n'est pas mort. De cela je suis sûr.

Il y a quelque temps, il a reçu des visites. Des étrangers vêtus de noir, une femme âgée, sa mère peut-être, voilée de noir à la mode des femmes des champs. Des hommes rudes, la peau basanée, habillés de complets-veston sombres. Certains portaient un chapeau. Des enfants étaient là aussi, je me souviens d'une fillette qui restait dans le couloir, à sauter sur place à la corde imaginaire. Ils ne parlaient pas beaucoup. Ils prononçaient des mots dans cette langue étrange, glissante, des mots renversés. Plusieurs fois j'ai voulu écouter. J'ai voulu écrire ces mots sur un cahier, il me semblait que ça devait être d'une très grande importance. Mais les mots m'échappaient. C'était un langage de rêve je crois.

Viram n'était plus attaché. Il portait encore aux poignets des bandelettes de gaze. Le sang avait continué à sourdre de ses blessures et avait fait deux taches brunes, là où le verre aiguisé avait mordu ses veines. Il ne regardait plus vers la fenêtre grillée. Il avait changé. Il m'a regardé comme s'il ne me reconnaissait pas.

Nous sommes tous ligotés par les médications. Des cordelettes invisibles entravent nos membres, nos corps, même nos cheveux, comme les liens de Gulliver. Nous ne savons plus marcher. Pour aller aux toilettes, au bout du couloir, nous titubons, agrippés aux murs. Certains appellent, pour qu'un infirmier approche un fauteuil. D'autres tombent, et rampent sur le sol.

Viram ne demandait rien. J'imagine qu'au début on lui passait l'urinal, ou peut-être qu'on lui mettait des couches, comme aux vieillards. Le médecin venait trois fois par semaine, le lundi, le mercredi et le vendredi, accompagné d'une brochette d'étudiantes, il pérorait : « Vous devez mourir pour apprendre à renaître ! » Je le haïssais de toutes mes forces. Le bâtard sans-cœur parlait à ceux qui avaient voulu mourir comme l'enfant aux cheveux gris. J'aimais bien une jeune femme blonde, une poupée rose et ronde qui avait avalé des dizaines de pilules bleues parce que son ami l'avait quittée. Je lui disais : « Ne prenez pas ces médicaments, ils veulent vous empoisonner. » Je l'aidais à les cacher dans les plis de son sommier. Elle serrait ma main : « Vous êtes gentil, vous allez me guérir, n'est-ce pas ? »

Un soir, un grand bonhomme brutal est sorti de son lit. Il tenait dans ses mains une ceinture de toile qu'il avait volée au tablier d'un infirmier. Il avançait lentement entre les lits, il tendait brusquement la ceinture en faisant un bruit de vertèbres qui se brisent. Comme il approchait de Viram, j'ai pensé qu'il allait l'étrangler, j'ai crié : « Allez-vous-en ! Foutez-lui la paix ! » Il s'est arrêté, à la lueur de la fenêtre il paraissait aussi massif qu'un ours. Les hommes blancs sont arrivés, ils l'ont emmené. Je crois qu'ils l'ont frappé aux jambes avec leurs tuyaux de caoutchouc. Cela se passait ainsi, dans la Maison blanche. Le crime rôdait, il fallait se défendre pour vivre.

Maintenant qu'il n'est plus là, que va-t-il advenir de nous, de cette cité ? Ce mot qu'il cherchait, qu'il avait ouvert comme une coquille, comme un *fortune cookie* qu'on craque pour lire le message qui s'adresse à tous et à personne, ce mot bonheur doit-il s'éteindre à jamais, et l'ombre revenir dans les rues, gagner les soupiraux, entrer au fond des cœurs, et ce serait à nouveau l'ère des indifférents, des imparfaits, une mer sans fin, une rumeur inutile ?

« Où est-il, est-ce que vous savez où il est parti ? »

Devant moi les gens sont muets. Ils haussent les épaules. Ils pensent que je suis fou, irrémédiablement. Un appariteur (un de ceux vêtus de blouse grise, un ancien détenu je crois, qui est passé de l'autre côté pour expier ses crimes) allume sa cigarette, penché à la fenêtre de la cuisine — le seul endroit où on peut fumer ici, parce que le grillage est tombé —, il dit du coin de la bouche, en confidence : « C'était toute la smala, ils sont repartis ensemble, le gosse n'était pas guéri mais ils l'ont laissé partir avec ces gens, peut-être qu'il n'y avait plus rien à faire pour lui ici, ils vont s'occuper de lui, là-haut, dans leurs foutues montagnes. » J'ai tressailli à ces mots : s'occuper de lui. Peut-être que le convict a fait le geste, du tranchant de la main, et j'ai regardé ailleurs, pour ne pas voir, ne pas comprendre. Tout est dangereux. Comprendre c'est rester ici, c'est mourir.

Les interrogatoires continuent, jour après jour, semaine après semaine. L'été a laissé la place à l'automne, un bel automne qui fait flamber les arbres. Déjà le vent froid cinglant souffle des poussières de ciment sur la ville, au loin le fleuve disparaît dans un brouillard phosphorescent, les autoroutes ont la couleur du plomb figé.

An-Nee est venue. Elle m'a parlé, je l'ai regardée sans bouger. J'ai parlé du bonheur, de Viram qui le cherchait, qui voulait le donner. An-Nee m'a offert un crayon à bille, une réclame pour un restaurant chinois, pour une agence de voyages. Par un œilleton, je peux lire une histoire, c'est An-Nee qui la commente : « Un chat sur une chaise, Monsieur lapin veut le faire tomber pour prendre sa place. Il pousse la chaise, mais le chat s'accroche bien. Et derrière eux, un singe sur sa bicyclette, il passe et il regarde la scène, ça l'amuse beaucoup, et sa bicyclette grince, un vilain bruit de ricanement. »

Je lorgne la scène, je ne comprends pas. An-Nee dit : « C'est ça le bonheur, c'est être assez malin pour prendre la place des autres. On n'a pas besoin des gens parfaits, c'est très ennuyeux. »

Elle dit qu'elle vient depuis quelque temps, elle se cache derrière les bosquets, quand je fais ma promenade quotidienne dans les allées du parc. Il paraît que je marche à petits pas, penché en avant. Je suis pareil au chat qui ne veut pas tomber de sa chaise.

An-Nee parle avec les directeurs, avec les médecins. C'est elle qui a obtenu qu'on remplace les piqûres de diazépam par des cachets. Elle s'est bien doutée que je ne les prendrais pas, que je les cacherais sous l'alèse, que je les jetterais dans les W.-C. Je lui dis que j'ai persuadé quelques malades de ne plus prendre leurs cachets, et ça la fait sourire. C'est grâce à elle que je peux marcher, que je peux parler.

Maintenant, dans les interrogatoires, je nie tout : les Amazones, les Chavantes. Je fais même rire les étudiantes quand je parle du « bang-bang », du « chlak ! » en faisant le geste du tranchant de la main. Comment ? Quel mot d'ordre pour la castration finale ? Clic-clac ? Non, non, bang-bang, quand on claque la porte et que le pêne rebondit dans la gâche, le bruit des battements de cœur.

Mais je ne veux pas parler de l'histoire du chat, du lapin et du singe sur sa bicyclette. Si j'en fais trop, si j'invente trop de détails, ils ne me lâcheront jamais, je serai leur inépuisable cobaye, leur informateur à vie, pour leurs thèses et leurs mémoires, pour leurs rapports en haut lieu. Un jour, je termine l'entretien : Mesdames, Messieurs, leur dis-je. Plus rien à dire. Vous savez tout.

An-Nee m'attend dans le bureau de la Direction. Il me semble que je suis entré ici depuis des années, dans cette maison. Autrefois j'étais avec An-Nee, en haut de la colline, je lui parlais de Viram, je lui proposais de s'enfuir avec moi loin de cette ville, de s'envoler. Je n'ai rien oublié.

An-Nee me semble très jeune, presque une adolescente, très mince, ses cheveux bouclés coupés court, enveloppée dans son manteau informe d'écolière. « Tu portes des lunettes à présent ? » Elle a un petit sourire. Ces lunettes étroites à monture en plastique noir, c'était son idée pour avoir l'air plus sérieux quand elle va à un entretien pour un job.

Le Directeur général ne pérore pas, pour une fois. Il s'ennuie. Il manque de public. Je ne l'intéresse plus. Il signe, il tamponne les dossiers, presque sans regarder. Ce qu'il tamponne, ce qu'il signe, c'est ma liberté. J'éprouve pour lui une haine démesurée, j'en tremble. J'ai envie de me fâcher, d'un coup, là, dans ce bureau d'architecte, où tout est parfait. J'ai envie de lui lâcher tous mes « bang-bang », mes « clang-clank », mes « chlak ! », de crier l'Ombre sans visage et le Regard sans yeux, de crier le nom de l'enfant aux cheveux gris qui avait trouvé le bonheur et qu'il ne pourrait jamais capturer, qui ferait naître une lueur éblouissante qui le brûlerait comme un pleutre, lui et ses étudiantes, et tous les valets des Amazones et des Maîtres !

Il ne me regarde pas. Il signe, c'est tout ce qu'il sait faire.

Il parle avec An-Nee, il lui pose des questions oiseuses, des prétendues politesses — est-ce que tu veux vraiment le savoir ou tu demandes ça par habitude ?

Je baisse les yeux. Ça peut passer pour de la timidité, de l'humilité. Je m'en fous, la porte est au fond du couloir. Je marche dans l'allée de gravillons, le portail s'ouvre. An-Nee tient ma main dans la sienne, elle la serre très fort.

Nous sommes dehors. Nous sommes libres.

YO

Mon nom est Yo. J'ai quinze ans, c'est ce qu'on m'a dit. Quand les gens viennent au restaurant, ils me demandent : « Yo, quel âge as-tu ? » Je compte sur mes doigts, un deux trois, dix, quinze. Ça les fait rire, mais je m'en fous, parce que, après ça ils me donnent une pièce, ils me font choisir, et je prends toujours une pièce, une pièce jaune parce qu'elles sont plus belles, et je sais bien que si je prenais un billet ils ne me feraient plus choisir. J'habite le conteneur, au bord de la route, c'est là que je dors. Maman habite la maison du restaurant avec cet homme que je n'aime pas. Quand je parle de lui je ne dis jamais son nom, mais toujours : ce type, ou bien : le locataire. Je dis à Maman : « Pourquoi tu couches avec ce type-là ? » Maman ne répond pas, elle hausse les épaules, elle dit comme si je plaisantais : « Tut-tut. » C'est sa façon de me dire de me taire. Un jour je l'ai battue. Je lui ai dit : « Pourquoi tu fais dormir ce type dans ton lit ? » Et comme elle a dit « tut-tut » je l'ai battue à coups de poing et à coups de pied, et elle est tombée contre l'armoire et elle a saigné. L'homme est arrivé, il a dit : « Qu'est-ce qui s'est passé ? » J'étais accroupi par terre, je n'arrivais pas à respirer, à cause de ma colère, et parce que Maman saignait et que j'avais peur. L'homme m'a crié : « C'est toi qui lui as fait ça ? » Il a pris un bâton pour me battre, mais Maman l'en a empêché, elle criait son nom : « Pady, arrête ! » Ensuite l'homme a dit que je devais loger ailleurs, il a mis mon matelas dans le conteneur au bord de la route, là où nous gardons les marchandises pour le restaurant, les biscuits salés et les boîtes de tomate. Alors je suis allé habiter dans le conteneur. L'hiver il fait froid, et c'est plein de souris qui se promènent et des cafards. Mais j'ai pris le chat, c'est mon chat, c'est moi qui l'ai trouvé au bord de la route quand il était tout petit et qui lui ai donné à manger du pain trempé dans du lait. Quand il reste avec moi dans le conteneur, il n'y a pas de souris, ce n'est pas parce qu'il les chasse, mais elles ont peur de lui voilà tout. Mais je déteste cet homme, je n'ai pas peur de lui, je suis fort. J'ai travaillé sur le chantier de l'autoroute, là-bas les ouvriers me faisaient boire des bières et je cassais des pierres en les serrant contre moi, ou bien ils me lient avec une ceinture autour de la poitrine, et moi je peux casser la ceinture en gonflant mes muscles. Je travaille en été sur le chantier, la pelle mécanique jette les pierres dans la benne et moi je les mets en ordre pour que la benne ne se renverse pas. Mais mon vrai métier, c'est d'être masseur. Personne ne m'a montré comment faire. Depuis que je suis tout petit je m'entraîne avec Maman et avec mes tantes. À cette époque, Maman travaillait en ville, elle lavait par terre dans un bar et quand elle revenait à la maison elle se plaignait toujours : « Mon Dieu, j'ai mal partout, si je continue cette vie de chienne je vais tomber malade. » Alors je lui faisais de petits massages dans le dos, sur les bras, sur les jambes, je lui disais : « Maman, ne tombe pas malade ! » Je la massais très bien jusqu'à ce qu'elle s'endorme. Mais maintenant je ne peux plus la masser à cause de cet homme, du locataire. Il m'empêche de venir dans le restaurant le soir quand Maman va se coucher. Quand je suis dans le restaurant, je reste dans un coin, je le regarde. Au début ça l'énervait, il disait à Maman : « Ton fils, on dirait un chien. » C'est vrai, je le regarde fixement. Je vois dans ses yeux de la haine. C'est dur et aigu, je sens mon cœur qui bat plus vite, j'ai de l'eau qui coule au milieu de mon dos jusque dans ma culotte. Quand j'étais petit je me souviens d'un homme méchant comme lui qui a voulu me battre, et j'ai eu si peur que j'ai pissé dans ma culotte. Cet homme-là est parti, ma mère l'a chassé de chez elle, et je voudrais bien qu'elle chasse le nouveau. Mais je n'ai plus peur maintenant, parce que je suis fort. Après qu'il a voulu me donner des coups avec son bâton, je suis allé dans sa chambre, j'ai pris son bâton et je l'ai cassé en trois morceaux, et il n'a plus repris de bâton. Maintenant qu'elle a le restaurant, Maman ne travaille plus à laver par terre, il y a quelqu'un qui vient faire ça chaque matin, c'est Mme Helie, elle vient avec sa fille Elaine. Maintenant Maman travaille au restaurant, elle cuisine les poulets avec des oignons et des frites. C'est moi qui tue les poulets. Voici comment je fais : j'ai un aspirateur, je branche l'aspirateur, je mets le bec du poulet dans le tuyau et l'aspirateur aspire tout l'air dans le poulet et il se vide. Le poulet n'a pas le temps de se débattre, il ne crie pas, il devient mou et je lui tranche la gorge pour enlever tout le sang et je lui ouvre le ventre pour enlever les boyaux et les poumons, je donne les abats au chat et au petit chien de Maman. C'est un bon métier. C'est mieux que de travailler sur le chantier de l'autoroute, et Maman est fière de moi, elle me présente aux clientes, elle dit : « C'est Yo, c'est mon fils, c'est lui qui tue les poulets. » Les gens disent : « Ah c'est bien, tu aides ton papa et ta maman. » Et là je dis : « Eh bien lui, ce n'est pas mon papa, c'est un type qui travaille ici. » Les gens rient, ils me donnent de bons pourboires. Je prends les pièces et je les fais tinter contre le sol pour les regarder danser et rouler. Les gens me donnent toujours une grosse pièce jaune, ils disent : « Allez, Yo, fais-la danser par terre ! » et moi je la regarde tourner sur elle-même, et tout le monde rigole, même Pady l'homme, mais je crois qu'il est jaloux parce que les gens m'aiment. Il y a aussi cette histoire que les gens aiment bien entendre, chaque fois ça les fait rire, et moi aussi je ris avec eux. Un jour, je crois que c'est exprès, l'homme m'a crié : « Ta maman a besoin d'un gros poulet, va tuer un gros poulet ! » Alors moi j'y suis allé, j'ai attrapé le plus gros poulet et je lui ai mis le bec dans l'aspirateur, et je l'ai vidé et tout et je l'ai apporté à la cuisine, mais Maman m'a dit : « Pourquoi tu as tué un poulet, il n'y a personne au restaurant ! » Et le type m'a dit : « Eh bien, qu'est-ce que tu attends ? Ramène-le là-bas et rends-lui la vie ! » Alors moi j'ai couru avec le poulet et j'ai essayé de lui remettre la vie en soufflant dans son bec, mais il est resté mou, et je suis revenu à la cuisine et j'ai dit à Maman : « Je n'arrive pas à lui rendre la vie, il ne veut plus respirer. » Et le type s'est mis à rire très fort, et même Maman s'est mise à rire, et moi aussi j'ai ri mais en même temps j'étais triste parce que ce poulet était mou et froid dans mes mains, et qu'il ne voulait plus respirer. Et le type raconte souvent cette histoire pour faire rire les gens. Les gens me demandent : « C'est vrai que tu peux donner la vie aux poulets ? » Je fais semblant de rire, parce qu'ils ne me croient pas, mais je sais que si je veux, je peux leur rendre la vie, leur rendre le souffle que l'aspirateur a enlevé. Je sais aussi voir les ombres. Depuis que je suis tout petit, je peux voir les ombres. Je ne les vois pas tout le temps, seulement par moments, quand quelqu'un est là, à parler, quand il est debout dans la salle à manger et qu'il met son manteau pour partir, il parle avec Maman, ou avec la bonne, il allume sa cigarette et moi je vois l'ombre qui est derrière lui, une grande ombre plus haute que lui qui étend ses bras pour le prendre, je n'aime pas cette ombre, j'ai peur, j'ai mal, je ressens un frisson dans mon dos et je me mets à trembler, j'ai envie de crier, mais il ne faut pas, sinon les clients vont croire que je suis fou, ils ne reviendront pas, j'ai envie de crier et quelquefois ça sort malgré moi, je crie : « Attention, l'ombre est là, attention. » Mais si je crie, les gens ne reviendront plus au restaurant, c'est Maman qui me l'a dit : « Ne parle pas de ça, Yo, n'en parle pas, ne parle pas des ombres, tu n'as qu'à fermer les yeux et compter jusqu'à dix et l'ombre partira. » Mais j'ai essayé, et souvent les gens partent avec l'ombre et je sais qu'ils vont mourir à cause de l'ombre, l'ombre les mange, mange leur cœur, mais je ne dois pas en parler, jamais. Mais avec ma cousine ça n'est pas pareil. Ma cousine vient de temps en temps de la ville, elle vient nous rendre visite ici au restaurant. Elle travaille à la ville, dans les affaires, je crois qu'elle est très riche, et très intelligente, elle a fait des études, elle travaille chez des avocats. Elle est toujours très belle, bien habillée, elle sent le parfum, et pour ça je l'appelle « Parfum », je lui dis ma cousine « Parfum », et ça la fait rire, elle me fait sentir le parfum dans son cou, elle a de longs cheveux noirs bien lisses, et ses cheveux aussi sentent bon. Quelquefois, quand elle va partir, après nous avoir rendu visite, elle est debout près de la porte et je vois l'ombre près d'elle, alors je cours vers elle et je lui donne des coups de poing pour faire partir l'ombre. Je la frappe fort dans le dos, je serre son bras très fort, jusqu'à ce qu'elle crie : « Arrête, Yo, tu me fais mal ! » Mais à ce moment-là l'ombre est partie, elle a eu peur de mes coups et elle s'est effacée. Alors je laisse partir ma cousine Parfum, elle s'en va à pied jusqu'à la gare des cars pour retourner à la ville. Et moi je l'aime, je ne lui dis pas, mais je l'aime plus que toute autre chose au monde, plus que Maman même, parce qu'elle est la seule jolie chose de ma vie, tout le monde est comme l'homme qui dort ici, l'homme que je hais, tout le monde est laid et méchant. Je ne le dis à personne, mais j'attends ses visites, et quand je peux je téléphone à Parfum, je fais son numéro de portable, et je lui dis : « Ça va, quand est-ce que tu viens me voir ? » Elle dit : « Oh je ne sais pas, dans deux semaines, quand j'aurai le temps. » Je lui dis : « J'entends quelqu'un avec toi, t'es avec un mec ! » Elle dit que non elle est seule mais je suis sûr qu'elle est avec son petit ami. Je lui dis : « N'oublie pas que tu as promis. » Elle dit : « Qu'est-ce que j'ai promis ? » Je lui dis : « De me rapporter des cigarettes. » Elle rit au téléphone et elle promet : « D'accord, Yo, je t'achèterai des cigarettes, mais tu ne dois pas boire de la bière, tu t'en souviens ? » Je lui promets que je ne boirai plus. Et puis je vois aussi Elaine, la fille de la femme de charge, elle l'accompagne deux fois par semaine au restaurant, le samedi et le jeudi après l'école, elle est encore très petite, je crois qu'elle a onze ans, je lui ai demandé un jour, elle a répondu en me montrant ses doigts : « J'ai onze ans. » Au début elle avait peur de moi, elle allait se cacher derrière sa mère, mais j'ai été gentil avec elle, je lui ai donné des bonbons, et des biscuits que je prends dans le conteneur, des biscuits au Chamallow et au chocolat qui s'appellent « Amour », ce sont les meilleurs, et maintenant elle vient me voir. Je lui montre le petit chat qui se cache derrière les boîtes de biscuits, et le petit chat n'a plus peur d'elle, quand elle arrive il vient se frotter à ses jambes. Elaine dit : « Il est mignon ton chat, comment il s'appelle ? » Comme il n'a pas de nom, je lui dis : « Ben, il s'appelle Sans-nom. » Et c'est comme ça qu'il s'appelle maintenant. J'aime bien quand elle vient avec son uniforme de l'école, une petite jupe verte à carreaux et une blouse blanche, elle est toute propre et jolie, on dirait une poupée. Elle s'assoit sur le matelas pour caresser le petit chat, et moi je reste assis à côté d'elle et je la regarde, un jour elle m'a dit : « Qu'est-ce que tu as à me regarder? » Je lui ai dit : « Je te regarde parce que tu es jolie. » Elle m'a dit : « Un garçon ne doit pas regarder les filles comme ça, ce n'est pas bien. » Et comme je ne savais pas quoi dire je lui ai dit : « Ce n'est pas toi, c'est ta jupe que je regarde, elle est jolie ta jupe. » J'ai touché le bord de sa jupe, et j'ai touché aussi la peau de ses jambes, très douce. Et j'ai senti mon cœur qui battait plus vite, pas comme avec les femmes du bordel, mais autrement, comme lorsque je sens le parfum dans les cheveux de ma jolie cousine. Et Elaine continuait à caresser le chat sur ses genoux, et moi je n'osais plus bouger, je regardais ses jambes nues, le bord de la jupe était relevé et j'écoutais mon cœur battre. Ensuite elle s'est levée, elle a jeté le chat par terre, et elle est partie en lissant sa jupe, elle était en colère. J'ai dit : « Tu ne le diras pas? Sinon je ne pourrais plus te voir. » Elle m'a regardé, ses yeux étaient très noirs, très grands, elle avait un air fâché, mais elle a dit : « Non, je ne le dirai à personne. » Et là j'ai été content parce que j'ai pensé qu'elle m'aime bien quand même, même si je touche sa jupe. Le type, il se moque de moi, il dit que je suis puceau, que je ne connais pas les femmes, mais ça n'est pas vrai, je connais des femmes, quand je travaillais au chantier de l'autoroute, un jour les ouvriers m'ont dit : « Allez viens, on va t'apprendre la vie! » Moi je ne savais pas ce qu'ils voulaient dire, mais je suis allé avec eux en ville, là où il y a tous les bars et les Karaokés. C'était un endroit très beau avec beaucoup de lumières et de musique, et moi j'aime bien chanter, j'ai une belle voix et je sais bien danser aussi, et les ouvriers étaient autour de moi, ils applaudissaient et ils disaient : « Vas-y, Yo ! Danse, danse ! » et moi je continuais, et une femme s'est approchée de moi et elle s'est serrée contre moi, elle était habillée avec une belle robe noire moulante, mais elle n'était pas aussi belle que ma cousine Parfum, elle criait et elle chantait très fort, et moi comme j'avais bu beaucoup de bières et du schnaps, je criais et je chantais plus fort qu'elle, cette chanson que j'aime bien, surtout le refrain qui dit : *Ave Maria, ave Maria* ! Et c'était cette chanson que je chantais. Et les ouvriers ont dit à la femme : « Vas-y, emmène-le, c'est ton mari ! » Et moi je lui disais : « Ce n'est pas vrai, je ne suis pas ton mari ! » Mais elle m'a emmené quand même dans une pièce à l'étage du Karaoké, où c'est plein de coussins rouges par terre, et la femme a commencé à m'enlever mon pantalon, et ensuite elle s'est déshabillée aussi, mais seulement le bas, et elle s'est collée contre moi et c'est comme ça que je l'ai fait avec elle, c'était la première fois, mais je savais déjà comment ça se passe parce que, au restaurant j'avais regardé des films porno à la télé, et j'avais déjà vu un homme coucher avec une femme, et même une fois plusieurs hommes avec plusieurs femmes. Et après, j'ai remis mon pantalon et j'ai dit à la femme : « Merci, Madame. » Mais elle n'avait pas l'air content, elle s'est mise à chialer : « Quoi ? C'est tout ce que j'ai moi, merci, Madame ? » Et elle commençait à m'insulter, et moi je sentais que j'allais crier et me mettre en colère et lui donner des coups, mais les ouvriers sont arrivés, ils lui ont donné de l'argent, des billets, mais je ne pourrais pas dire combien car je n'ai pas pu les compter, et là on est partis ensemble, et cette nuit-là j'ai dormi dans la cabane du chantier parce que j'étais trop ivre pour rentrer et Maman n'aime pas que j'aille boire avec les ouvriers, elle a peur que je me batte et qu'ensuite on m'emmène à la police comme quand on est arrivés ici dans la vallée. Ensuite je suis retourné souvent voir les femmes au bordel. Plusieurs fois j'ai couché avec celle que j'avais rencontrée la première fois, elle s'appelle Jenny, mais il y a aussi Mira, et Ava, et une plus jeune qui s'appelle Louisa, mais elle, ce n'est pas une pute, elle est grande et très belle, elle est africaine je crois, elle est seulement là pour danser au Karaoké, pour danser et boire avec les hommes, et je lui ai parlé plusieurs fois, je lui ai offert une cigarette et je me suis assis à côté d'elle et elle ne m'a pas chassé, au contraire elle me parlait doucement et je ne comprenais pas bien ce qu'elle disait parce qu'elle parle étranger et parce que je regardais ses yeux et sa bouche, et aussi son corps et ses jambes très longues. Elle habite à côté du Karaoké, elle vit avec le propriétaire du bar, comme si c'était sa femme mais je crois qu'elle n'est pas sa femme. Elle m'a demandé ce que je faisais dans la vie, mais je n'ai pas parlé du restaurant et des poulets, j'avais peur que ça la fasse rire, alors j'ai dit que j'étais masseur et ça a eu l'air de lui plaire, elle m'a dit : « Un jour je te paierai pour que tu me fasses un vrai bon massage. » Et moi je lui ai répondu que si ça lui faisait plaisir, je le ferais sans la faire payer, parce que je massais Maman et mes tantes sans les faire payer, et ça aussi ça a eu l'air de lui plaire, elle m'a fait un sourire. En été il y a beaucoup de travail au restaurant, et je ne peux pas beaucoup sortir, mais en hiver je retournerai au Karaoké pour voir Louisa et pour lui faire le massage que j'ai promis. Mais je ne veux plus voir trop les putes parce que quand je les vois je dois boire beaucoup de bières et après cela je me mets en colère et j'ai peur qu'on me mette en prison, Maman m'a dit qu'en prison on battait les gens, tous les jours les policiers viennent dans la cellule, ils choisissent quelqu'un et ils le tapent à coups de poing et à coups de pied, et aussi à coups de bâton. Maintenant que l'été est venu, quand j'ai un moment, j'emmène Elaine à la rivière. Nous nous déchaussons et nous marchons sur les galets pour voir les poissons qui nagent, quelquefois ils viennent mordiller les pieds par-derrière et Elaine se met à rire et elle dit : « Ça chatouille ! » Elaine aime bien les chatouilles je crois, alors nous nous asseyons sur le sable, dans un coin de la rivière, où il n'y a personne, et je lui fais des chatouilles, pour l'entendre rire. Elle est en short et en T-shirt, et je la chatouille partout, dans le cou, sous les bras, sous les pieds, et elle rit et elle dit : « Arrête, Yo ! Arrête ! » Mais moi je continue jusqu'à ce qu'elle ait le hoquet. Elaine, c'est mon amie. Et j'aime bien la chatouiller parce que je touche sa peau très douce, sur les bras, sur le cou, et aussi quand son T-shirt s'écarte je vois ses seins, pas comme les seins des femmes mais très petits et très doux, et elle me dit : « Arrête de me regarder, t'as pas le droit, je vais le dire ! » Alors j'arrête de la chatouiller et je lui demande pardon, je lui dis : « Ne le dis pas à Maman, ni à Mme Helie. » Si elle leur dit, je ne pourrai plus aller me promener avec Elaine. Elaine promet qu'elle ne le dira pas, elle dit aussi : « Tu ne dois pas dire Mme Helie, c'est ma maman. » Après nous revenons, je tiens Elaine par la main, et nous marchons encore dans la rivière froide, jusqu'au restaurant, et c'est l'heure de partir pour elle, elle s'en va avec Mme Helie, et moi je vais dans le conteneur avec Sans-nom. J'aime bien l'été, il fait chaud, le ciel est toujours bleu avec de petits nuages blancs qui courent au-dessus de la vallée. Il y a beaucoup de travail au restaurant, quand j'ai fini de tuer les poulets, Mme Helie arrive avec Elaine, et comme je n'ai plus rien à faire, je vais avec Elaine à la rivière et nous allons très loin, jusque-là où il n'y a personne parce que c'est loin de la route. Nous marchons aussi dans la forêt, et sous les arbres il fait sombre et Elaine a un peu peur alors elle me serre la main très fort. Elle dit : « Est-ce qu'il y a des bêtes sauvages ? » Je lui dis : « Des serpents ? » Elle dit : « Oui, des serpents, ou des lynx, ou des renards. » Je lui dis : « C'est sûr qu'il y en a mais avec moi tu n'as pas peur. » Elle dit : « Tu me protégeras bien ? » Je lui dis : « Je suis comme ton frère. » Elle dit : « Comme mon papa. » Elle dit : « Je n'ai pas de papa, il est parti, c'est pour ça que maman doit travailler. » Je lui dis : « Moi, je n'ai pas de papa non plus. L'homme qui est avec Maman, c'est un type qui vit là c'est tout. » On s'assoit sur des pierres dans la forêt, et on ne dit plus rien, parce que c'est silencieux et très beau dans la forêt, il ne faut pas trop parler. Quelquefois, elle se repose, elle se couche par terre et elle s'endort sur mes genoux, et moi je caresse ses cheveux, elle a des cheveux très fins, d'une jolie couleur brune avec des reflets rouges, dans ses yeux aussi je vois la couleur du feu. Mais je touche ses cheveux du bout des doigts, pour ne pas la réveiller, parce que je sais qu'elle n'aime pas que je la touche. Et je sens son odeur pendant qu'elle dort, c'est une odeur de feuilles et de fleurs, c'est très doux et ça me fait frissonner. J'approche mon nez de son cou et je respire doucement pour ne pas la réveiller. C'est l'été, je crois que je n'ai jamais eu un été aussi heureux que cet été. J'oublie tout dans la forêt, j'oublie le type de ma mère et son regard qui fait mal, j'oublie les cris des ouvriers du chantier, et les putes dans le bordel, et l'alcool qui me fait trembler de colère, quand j'ai envie de frapper, et même j'oublie les ombres qui se lèvent derrière les hommes et les femmes au restaurant, quand ils ont fini de manger. Quand je suis devant la rivière, en bas, en face du restaurant, Elaine part devant et elle court à travers la route, et j'ai peur qu'un camion du chantier la renverse. Je voudrais que l'été ne finisse pas, que je puisse aller tous les jours, tous les jours, dans l'après-midi avec Elaine le long de la rivière, à chercher les écrevisses entre les pierres, ou bien marcher dans la grande forêt et dans la montagne, si loin qu'on n'entend plus rien, ni la route, ni le moteur de la concasseuse qui fabrique le gravier, ni les klaxons des voitures. Et un matin, je me suis réveillé à l'aube, mon cœur battait très vite, je suis sorti du conteneur et j'ai crié à Maman : « La rivière déborde ! La rivière déborde ! » Le type est sorti de la maison, il a regardé, il a dit : « Ton fils est devenu fou ! Il dit que la rivière déborde ! » Et moi je continuais à crier, je suis allé au bout du terrain, là où on aperçoit la rivière de l'autre côté de la route et j'ai continué à crier : « La rivière déborde ! » Mais Maman est venue, elle m'a serré dans ses bras, elle m'a dit : « Calme-toi, Yo, ce n'est rien, la rivière est dans son lit. » Quand j'ai vu que personne ne me croyait, j'ai pleuré de honte, et aussi parce que je savais ce que j'avais vu dans mon sommeil, l'eau qui avançait sur la terre et j'avais peur que l'eau emporte la route et qu'Elaine se noie. Et l'homme riait de moi, il se moquait : « Ton fils dit n'importe quoi ! » Mais ce n'était pas vrai, je l'avais vu dans la nuit. Et vers trois heures de l'après-midi, la rivière est sortie de son lit et il paraît qu'elle a noyé le chantier et qu'elle a emporté des affaires et des papiers. Et la femme de charge n'a pas pu venir ce jour-là, ni Elaine non plus, parce que la rivière avait coupé la route, et l'eau est restée débordée pendant deux jours, et nous devions marcher pieds nus pour traverser le courant et aller jusqu'à la ville. Maman ne voulait pas qu'on parle de ça, mais l'homme en a parlé à la ville, et après les gens venaient et demandaient à Maman : « C'est vrai que ton fils a vu la rivière dans son rêve, et qu'ensuite elle a débordé ? » Maman disait que c'était juste un rêve, mais les gens ont pensé que je pouvais voir l'avenir, et après cela ils sont venus au restaurant et ils me posaient des questions, mais moi je ne pouvais pas répondre, même quand je voyais l'ombre au-dessus d'eux, parce que Maman n'aimait pas cela, elle disait que les gens allaient penser que c'était le diable qui m'avait envoyé ce rêve. Mais à Elaine j'ai tout raconté, et elle écoutait sans m'interrompre, parce qu'elle me croyait. Elle a même dit : « Tu sais plus de choses que les grands. » Elle voulait dire que j'étais comme elle, que je n'étais pas vraiment grand, et ça m'a fait plaisir, parce que j'étais vraiment son ami et son grand frère. L'été est passé vite, à travailler le matin et l'après-midi à aller dans la rivière avec Elaine, et moi j'aurais voulu que ça ne finisse jamais. Un jour, un peu avant la rentrée des classes, Elaine me dit : « Maintenant j'ai douze ans. » Je lui ai dit : « Eh ben moi, j'ai quinze ans. » Elaine a rigolé, elle a dit : « Tu ne sais pas quel âge tu as, tu n'as pas quinze ans, tu es vieux, tu as au moins trente ans. » J'ai dit : « Non non, j'ai quinze ans, je te jure. » Je pensais qu'elle voulait un cadeau, et je n'avais rien à lui donner alors je lui ai dit : « Ben, tu peux prendre Sans-nom, c'est mon cadeau d'anniversaire. » Elle m'a embrassé, c'était la première fois, j'ai senti sur la joue ses lèvres qui passaient tout doucement, ça m'a fait un effet bizarre, comme si je tombais. Elle a dit : « Non, je ne veux pas de ton chat, il est à toi, et puis il chasse les souris, n'est-ce pas ? » Elle m'a pris la main et elle m'a regardé dans les yeux, elle a dit : « Je vais venir moins souvent, mais tu penseras à moi, n'est-ce pas ? » Puis ma cousine Parfum est venue nous rendre visite, elle était toujours très belle, elle avait une belle robe blanche et ses cheveux noirs bien peignés, et ses jolies jambes, et quand je l'ai serrée dans mes bras, elle m'a dit : « Je ne veux pas que tu embêtes Elaine. » Je lui ai dit : « Mais ce n'est pas vrai, je n'embête pas Elaine. » Mais elle n'avait pas l'air de rire, elle a dit encore : « Je ne veux pas, tu entends ? Tu ne dois plus l'embêter, elle est petite, tu comprends ? » Je voulais aller chercher Elaine pour qu'elle dise que non, je ne l'embêtais pas, on se chatouillait, c'est tout. Mais elle n'a pas voulu venir, elle est restée avec Maman et avec Mme Helie. Et quand elle est partie à la fin de la journée, j'ai vu l'ombre au-dessus d'elle, c'était la première fois, et j'ai tremblé et j'ai eu très peur, l'ombre était beaucoup plus grande qu'elle, un très grand homme noir qui était penché sur elle, j'ai crié et j'ai couru vers elle, sa maman était là et elle a retenu Elaine contre elle et moi j'ai essayé d'approcher pour donner des coups de poing à l'ombre, mais la femme de ménage a levé la main sur moi et elle a crié : « N'approche pas, ne t'approche plus jamais de ma fille, va-t'en chez toi, tu n'es qu'un pauvre fou, un idiot, ne t'approche plus jamais d'elle, tu entends ? » Et moi je suis resté immobile, au bord de la route, et j'ai regardé Elaine qui s'en allait avec sa maman, et l'ombre noire au-dessus d'elle, j'ai crié et je suis allé au bord de la rivière pour crier sans que personne ne m'entende, parce que je ne veux pas que les gens qui vont au restaurant croient que je suis un fou et un idiot. Alors les jours d'après je suis allé tout seul dans la rivière et dans la montagne, dans les cachettes où nous allions Elaine et moi, je regardais l'herbe où elle s'était assise, je regardais les rochers, la forêt, tout, et je sentais un vide, je criais, j'écoutais les échos dans la montagne, je criais encore. Après Elaine est venue de temps en temps mais elle a changé beaucoup. Un jour elle est arrivée avec son père en voiture, il l'a déposée devant le restaurant et j'ai vu qu'elle avait mis une vraie robe, avec une ceinture, et des chaussures à talons, et qu'elle avait mis du rouge à lèvres, elle avait l'air d'une femme. Elle m'a dit bonjour, mais quand j'ai voulu l'embrasser elle s'est reculée un peu, et elle n'avait plus l'air d'être la même. J'ai même vu que ses seins avaient poussé, elle avait vraiment l'air d'une femme maintenant, comme Parfum mais moins jolie. Je n'ai plus osé lui demander de venir à la rivière, je crois que ça ne l'intéressait plus, elle s'est assise sur les coussins dans la salle du restaurant avec ma cousine Parfum et elles ont regardé la télé. Alors j'ai compris que c'était fini avec elle, mais elle avait changé alors ça ne m'a pas vraiment rendu triste. Quand je veux leur parler, elles se serrent l'une contre l'autre et Parfum dit : « Yo, c'est une conversation entre filles, pourquoi tu restes là ? » Et moi je fais comme si j'allais les battre mais elles n'ont pas peur de moi, elles m'envoient leurs chaussures, ou bien elles crient : « Va-t'en ! » Comme si j'étais le petit chien de Maman. Alors, à ce moment-là, il n'y avait pas beaucoup de travail au restaurant, je n'avais plus de poulets à conduire à l'aspirateur, et de toute façon c'était l'homme qui s'en chargeait. Je suis retourné travailler au chantier de l'autoroute, pour gagner de l'argent et pouvoir acheter des cigarettes et de la bière et aller au bordel. Je travaille tout l'après-midi, et quelquefois je reste à dormir dans le dortoir, parce que je n'ai rien à faire au restaurant et que je déteste l'homme qui vit là-bas. Pour dormir, c'est dans une grande baraque en tôle avec des lits superposés, moi je peux avoir le lit du dessus, j'aime bien car c'est comme dans un bateau, ce qu'on voit dans les films. Le samedi soir je vais avec les ouvriers jusqu'à la ville, et je peux boire et chanter au Karaoké, et danser avec les femmes. Je vais voir Louisa, les autres se moquent de moi, ils me crient : « Va voir Louisa, c'est ta femme ! » Et ils rient et ils disent des blagues grossières. Moi j'aime bien Louisa, elle est gentille avec moi, elle me caresse les cheveux et je bois des bières avec elle. De temps en temps elle me laisse lui faire des petits massages sur le cou, sur les épaules, j'aime bien sentir sa peau et ses muscles, et elle se laisse faire en faisant : « Hum-hum ! » Elle parle bizarrement, dans sa langue étrangère, parce qu'elle est africaine, de Tunis, c'est ce qu'elle m'a dit, elle m'a raconté comment c'est dans son pays, où le ciel est bleu et où il y a beaucoup de palmiers au bord de la mer. Je vais avec elle dans la chambre aux coussins rouges, à l'étage, où je suis allé déjà avec Jenny et les putes, mais ce n'est pas pour enlever mon pantalon et tout, c'est juste pour parler et fumer et boire de la bière. Je viens au Karaoké chaque samedi, et aussi chaque dimanche, et Maman me demande si je ne bois pas, mais je lui mens et je lui dis que non, juste des cafés en écoutant la musique. C'est l'hiver qui commence, il fait froid, il y a déjà de la neige en haut de la montagne. Je travaille beaucoup au chantier, et le patron est content de moi, il m'a dit qu'il m'engagera pour un chantier au sud. J'aime bien aller au sud, il paraît qu'il fait doux et qu'on voit des palmiers au bord de la mer comme dans le pays de Louisa. Je pense que si je gagne assez d'argent je pourrai donner un beau collier à Elaine, et elle m'aimera de nouveau. Et puis un jour voici comment c'est arrivé : je suis allé au Karaoké le samedi soir, et j'avais bu beaucoup de bière et du schnaps, je me suis disputé avec les ouvriers, parce qu'ils disaient que Louisa n'était pas une femme. Ils disaient qu'elle était un homme et ça les faisait crier de rire. Et Louisa les insultait, et puis elle est montée à l'étage et moi j'ai voulu courir après elle, parce que je voulais savoir la vérité. Je l'ai attrapée par les jambes et elle est tombée en arrière dans l'escalier et elle est morte. Moi j'ai voulu lui rendre la vie, j'ai appuyé ma bouche sur la sienne et j'ai soufflé de l'air, mais son cou était cassé, et sa tête retombait, et elle ne voulait plus respirer. Et les ouvriers gueulaient, ils disaient qu'ils avaient tout vu, que c'était moi qui avais battu Louisa jusqu'à ce qu'elle tombe et se casse le cou, mais ce n'était pas vrai, c'était un accident, je ne voulais pas qu'elle meure, je l'aimais bien. Alors les policiers sont arrivés, ils m'ont tiré en arrière parce que je restais couché sur Louisa, il y en a un qui m'a battu avec son bâton. Je suis allé en prison, et en passant devant un miroir j'ai vu que j'avais une ombre au-dessus de moi, j'ai compris que c'était trop tard. L'ombre m'avait fait tuer Louisa et m'envoyait en prison. On m'a enlevé mes habits, on m'a donné un habit jaune, on m'a coupé les cheveux très court. J'ai demandé : « S'il vous plaît, ne me battez pas ! » Mais les policiers n'ont pas écouté, ils se sont moqués de moi, ils ont pensé que j'étais un pauvre fou et un idiot. C'était parce que Maman m'avait dit qu'en prison ils battaient les gens tous les jours, ils en prenaient un au hasard, et ils tapaient sur lui à coups de poing et à coups de pied.

Mais à moi ils n'ont rien fait. Et plusieurs jours après, Maman est venue me voir, elle m'attendait dans la salle des visites, et quand je suis arrivé, on m'a enlevé mes menottes, et moi je me suis couché par terre devant Maman et je lui ai demandé pardon. Ma cousine Parfum est venue aussi, elle est très belle dans son habit gris pour le bureau, elle est très riche, elle travaille chez un avocat. Moi j'aurais voulu sentir son parfum dans son cou mais elle n'a pas voulu que je la touche. Quand je sortirai, je serai vieux. Je regrette pour Louisa, je ne sais pas si c'était une femme ou un homme, mais elle était gentille avec moi. C'est à cause de cette ombre noire sur moi que tout ça est arrivé. J'ai demandé des nouvelles de Sansnom, Maman me dit qu'il ne veut pas habiter ailleurs que dans le conteneur, mais tous les jours elle lui apporte son plat d'abats et aussi un peu de lait parce qu'il aime beaucoup le lait. Une bonne nouvelle c'est que le type est parti, il ne couche plus avec Maman. Elle lui a demandé de partir parce qu'il lui volait son argent. Alors c'est elle qui fait tout maintenant avec Mme Helie, tuer les poulets et la cuisine. Je n'ose pas demander des nouvelles d'Elaine. Je pense qu'elle doit être une jeune fille maintenant, je ne la reconnaîtrai pas quand je sortirai. Peut-être qu'elle a un petit ami, et qu'elle n'a plus le temps de penser à moi. Je vais apprendre à lire et à écrire ici, et je pourrai lui écrire une lettre. Voilà tout ce que j'avais à dire, et je n'ai plus rien d'autre à dire pour l'instant.

PERSONNE

sur une pensée de Ludwig Wittgenstein

Une route qui traverse le désert, qui unit le lieu que les gens fuient à celui où ils vont. Dans l'auto noire aux vitres fermées malgré la chaleur, elle conduit droit devant elle, sans regarder à gauche ni à droite, ni trop vite, ni trop lentement, comme elle en a reçu les instructions. Je crois entendre ce cœur qui bat, je crois ressentir l'oppression de ses poumons, l'étroitesse de sa gorge, la sueur qui mouille ses paumes. Je crois deviner la peur, mais peut-être est-ce une hâte que tout finisse. Que tout aille au bout, au terme qu'elle s'est fixé il y a dix ans. Sa volonté doit être une arme de fer au centre de son corps. Elle ne peut pas hésiter, elle ne peut pas retourner en arrière. Les soldats voudront t'arrêter, mais tu ne les regarderas pas, tu ne les écouteras pas, même pas leurs sommations, tu iras droit jusqu'à la porte et elle s'ouvrira pour toi comme la porte du paradis. Hier pour la première fois elle s'est donnée au garçon qui l'aime, une nuit et un jour ils sont restés dans la chambre d'hôtel, sans tirer les rideaux, sans sortir sinon pour les toilettes et la douche tiède. Sur le registre, elle a marqué ce nom : Aliyah. Ce n'est pas son nom, c'est le nom de sa sœur, mais le garçon n'a rien dit. Ils ont fait l'amour presque sans s'arrêter, sans penser au temps, sans penser au lendemain. Chaque fois qu'elle a joui, l'étoile de ma vie a gagné de la lumière, et j'ai ajouté des pierres à ma demeure. Qu'en reste-t-il maintenant ? Où suis-je allé ? Pourquoi cette voiture a-t-elle continué sa route vers la porte, sachant ce qui devait arriver ?

Venu(e) du ciel sans doute. Non pas le ciel que nous voyons, nous autres, les vivants, mais d'un autre espace, qu'on appelle parfois l'Empyrée. Illimité, indéterminé, non pas asexué, mais en formation, où tout serait double, où tout serait possible.

Avant le langage. Mais où le langage préexisterait, puisqu'il y a tout dans rien, une personne dans personne.

J'ai un désir de naître, de me former, de me fermer. Les soufis (grands poètes) disaient de Dieu qu'il avait besoin d'être connu, et que pour cela il créa le monde. Mais ce qui vient maintenant n'a pas de nom, pas d'origine, encore moins de désir, et n'existe que comme un appel, un mouvement du vide. Cela peut être un rêve, le rêve d'une femme, émanant d'elle qui déjà n'existe plus, c'est une projection, un futur. Ce qui naît d'un rêve existe, ni plus ni moins que le souvenir.

Si je rêve d'une femme aux grands yeux noirs, à la chevelure en cascade ondulée sur ses épaules, au sourire éclatant, une jeune femme bien vivante, qui aime écouter la musique des Bee Gees ou bien le raï, et je n'ai d'elle que cette phrase, écrite sur un aérogramme, cette phrase sèche et dure qui dit : « J'ai à vous faire part de la douleur de la mort de notre sœur Aliyah, tuée par les soldats de l'occupation. » Est-ce que cela signifie que ce n'est rien, que ce n'est personne ?

Je sais que ce qui n'existe pas encore, mais est en attente, existe déjà. L'Empyrée du ciel. J'ai dit ce nom, même si je n'en sais pas davantage. *Cielo empireo*, on dirait aussi l'empire du ciel. Le ciel, comme d'autres diraient Dieu. En Ouzbékistan, l'on dit Tangri Allah, Ciel-Dieu, ou Dieu du Ciel. Pour les Amérindiens, Athapascans Mohawks, Innus, le ciel est suprême, le monde animal, végétal et les hommes sont liés au ciel comme à leur père (la terre serait leur mère, mais sans doute les deux ensemble sont le principe géniteur). Alors cette vie à venir, non pas en gestation, mais l'idée de cette vie, son rêve, son désir sont encore enfouis dans les plis du ciel. Y a-t-il des plis dans le ciel ? Ce serait pour dire le cœur, l'organe, le secret. Un être qui flotte, je suis un être qui flotte, qui plane, qui rêve — pourquoi n'existerait pas le rêve d'un rêve ?

Le désir d'être. C'est ce que je suis. La créature flotte encore invisible. La créature parcourt les possibles. Ici, ou là. Non pas des endroits, mais des moments. Non pas des heures, des années, mais des formes.

Les ventres. À Tripoli. Un après-midi d'août, sur la route ancienne qui monte à travers la ville. C'est 1992, je crois bien. L'année ne compte pas. Il pleut, le ciel est sombre, les boutiques sont ouvertes. La jeune femme est enveloppée dans un manteau vert, elle marche derrière son homme. Ils n'ont pas de parapluie. L'eau ruisselle sur leur visage. Ils sont très jeunes tous les deux, vingt ans au plus. Elle attend son premier enfant. Encore quelques mois, déjà son ventre est arrondi. La rondeur de son ventre contraste avec la sveltesse de son corps. Son visage est régulier, calme, un peu allongé, les sourcils contractés par l'effort, mais parfaitement dessinés, le nez fin, les pommettes rouges et hautes, la couleur de sa peau, l'incarnat sous le hâle. Ses cheveux noirs sont divisés sur le front, une trace de henné, un chignon fait à la hâte, des mèches s'échappent, accrochent les gouttes, se collent sur son cou. Pieds nus dans des tongs. La meilleure façon de se chausser quand il pleut.

L'homme est très jeune, il semble même plus jeune qu'elle, peut-être est-ce la gravité sur le visage tendu de sa femme, la tache sombre autour des yeux. L'homme marche un peu devant elle, sur sa gauche, non pas comme s'il la précédait, mais comme si elle le poussait en avant sur la route en pente. C'est une pluie froide et lourde dans l'air chaud de la ville, une pluie qui fait descendre l'odeur de la terre et l'odeur de la forêt. Les camions, les bus ahanent sur la chaussée défoncée, jettent des gerbes sur les passants, l'homme s'écarte lorsqu'ils passent, mais la jeune femme n'y prête pas garde, le bas de sa robe est trempé comme si elle sortait d'un fleuve. L'eau brille sur ses pieds nus, sur ses ongles peints. L'échappement des camions fait une fumée bleue qui traîne au milieu de la route, hachée par la pluie, une fumée qui fait tousser, et la jeune femme rabat un pan de son foulard sur sa bouche. Le nuage noir assis sur la montagne semble boire la fumée. La vie naît de l'orage, mais ici cela semble plutôt une menace de mort. La jeune femme au ventre gonflé est forte. Devant elle les passants s'écartent, et son mari se retourne à demi, la regarde, l'air de s'excuser. Il attend un quart de seconde mais elle le pousse en avant, sans même le toucher, juste avec son regard noir entouré de khôl, son ballot enveloppé dans son manteau roule un peu contre son flanc, et elle le renvoie en arrière d'un geste impatient. L'homme n'a pas de bagages, juste un sac en plastique noir dans lequel il y a quelques fruits, un peu de pain.

Un bruit d'ailes. Un flottement. Un frôlement. La terre voit sans yeux, la mer coule sans amertume, juste un mouvement de balancier, doux et puissant. L'embrassement, la douceur, immense, proche de la souffrance. Une voix peut-être. Je l'entends de tout mon être. Non pas des mots, ni des phrases, ni des sons : une voix. Le chant immédiat, l'air qui passe dans une gorge et vibre dans les cordes, dans les herbes, résonne dans une poche d'air, un crâne, une grotte, résonne dans un ventre. C'est la voix qui appartient à la vie, ou la vie qui invente la voix. Est-ce que j'existe dans le silence ?

Un vol d'ailes légères, un frottis d'élytres, une caresse sur les nappes de l'air. Déjà les syllabes d'un nom, peut-être, une entrée dans la destinée : Bala, Aliyah, Élijah, Élie. La lettre « l », la plus suave, mouillée, humide d'une respiration, avalée, déglutie. Le son « a » qui perdure, qui s'installe, s'impose, le son égoïste, affirmé, un trou dans le ciel noir. Une étoile qui palpite. Stella Maris. Nejma. Aster. Ou bien le son « ô », pyôl, pylône, polis. Sous la lumière familière des étoiles, dans la nuit. Je voudrais naître dans la nuit. L'être boit à la source de la nuit. Boit la douceur de l'ombre, le lait des étoiles. Alors ce bruit d'ailes, ce froissement, c'est celui des papillons de nuit, un bruit strident, fou, un tourbillon impalpable autour du phare, un tourbillon de mort lorsque les insectes se précipitent dans la flamme. Qui me rendra mon nom ? Depuis si longtemps, ces années que je n'ai pas vécues. Ces années perdues, lorsque ma vie brève s'est éteinte dans un terrible embrasement qui a envahi mon crâne et mon corps, qui a détruit mon cerveau. « J'ai à vous faire part de la douleur de la mort de notre Aliyah, tuée par les soldats de l'occupation. » Celui qui n'a pas assez vécu n'a pas eu droit à la vie tout entière. Il en a été amputé, rejeté dans le vide, rendu aveugle et sourd et insensible, redevenu errant dans la nuit, sans étoiles. Comme cet enfant, grand à peine comme une crevette, sans mains et sans yeux, à peine sorti de son œuf, si petit, si fragile, qui recule lorsque la pince à clampser de l'avorteuse se rapproche de lui. Est-ce de moi que je parle ? Le ciel est plein de ces esprits errants, de ces enfants sans mère.

Je veux parler des couples. C'est l'unique objet du monde, le seul souci. La vie les choisit, mais ils n'en savent rien encore. Ils sont des enfants, ils n'ont pas vécu la vie des adultes, ou si peu. Ils n'ont pas ouvert les yeux sur l'extérieur. Ils ne s'appartiennent pas.

Dans une grande ville d'aujourd'hui, tout est violence. Les routes, les voies rapides, les esplanades, les terrains vagues, les pentes et les ponts, les voies ferrées et les quais, les tunnels, les immeubles, les sémaphores, les feux clignotants, les stades, les églises, les écoles. Même les vieux cimetières derrière leurs murailles rouillées. Où est la douceur ? Sous cette croûte de macadam, dans cette poussière, dans ce chardon qui s'accroche au faîtage d'un temple, dans ces arbres en pot où sont plantés des bouts de cigarettes, dans ces égouts, dans ces escadrilles d'oiseaux malades, amputés, scrofuleux ?

Un couple. Pareil à des animaux dans leur grâce adolescente. Le garçon est sombre, vêtu comme un truand, jeans délavé, blouson à capuche bleu marine, baskets boueuses. Elle est de son âge sans doute, mais semble plus mûre. Elle marche moins vite, elle a plus de corpulence, sans être vraiment grosse, mais elle est nu-tête et regarde avec assurance, elle ne s'est pas retournée quand ils ont commencé à traverser l'avenue en diagonale, non loin de l'aéroport international. Il y a des voitures, des camions, des autobus. Il fait vraiment très chaud ce jour, c'est août, le 21, ou le 22. Au plus chaud de cette ville, sur ce morceau de désert. Le soleil allume les angles. Le couple traverse en *j-walk*, où va-t-il ? De l'autre côté du boulevard, vide et un peu atroce, une bâtisse carrée préfabriquée qui porte un nom en larges lettres rouges, un numéro peut-être. Il y a une porte, non pas une porte monumentale en pierre, mais juste une barrière, quelques poteaux en fer, des chicanes, du fil rasoir... Rien ne prête à la poésie du frottement d'ailes, aucune brise dans des fleurs, aucun ressac de mer. Pas de voix qui fait naître son « aum » au centre du corps, au centre de leur corps double. Ils se tiennent par la main, ils traversent une des rues les plus meurtrières, les plus inhumaines, les plus indifférentes du monde (à cet instant précis) sans souci des balles perdues, des coups de klaxon, des pare-chocs chasse-buffles, des roues broyeuses. Ils traversent, ils s'en vont. Ils sont encore vivants.

Autre couple. À la Coop, dans les rayons cosmétique. Lui, look barbare, tatouages bleus sur sa peau blanche, cheveux roux coupés ras sur la nuque, visage cruel, un petit pirate de cinéma. Elle menue, très brune, sa peau d'ambre, sa denture éclatante, ses cheveux noirs coupés en casque d'amazone, mais elle est déjà prise, elle pousse le Caddie où est assise sa petite fille de trois ans qui lui ressemble comme un poupon ressemble à une femme. Lui, bravache, un peu en avant, comme s'il guidait, mais qu'est-ce qu'il connaît à ces shampoings, ces crèmes dermatologiques, ces faux cils et ces laits démaquillants ? Il est envoûté par la beauté de sa femme-enfant, l'amour le ronge, colères, disputes. A-t-il dit : « Si tu me quittes je te tue » ? Elle baisse la tête. Elle est soumise. Mais ses yeux disent le contraire, ils sont plus durs que toute la volonté dominatrice de son conjoint. Ensemble, tous les deux, elle et lui, ils sont à la fois faibles et forts. Rien ne leur est facile. Ils n'ont pas d'argent, pas de métier, parfois elle prend sa petite fille pour mendier sur les parkings de la Coop, puis quand elle a trois sous elle les dépense, pas pour elle, mais pour la gamine, elle lui achète des chouchous, des bonbons, des bracelets. C'est d'elle que vient la certitude, simplement parce que sa petite fille qui lui ressemble a acheté une part du futur. Sait-elle déjà que son compagnon va partir pour l'autre bout du monde, qu'il va devenir soldat, pour tuer des enfants, tuer des femmes, devenir fou ? Elle l'attendra, avec sa fille, et quand il reviendra il ne sera plus personne.

Parcours, long balancement. Ce qui n'a pas été nommé hésite entre être et n'être pas. Mais moi qui ai reçu un nom, puis qui l'ai perdu ? Le possible, non le probable. L'hypothèse, non l'improuvé. Le non encore advenu doit-il faire oublier l'inachevé ? On parle bien de futur (cette petite fille à cheval sur le Caddie de la Coop, qui rit d'un rien, sans langage et sans mémoire mais déjà si forte, sans autonomie mais c'est elle qui prévaut sur ses père & mère). Je ne puis comprendre. Je n'ai rien vécu. Je ne puis croire à un brouillard d'être, à un temps de genèse. Au contraire, ce que je veux, c'est la lumière, la lumière crue, éblouissante, tendue sur la réalité sans laisser de place au vide, sans laisser d'importance à l'ombre. Ces villes, ces routes, ces rivages, ces lacs, ces fleuves, ces montagnes sacrées, la tentation du présent est immense, donne le vertige. Il n'y a aucune mémoire, aucun regret, tout s'ouvre dans la baie du temps, une baie merveilleuse, que je voudrais habiter.

Encore un couple étrange, décidément. À première vue, elle (dans la queue du Super, mais pas vraiment, à côté, comme si elle n'était pas intéressée) se dandine et sautille sur une seule jambe comme font toutes les petites filles du monde. Elle semble âgée de douze ou treize ans. Puis elle se retourne et montre son ventre énorme, arrondi, si gonflé et pointu que ses seins s'y reposent. Elle est vraiment petite, à peine une ado, son visage enfantin au teint pâle, ses paupières fatiguées, ses cernes rouges sous les yeux, ses cheveux attachés en un chignon mal fait et sale, ses membres grêles, son cou si mince, et surtout cette dégaine maladroite et disgracieuse. Comme si elle avait emprunté le ventre de quelqu'un d'autre, de sa grande sœur, et qu'elle ne savait pas quoi en faire, qu'elle continuait ses mômeries comme si rien n'était arrivé. Non loin d'elle, dans la queue, l'homme, rien de particulier, un homme comme les autres, calme, l'air indifférent. Plutôt grand, plutôt beau gosse, il aurait pu avoir la trentaine, mener une vie normale, aimer les motos et séduire les hôtesses de l'air, étudier la mécanique, s'engager dans l'armée ou chez les pompiers, faire du sport le dimanche. Mais la jeune fille enceinte est venue lui parler — en fait elle lui a juste demandé son téléphone portable qu'elle a utilisé comme une ado, pour jouer plutôt que pour appeler, pour envoyer des messages à des amies, à sa grande sœur justement. Et le visage de cet homme à la lumière a paru plus jeune, bien qu'il portât un petit bouc vaguement blond qui lui donnait un air sérieux. Il a montré quelque chose de mal assuré, peut-être une sorte d'ennui. Peut-être était-il timide, et cela le gênait d'être dévisagé par tous ces gens du fait de la situation intéressante dans laquelle était sa petite copine (comment imaginer qu'elle fût sa femme à cet âge ?). L'homme a continué à pousser son panier de plastique contenant ses courses, des courses d'ado, des bouteilles de soda, un paquet de biscuits chocolatés, des mouchoirs en papier, sans doute une espèce de crème pour les vergetures. Il regardait ailleurs, vers la caissière, une jeune fille aussi, sans doute deux ans plus vieille que la petite fille enceinte, mais tellement différente, avec son joli minois dessiné au make-up, ses faux cils, sa chemise sexy entrouverte, et ses esclaves aux poignets et ses anneaux aux oreilles. Elle a jeté un regard rapide dans la direction du couple, vers la fille enceinte, le temps de se dire, je t'ai vue, bon sang ton ventre est énorme ! Le jeune homme a fini de payer les courses avec des billets chiffonnés qu'il a sortis de sa poche, et les voilà partis dans le hall immense et solitaire du Super, vers leur destinée.

Ils ont pris leur voiture, ils roulent sur la route déserte, le long d'un mur, la chaussée est mangée par les trous d'obus, par les crevasses, comme s'il y avait eu un tremblement de terre. Là, devant la porte, ils sont descendus de voiture, pour un contrôle. Les soldats les séparent, lui par ici, elle par là avec une soldate, pour une fouille au corps. Avec tous ces attentats, vous comprenez ? La soldate soulève le T-shirt de la fille, regarde son ventre très blanc, dilaté comme un astre. Sans commentaire.

Sur la place, elle est passée avant lui, quand un bruit étrange attire son attention, un moteur lancé à fond, des pneus qui crissent, des crépitements, elle a pensé à des pétards, ou plutôt à ces boulettes explosives que les gosses jettent contre les murs au nouvel an. Des cris stridents, des cris de colère, puis l'explosion, et le souffle de la déflagration couche la jeune fille, et elle reste assise le cul dans la poussière, instinctivement elle a croisé ses bras sur son ventre, dans le silence de ses tympans enfoncés.

Il s'est passé quelque chose. Un rêve interrompu, un manque. Comment est-il possible de n'être ni d'ici ni de là-bas ? Dans ce long corridor, ni dehors ni dedans. Il y a eu une lumière autrefois, je m'en souviens. Une chaleur, un doux balancement, un bruit de vagues dans l'océan, une voix qui chantait cette vieille chanson pour dormir, les paroles claires, glissantes, avec des *l* et des *ch*, des *oum* et des *lim*, des traits, des arcs et des cercles. Cela s'écrivait dans un ciel privé, un ciel rose qui serre, entoure et rassure. Où est-ce parti ? Pourquoi cela m'a-t-il abandonné ?

Une brisure, une fracture, et toute la substance de vie s'est enfuie dans l'espace, ne laissant que le froid de l'infini.

L'esprit flotte dans l'air, va de l'une à l'autre avec son vol de papillon fou, de papillon ivre de lumière. Ici et là. À la recherche d'une source, d'un bassin, d'une paroi où s'accrocher, d'une rosée à boire, d'un ru de sang à capturer. Que sais-je du monde ? Il est sourd et aveugle, avec seulement par instants ces lueurs rouges qui étoilent la nuit, des braises ténues comme des lucioles, vacillantes comme des bouts de cigarettes allumés, et l'épaisseur du silence se troue par endroits d'un appel, une vibration, non pas sourde et lente mais aiguë, oh si aiguë, cela me fait mal jusqu'au cœur (façon de parler), cela fait tchîîîîî, non plutôt wîîîîî. Tout le reste est lointain, lent et lointain, n'a pas d'importance, des images, juste un peu de brillance, du strass pour accréditer la réalité, un léger battement d'artères.

L'être rôde, non pas doucement, joliment, comme on dirait des anges, calmes et joufflus, avec ces fossettes aux coudes et au bas des reins, ces petites mains, petits pieds, ces sourires enjôleurs. Non, l'être est violent. Intelligent, précis, sans illusion, sans indulgence. Cherche le pli pour s'accrocher, le ventre, le nombril qui deviendra son œil, son point de départ. Ne connaît pas de langue, l'être. Les mots lui seraient une faiblesse. Les mots seraient une chanson, une berceuse. Ralentiraient son vol, gêneraient sa progression, s'interposeraient entre l'être et le monde.

Moi aussi je ressens le désir d'être connu. Pourquoi pas ? Pourquoi pas moi ? Pourquoi ces outils de chirurgien veulent-ils m'arracher, comme si j'étais une excroissance, une tumeur maligne, une dent abîmée, une épine empoisonnée, un corps étranger dans la chair des vivants ? Pourquoi ? Mais l'être ne pose pas de questions. Questionner serait avouer, serait se retourner, regarder le passé. Seul le présent, seul l'avenir. Ce temps, et nul autre. Dans ce Super, sur cette route, dans la pluie torrentielle sur la rue en pente, dans cette voiture noire aux vitres teintées, dans cette chambre d'hôtel aux rideaux tirés sans voir le jour ni la nuit, n'importe. Mais pas *ici*. Pas tout de suite.

Où suis-je ? Qui sont ces gens ? Dans cette campagne laide, dans la chaleur qui monte de l'asphalte, dans ce nuage de pluie qui aussitôt s'évapore, dans le bruit des moteurs qui bouent sur l'autoroute, dans ce parking en ruine envahi par les naufragés, les voyageurs qui s'abritent à l'ombre des voitures quand les arbres sont morts depuis longtemps. Des noms, Jénine, Alcantara, Algésiras, Kandahar, Cartagena. Pourquoi n'ai-je pas de nom ? Pourquoi ne me voient-ils pas ? Un nom, juste un nom pour me conquérir, pour me donner asile, pour m'ouvrir les bras d'une famille, pour mes sœurs et mes frères les vivants ! Nolen, Alan, Liam, Ralia, Layla, Rama. Un nom qui glisse et résonne, un nom pour un enfant aimé, perdu et retrouvé, un enfant de l'amour.

Je me souviens. Où était-ce ? Je me souviens d'une lumière, une lueur aveuglante du soleil dans le désert, une route. Quand était-ce ? Est-ce que « quand » signifie quelque chose quand on n'est pas ? Le temps est l'affaire des vivants. Le temps commence avec la vie. Tu nais, et le temps compte à rebours. Le temps conduit à la fin. Mais pour moi qui n'ai pas vécu. Une route sans fin, un désert sans fin, la lumière d'un terrible soleil qui pèse sur mes yeux sans paupières. Je me souviens... Rien. Pas de voix, pas de visage. Pas de nom, jamais de nom. « J'ai à vous faire part de la douleur de la mort de notre Aliyah, tuée par les soldats de l'occupation. Août 1992. » Ce n'est pas moi, ce n'est pas mon nom, ce n'est qu'une phrase qui traîne sur un bout de papier jauni, écrite à la plume d'une encre que le temps a rouillée, jusqu'à manger le papier. Je ne connais rien d'autre que cette route, dans ce désert brûlant, ce soleil aveuglant, cette porte entourée de fil rasoir. Celle qui m'emporte, cette femme au lent, lourd balancement, à gauche, à droite, en avant, en arrière. Cette femme sans visage. Cette femme à la fois morte et vivante. Elle n'a pas de nom. Elle est le ciel Empyrée, le plus secret, le plus haut, le plus caché des ciels. Une nappe cotonneuse glisse éternellement au-dessus de la terre et de la mer. C'est ma mère qui respire en moi, qui bat son cœur en moi, qui frissonne son eau douce en moi, qui chante sa chanson à dormir en moi, donne sa caresse en moi de ses mains longues et chaudes sur la peau de son ventre, la musique de sa voix entre en moi par les fibres de son corps, et le rythme des vagues, le plaisir des mots autour de moi, en moi, jusqu'à ses rêves qui s'enroulent en moi. Le plaisir de son sexe qui ajoute des étincelles à ma vie, qui va faire de moi une étoile éternelle.

Comme je voudrais que cela ne cesse pas, dure toujours, ne s'en aille jamais pour n'avoir jamais à revenir. Mais cela ne se peut pas. Cela est rompu, je demande pourquoi, je crie en silence pour savoir pourquoi. Je suis près de la peau de l'être, je devine ce qu'il y a de l'autre côté mais je ne puis franchir le seuil. C'est une porte interdite, elle ne s'ouvrira pas, elle ne s'ouvrira plus jamais. Ce qui m'entoure n'a pas de nom, c'est l'ombre d'une présence, la rumeur du non-être. Non plus un frôlement, un battement d'ailes, mais un tremblement, la peur, l'horreur, le froid, malgré le soleil, malgré le désert qui s'embrase. Non plus la nuit douce où rayonnent les astres, ces ventres pleins, tièdes, rougeoyants. Non plus l'éclat de la beauté quand un des astres se décroche de la voûte et tombe sur la terre en traçant une ligne de feu qui reste dans la mémoire.

Je vois cette terre âpre et brûlée, et sur la terre une femme étendue, le visage tourné dans le sable. Elle est nue de la ceinture jusqu'au bout des orteils, sur sa peau jadis ambrée la mort a laissé des taches sombres, bleutées comme des tatouages, elle ressemble à une noyée sur une plage. Sa vulve est vrombissante de mouches dorées. Non loin d'elle, les bottes des soldats ont laissé des traces dans la clairière, l'armée de violeurs, les assassins. Je crois entendre le bruit de leurs pas, un cliquetis d'armes peut-être, des détonations sèches, des cris, des éclats de rire. Un braiment d'âne non loin.

Est-ce ici que je suis né(e), non pas venu(e) au monde mais né(e) au ciel, comme disent les Mexicains des enfants mort-nés ?

Pas même né(e), n'ayant pas tué ma mère à ma naissance, mais jeté(e) au néant, à la terre, à la fosse, arraché(e) à l'air. Excisé(e) du temps, pour toujours dans le ciel cotonneux où mon nom est personne.

Avec cette rage qui ne se guérit pas, une vengeance sans objet, un règlement sans commencement ni fin. Il y a eu un crime, je le sais. Les assassins sont en liberté. Ils ont tué une femme, ils l'ont laissée sur la terre, ils sont partis. Et l'esprit n'a pas trouvé son corps, n'a pas choisi son âme, l'esprit s'est perdu loin du monde. Une lumière s'est éteinte avant même d'avoir brillé, il n'y a pas eu d'astre se décrochant de la voûte et traçant sa route fulgurante. Rien. Le ciel Empyrée n'est pas le séjour des anges et des djinns, des héros et des houris, des martyrs dans leur gloire. C'est un lieu de manque, de désir inassouvi, de tristesse. C'est un ciel de pierre parcouru par le vent du vide. Où s'abriter ? Où se lover, tout doux, dans quel ventre ? Quel repli ?

Alors je sens de la haine. Je veux me battre contre les inconnus qui ont tué ma mère. Au jugé, à grands coups de sabre, à grands coups de lance. Mes ennemis sont cachés dans les recoins, dans les caves, dans les combles. Ils ne me voient pas, ils ne m'entendent pas. Mais ils savent que je suis là. Juste un souffle froid sur leur nuque. Ils s'arrêtent et se retournent, ils cherchent du regard... Personne.

Je me souviens. Une grande déchirure. Un éclair, un fracas, l'espace d'un instant, ça n'était rien au regard de l'immensité du cosmos. Mais sur la route droite qui traverse le désert, le long fleuve immobile qui unit l'endroit d'où l'on fuit et l'endroit où l'on va, le temps s'est arrêté sur ce jour et cette heure et cette seconde, 22 août 2002, 13 heures 12 minutes et 59 secondes. Le temps s'est arrêté à une touffe d'agaves, au terrier d'un lézard, à la vieille boîte de conserve rouillée dans le sable, au rapace qui vole à la droite du soleil.

Je me souviens comme si j'avais eu une vie. Le jaillissement vers le ciel, les tôles froissées, envolées comme de simples feuilles de papier dans le vent, le verre brisé en milliers de diamants qui s'incrustent dans l'asphalte, la nappe irisée qui emplit le talus et s'enflamme, le bruit déchirant, le ciel qui se rompt en deux, et le sang, tout ce sang qui noie la gorge et que boit la terre, le sang caillé sur les morceaux de métal et sur les banquettes de similicuir, sur le tableau de bord et sur le volant. Le corps brisé de cette femme, que les ambulanciers emportent sur leur civière, après l'avoir pudiquement recouvert d'une espèce de couverture brillante. Sur la terre on a ramassé les corps, le soldat arrivé hier et le vieux baroudeur, un couple sans nom, une fille-mère. Puis tout s'efface, et au ciel le vent du vide ne souffle pas moins fort.

Est-ce que l'être s'efface lentement, est-ce que rien n'existe sans forme, est-ce que sans substance je suis abandonné, sans avenir, sans espoir ? Autre question — mais ce doit être la même — est-ce que chaque nouvelle génération n'efface pas les actions de celle qui l'a précédée ? Des cicatrices, des traces, des marques sur un vieux mur, une blessure dans la chaussée, là où explosa une grenade. Des initiales tracées au couteau sur les feuilles des vieux agaves. Des signes gravés sur les stèles, que le vent et la pluie réduisent en poudre, des documents qui tombent en poussière, des charges électriques évanouies, un peu de chaleur qui subsiste, et le vent qui pousse les nuages.

Dans la cour intérieure d'une maison de repos, à même la terre, un bébé tout nu est au soleil. L'enfant sait à peine se tenir assis, sa tête dodeline sur son cou grêle. Une mouche insolente vient de se poser sur sa main, un instant, puis s'envole. L'enfant grimace un peu, puis se met à rire, d'un drôle de rire intérieur qui éclaire son visage et ses yeux. L'esprit qui vole n'est pas loin encore, la fin de son long voyage est encore sonore comme un tourbillon de matière et d'idées, comme un tourbillon de souvenirs. À côté, à l'ombre d'une porte ouverte, la jeune femme regarde le bébé. Elle a toujours le même chignon, le même visage, les mêmes jambes maigres, mais elle n'a plus l'air d'un enfant. La déflagration qui a tué son amant l'a rendue sourde d'une oreille, le médecin a dit que ça passerait peut-être plus tard, qui sait ? Elle regarde le bébé, seul au centre de la cour de l'hôpital, elle ne voit que son corps et sa grosse tête qui pèse si lourd, l'ombre qui dessine sa silhouette dans la terre. C'est juste cet instant. Il n'y a pas besoin de nom, pas besoin de légende. Aliyah, Élie, Élijah, Lizbeth, l'être est libre comme un oiseau, là où il se pose est sa demeure. L'être n'a qu'une seule histoire, toujours la même, jamais semblable, toujours nouvelle. Et *le monde est ce qui a lieu.*

À PEU PRÈS APOLOGUE

Écrire, c'est comme le métro. Vous savez où vous allez, vous n'avez pas un choix infini de destinations, il y a des horaires à respecter, des zones obscures et de plus, ça n'est pas toujours agréable. Mais il y a tout ce que vous ne pouvez pas prévoir, ce qui vous transporte (sans jouer sur les mots), vous expose, vous atteint momentanément ou durablement. Je veux parler des secousses, du rythme, des rencontres. Les regards échangés, parfois glissant sur le bouclier des glaces, les mots captés, les bouts de phrases, conversations, monologues, instantanés insensés, fractures, fractionnés, opus incertum de bris et de débris dans toutes les langues, gestes arrêtés, expressions détachées de leur contexte, sourires extraits de visages, commissures tombantes, paupières voilées, éclats sur les verres des lunettes, soupirs, lâchers, borborygmes. Et les nuques, ah les nuques. On ne parlera jamais assez des nuques. Ployées, offertes au couperet, ou redondantes, musculeuses, coupées de plis épais. Les nuques encore proches de l'enfance, deux tendons aigus creusant le cervelet, attachées au trapèze des épaules. Les nuques plutôt que les mains, car les mains se cachent, les mains s'observent, elles ont appris à mentir comme les visages. Et plus que tout, les pieds. Non pas bêtes, ni beaux, ni glorieux même s'ils sont chaussés de cuir souple, de suède, ornés de boucles et d'œillets. Les pieds tout simplement posés sur le sol, chaussés de sabots, de tongs, sortis de leur coque et exposés au froid, à la pluie. La légende saint-sulpicienne autour de Baden-Powell, telle qu'inculquée aux enfants de cette troupe disparate et un peu honteuse, racontait naguère que le Maître, venu à Londres quelque temps après la guerre des Boers, observa dans un wagon de chemin de fer une femme bien mise, élégante et présentant tous les aspects de sa classe supérieure, mais dont les souliers révélaient deux semelles trouées, signal d'une grande précarité. Il aborda cette femme et le plus respectueusement du monde il la pria d'accepter une contribution en argent à même, pensa-t-il, de la soulager provisoirement de ses difficultés, et lui laissa sa carte de visite. L'histoire ne disait pas ce qui s'ensuivit, romance, ou aide désintéressée — par égard pour lui, je pencherais pour la première hypothèse. Elle a pour conclusion l'importance des pieds dans la relation humaine.

Schopenhauer, dans un essai tonique, *Misère de la littérature*, affirmait qu'il existe trois sortes d'écrivains. La première, faite d'auteurs qui n'ont rien à dire, et qu'il ignorait. Les deux autres catégories motivées, disait-il, par la nécessité d'affirmer quelque chose. Toute la différence vient de ce que dans un cas, l'auteur se lance à l'aventure et risque, comme le chasseur inexpérimenté, de revenir bredouille. Dans l'autre, l'écrivain réfléchit à ce qu'il doit dire, comme le chasseur rassemble le gibier grâce aux rabatteurs, et n'entame son œuvre qu'au terme de ce calcul. Dirai-je que, contrairement au philosophe, ma sympathie va au chasseur aventureux. Ne sachant pas exactement ce qu'il cherche, il se laisse entraîner par le hasard et il lui arrive de trouver une surprise inappréciable. Je ne suis pas chasseur, pas très carnassier non plus, mais je me souviens d'avoir accompagné naguère des chasseurs dans la forêt panaméenne, des Indiens qui ne tuent un animal que pour se nourrir. Ils n'ont pas de rabatteurs, ni d'arme perfectionnée. Mais leur agilité y supplée, et l'instinct les guide. Leurs sens sont aux aguets pour capter l'odeur d'un cerf ou d'un pécari, et ils montrent cette extraordinaire aptitude à réagir sur l'instant qui fait de leur chasse non un divertissement mondain et ennuyeux mais un jeu joyeux et nécessaire qui restitue à l'homme sa part animale. C'est ce que j'aimerais trouver dans la lecture, dans l'écriture. L'aventure.

Donc le voyage en wagon, sous la terre. Je suis alors dans un espace confiné, sorte d'intérieur d'astronef projeté dans le vide qui sépare deux points sur une ligne. Vision en tunnel qui m'abstrait du réel et me place dans un état d'apesanteur — d'irréalité. Un flottement physique et mental interstatique, entre l'état de prise et la déconnection, ou mieux entre la veille et le sommeil — nous propulse loin du présent vers un avenir incertain, et nous percevons tous les changements qui nous arrivent. Les uns dorment, la bouche ouverte ou le menton carré contre le col de leur manteau, d'autres lisent comme elle, la même page du livre qu'elle a sorti de son sac à main, ça doit être un polar à voir la couverture défraîchie, mais elle ne le lira pas car son regard est fixe et ses doigts qui ont corné la page ne la tourneront pas. D'autres regardent. Le wagon est un espace clos, le train tout entier est une sorte de capsule dont personne ne peut, et ne songe à s'échapper. C'est ainsi, ils l'ont voulu. Le carré de papier (titre de transport), ou le clic de leur carte magnétique sur la borne d'entrée du métro est un contrat auquel nul, une fois entré, ne peut renoncer. Cela vaut pour tous les débats sur l'identité, la liberté, l'engagement politique, les serments d'amour et les alliances, les bulletins de vote ou les demandes d'asile.

Dans le wagon, les corps se touchent. Rarement se cherchent (sauf quelques pervers dont c'est la raison d'être à bord, mais eux-mêmes ne tardent pas à perdre pied). S'éviteraient s'il y avait de la place. Des gens qui n'auraient jamais dû se rencontrer sont face à face, le vieux rouleur et la jeune prépubère, la matrone dignifiée et le gigolo, l'aviateur décoré et la pute décolorée, le garçon coiffeur et l'ambassadeur (il arrive qu'ils se ressemblent), le professeur et l'élève, le fou et le prophète, le vieillard aux yeux troubles et le trentenaire au sourire entendu, le juge et le prisonnier, la fliquette et le pickpocket, et plus généralement tous ces gens semblables, indifférenciés, uniformément gris et anonymes, interchangeables et pourtant uniques.

Combien de temps dure ce voyage? Quatre, cinq

minutes, parfois davantage. Mais si longues, si riches en événements et en sensations, pleines d'idées, de mots qui volettent, d'images, de vies. Jusqu'où irons-nous ? Jusqu'à quand serons-nous vivants ? Quelles raisons donnerons-nous à notre histoire ? Parce qu'il faudra bien un jour trouver une raison, donner une raison, nous ne pourrons pas accréditer notre innocence. Où que nous soyons, quelle que soit notre destination finale (si une telle chose existe), il nous faudra rendre compte, rendre des comptes.

J'ai été, j'ai fait, j'ai possédé. Et un jour je ne serai plus rien. Pareil à ce wagon lancé à une vitesse inimaginable, incalculable, sans doute voisine de l'absolu, entre deux mondes, entre deux états. Et pas question qu'aucun d'entre nous retourne jamais à ses états, je veux dire à son passé, à ce qu'il, à ce qu'elle a aimé. Pour cela les visages sont figés, immobiles, parfois terreux, on dirait des masques de carton bouilli ou de vieux cuir, avec deux fentes par où bouge le regard, une étoile de vie accrochée au noir des prunelles.

Les ressauts, brutaux, violents, quand les roues traversent les aiguillages, jetant des étincelles, ou bien le long des courbes de la voie, des séries d'à-coups qui rectifient la course, contre la force centrifuge, l'arc de cercle des rails se décomposant en centaines, milliers de facettes, chacune envoyant son impulsion dans les corps des passagers dociles, dodelinants, dans le grincement des essieux et les tremblements des glaces, seule la vie est capable du mouvement continu, seule la vie est ronde, le monde mécanique créé par les humains n'est capable que de chocs, de changements, de métamorphoses.

Est-ce de la rêverie ? De la fantasmagorie ? Simplement de la fantaisie. D'autres diraient des fantasmes. À chaque instant, on perd pied. Un jour, dans un train de banlieue, j'ai vu une femme s'évanouir. Jeune, gracieuse, à l'accent de son mari j'ai compris qu'elle était « des îles », mauricienne (j'ai un radar pour détecter mes compatriotes à l'étranger). Chaleur suffocante, rame archicomble, fenêtres fermées. Debout au milieu de la foule, délicate comme une fleur de canne, son teint de miel a pâli, a pris une teinte cendrée, ses yeux se sont révulsés sous ses paupières tremblantes et son corps s'est affaissé sur lui-même, retenu par la pression des voisins et voisines qui ne se rendaient compte de rien, juste peut-être une bourrade pour se dégager du poids de ce corps contre eux. À la station suivante, le wagon s'est vidé et la jeune femme est tombée par terre, non pas d'un coup mais lentement à la manière d'un vêtement inhabité. Et le mari a tenté de la relever, a interpellé alentour, le wagon vide qui se remplissait déjà à nouveau, quelque chose de désespéré et de colérique dans la voix, une question criée à la cantonade, dans le vide, que personne n'entendait, avec son accent chantant que l'angoisse rendait encore plus inadéquat, une question, un reproche, un appel à témoin : « Mais il n'y a pe'sonne ici pou'ouv'i'une fenêt'? »

Ce sont les espaces troués d'interstices, les fissures, les étonnements, les creux noirs entre les briques des murs.

Rien de fini, rien d'achevé. Un instant je suis spectateur, l'instant d'après je suis celui, celle que je regarde.

Ce corps endormi devant moi, une femme de trente ans, africaine probablement, la tête appuyée sur sa main droite et sa main se reposant contre la glace. Emportée en arrière (mais en fermant les yeux n'est-ce pas que le mouvement s'inverse ?), vers un autre temps, un autre lieu. Une île de beauté, un amas de rochers noirs battus par les vagues de l'Océan, une terre aride où s'accrochent les cocos. Son île, début et fin de tous les voyages, tête du pont invisible qui relie l'Afrique et les Amériques. J'entre dans ce corps fatigué, dans ce visage à l'abandon — la douleur de l'exil, l'attente sur les quais poussiéreux de Palma, de Funchal, la peur, les doigts gonflés par les rhumatismes, les pieds meurtris par la marche, par les queues devant les consulats arrogants et barricadés, même si l'on danse d'un pied sur l'autre, arrive le moment où on n'en peut plus, où on s'affale par terre, sur le bord du trottoir, sur une marche d'église, sur une banquette de métro. Au fond d'elle s'ouvre un portique, une baie taillée dans la pierre noire sur la blancheur de la mer, sur le ciel. La porte du non-retour.

Ou bien cette grille qui enferme les immigrants dans un camp d'Algésiras, les gardes qui brandissent leurs mitraillettes — pourquoi déchargent-ils leurs armes vers le ciel, ont-ils reçu des instructions, affirmer leur puissance, ou bien aiment-ils à terroriser les pauvres ?

Derrière ses paupières fermées, je nage dans une autre mémoire. Qu'est-ce que la mémoire en effet, est-ce la mienne, reçue de mes lectures, des films vidéo, des bouts d'on-dit et de refrains ? Est-ce la mémoire humaine, comme on dit la pensée universelle ? Est-ce la mémoire d'une autre dans laquelle je pénètre par effraction, passant d'un état à un autre sous l'effet des sursauts et des coups de reins de cette vieille capsule de fer, dans l'ondulation des chairs, et le va-et-vient des haleines ?

Une phrase me revient, une phrase qui me hante par ses mots et son rythme, comme les noms des stations sur la Circle Line, Sloane Square, South Kensington, Gloucester Road. *Do you think of me as I think of you, my friends, my friends ?*

Peut-on habiter une phrase ? Ces mots de Letitia Elizabeth Landon, pourquoi me troublent-ils, comme s'ils déclenchaient l'amour et la nostalgie, regret et désir, désir de savoir et regret de ne pouvoir remonter le temps pour comprendre celle qui les avait écrits avant de mourir, suivre la main qui les traçait, lire cette lettre jamais envoyée, répondre peut-être à la place de ceux qui les avaient ignorés. *Do you think of me as I think of you, my friends, my friends ?* Comment comprendre ? À quel point une vie se sépare, à quel point elle cesse d'être jouée pour devenir vraie ? Que reste-t-il des sentiments et des expériences, dans ce moment que je vis, sous terre, dans une machine que personne n'aurait imaginée alors ? La pose des faux romantismes, le goût byronien des vagues sur les rochers noirs, posture ou imposture, les mots de Felicia Dorothea Browne Hemans, d'Elizabeth Barrett Browning, lorsque arrive la nouvelle de la mort tragique de Letitia : *Oh, Bring no flowers...* Mais le voyage est univoque, ce que l'on quitte ne peut pas être retrouvé, même dans nos rêves.

Cahots, vacillations, comas passagers... Qui est cette fille brune aux cheveux lisses, vêtue d'un sobre complet gris, tenant un sac de tapisserie, chaussée d'escarpins à talons hauts, debout sur la plate-forme elle résiste aux mouvements du wagon en cambrant ses reins ? Qui est cette femme au visage tragique, les plis d'amertume marqués de chaque côté des lèvres, entrée en elle-même, enfermée dans ses pensées ? Et ce garçon d'Afrique noire, rien d'un Antillais ou d'un Américain, trop svelte, trop fragile, et pourtant endurci et endurant, sa peau est appliquée aux os de son visage aussi étroitement que du métal fondu ? Ce n'est pas l'étrangeté que je perçois en eux, mais la familiarité, l'appartenance. Une histoire commune. L'histoire de Nana Akweshi Prempeh, incarcéré par les Anglais dans le fort d'Elmina au temps des guerres contre les Ashantis : le vieil homme pareil à un lion enfermé dans une cage, en haut de la forteresse, son regard usé par la mer, la lumière et le vent. L'histoire d'Olaudah Equiano âgé de dix ans, capturé dans son village et emmené en esclavage, telle qu'il l'a racontée, et aussi l'histoire de sa petite sœur, enlevée en même temps que lui mais dont on ne saura jamais rien. Et le tunnel où le wagon se précipite ressemble à l'étroit goulet brise-échine par lequel les trafiquants faisaient passer les esclaves, hommes, femmes, enfants, réunis une dernière fois pour le long voyage...

Revenons à ce jour. Un jour si long, que chaque seconde semble immémoriale, un jour comme un an, un an comme un siècle. Dans le tunnel, l'air se comprime, les oreilles se bouchent et se débouchent avec un petit claquement. Tout se hâte, ou bien se ralentit, n'est-ce pas au fond la même chose ? Et cèdent les barrières individuelles, minces écrans plastiques, pour que se mêlent les vies. Les visages. Toujours des visages, ils semblent des masques accrochés dans une cage d'escalier à la spirale fabuleuse. Ils cachent une vérité commune que personne ne cherche à connaître. Je vois ces traits, front haut, nez moyen, lèvres, paupières fermées, laissant filtrer par instants la lueur d'un regard bleu acier, joues, menton, cou à replis, épaules, et tout le corps tassé par la fatigue et par l'ennui, je vois toute l'humanité présente, résultat de hasards, de rencontres fortuites, de désirs si brefs qu'ils sont futiles, portée par la vague de la mort, avec ses secrets, ses mots perdus, ses illusions de savoirs, ses illusions d'enfance, demain ils seront vieux, demain ils auront disparu. Voilà qui guérit de la tentation du démiurge. Emportés, vous dis-je, dans ce train infernal, entraînés, à la merci d'un courant violent, tous tant qu'ils sont, les puissants et les faibles, les possédants et les possédés, les vaniteux, les triomphants, les mendiants, les va-nu-pieds, les précieux, les exquises. Rien ne sera sauvé. Visages qui reculent à toute vitesse, qui s'échappent, et moi de même. Est-ce qu'un seul mot, une seule action pourra les retenir, et combien de temps ? Mais ça n'est pas une question d'heures (ni de minutes étant donné la distance entre le point A et le point B sur cette ligne).

Carnet à la main, je tente un inventaire des métamorphoses :

une femme enceinte, ses pieds bien à plat sur le sol du wagon, les mains ouvertes de chaque côté de son gros ventre, les yeux cernés

un homme en complet sombre, cravaté, portant mallette, debout appuyé contre la porte

un autre, assis, plongé dans la lecture d'un quotidien, peut-être le résultat des courses à Vincennes, ou les cotes de la Bourse – la même chose

un autre, jeune, en haillons, un pansement sur l'œil droit

une femme avec un petit enfant de trois ans à peu près, une fillette qui lui ressemble, elles se regardent toutes les deux sans se parler, sans se sourire

le vieux qui traîne les pieds, et dès qu'il descend du wagon allume son mégot

un homme dans la cinquantaine, bien mis, libanais peut-être, ou syrien, ou peut-être juif sépharade, il observe, un léger tic dans sa paupière. Il voyage, mais qui ne voyage pas ici ?

sauf cette femme, qui lit un roman, ses mains sont couvertes de moufles, laissant le bout des doigts libre pour tourner les pages, et elle n'a quitté que brièvement sa lecture quand

le jeune garçon s'est mis à crier à l'autre bout du wagon, c'est un jeune Noir âgé de dix-sept ans environ, assis sur un strapontin, il se redresse et il crie : Suzanne!!! puis il recommence à regarder à ses pieds

Mais si vite que j'écrive je ne parviens pas à noter la totalité de ce qui se passe, les expressions, les pensées, les bruits et soupirs, le silence même malgré le bruit des roues de fer sur les rails de fer.

Dans une station, par la portière ouverte, j'ai entendu un autre cri, non pas un nom, ni un appel, mais rien qu'un cri : HAOUAH, aigu, un bruit plutôt qu'un cri, émis par un homme, l'air dément, il n'a que ce cri pour langage, un cri de victime, de torturé, de violenté, et la foule se creuse devant lui pour l'éviter. Puis les portières claquent, coupent le cri, et l'homme est emporté par le quai, un pantin disloqué.

Et cette jeune fille, japonaise, coréenne, visage large, front bombé, bouche petite, nez à peine marqué, et de grands yeux obliques, des yeux de chat, des yeux de feuilles d'or des masques péruviens. Immobile sur son siège (voisine du garçon qui appelle Suzanne), tache blanche entourée d'une cascade de cheveux noirs lisses, semblable à une statue. Malgré le bruit, malgré la foule et les cris du jeune fou, son regard capte l'espace, j'entre en elle, et je reçois une chaleur intense, une explosion de lumière, comme si un être puissant m'enveloppait et me protégeait. Je reçois un regard venu d'ailleurs, un rayonnement que je compare au ciel d'été la nuit, cette douce lumière d'étoiles venue des autres mondes. Un instant, rien qu'un instant. Je ne le savais pas, c'est pour cela que je suis dans ce train, il n'y a pas de hasard, ou bien c'est que tout est hasard au contraire, et que j'attendais cet instant. Et tout ce qui m'entoure, dans ce wagon lancé à la vitesse de la lumière dans son couloir, tous ces gens, avec moi, passagers occasionnels ou abonnés à l'année, voyageurs et vagabonds, professionnels de la manche et de la tire, tous, de la fille qui ne lira pas son polar à l'idiot seul sur son quai avec son cri, tous signifient quelque chose, sont réunis pour accomplir quelque chose. Mais quoi ? Pour approcher d'une fille simple qui a connu Dieu ? Pour donner une parcelle de leur vie, ne fût-ce qu'une poignée de son, une bribe de peau ? Comme si l'être volait de l'un à l'autre, attaché au centre incandescent de cette jeune fille, passait à travers moi qui les regarde et les imagine, qui ne suis qu'une pièce de cet ensemble, une poussière de ce microcosme, pour faire bouger la mémoire plus grande que les humains...

La machine décélère, le crissement des freins envahit le wagon, il y a comme une odeur de soufre dans l'air, la réalité s'épaissit à nouveau dans la carlingue de l'astronef. Nous avons commencé notre descente, inexorable, inévitable. Il était évident que le voyage aurait une fin. Tout se referme. La jeune fille continue de regarder de ses yeux immenses, il me semble qu'elle esquisse un sourire. La fin annonce sans doute un soulagement. Les noms des stations, les mots insensés, juxtaposés dans le bric-à-brac des villes, strates du passé, monuments, associations de gendarmes et de voleurs, de généraux et de soldats, hommes de robe ou d'épée, héroïnes et femmes savantes, filles de la révolution, champs de ruines, chants du départ, îles fortunées,

Waterloo
Michel-Ange-Molitor
Eujiro Sam-ga
Candos
Rose Hill-Beau-Bassin
La Louise
Moka
Euréka

À chacun sa vie

LA FÊTE CHANTÉE

HASARD *suivi de* ANGOLI MALA (Folio n° 3460)

CŒUR BRÛLE ET AUTRES ROMANCES (Folio n° 3667)

PEUPLE DU CIEL *suivi de* LES BERGERS, *nouvelles extraites de* MONDO ET AUTRES HISTOIRES (Folio n° 3792)

RÉVOLUTIONS (Folio n° 4095)

OURANIA (Folio n° 4567)

BALLACINER

RITOURNELLE DE LA FAIM (Folio n° 5053)

Aux Éditions Gallimard Jeunesse

LULLABY. *Illustrations de Georges Lemoine* (Folio, n° 140 et Écoutez lire)

CELUI QUI N'AVAIT JAMAIS VU LA MER *suivi de* LA MONTAGNE DU DIEU VIVANT. *Illustrations de Georges Lemoine* (Folio Junior n° 232)

VILLA AURORE *suivi de* ORLAMONDE. *Illustrations de Georges Lemoine* (Folio Junior n° 302)

LA GRANDE VIE *suivi de* PEUPLE DU CIEL. *Illustrations de Georges Lemoine,* (Folio Junior n° 554)

PAWANA. *Illustrations de Georges Lemoine* (Folio Junior n° 1001)

VOYAGE AU PAYS DES ARBRES. *Illustrations d'Henri Galeron* (Enfantimages et Folio Cadet n° 187)

BALAABILOU. *Illustrations de Georges Lemoine* (Albums)

PEUPLE DU CIEL. *Illustrations de Georges Lemoine* (Albums)

MONDO ET AUTRES HISTOIRES. *Illustrations de Georges Lemoine* (Grand format littérature)

Aux Éditions du Mercure de France

LE JOUR OÙ BEAUMONT FIT CONNAISSANCE AVEC SA DOULEUR

L'AFRICAIN (Folio n° 4250)

Aux Éditions Stock

DIEGO ET FRIDA (Folio n° 2746)

GENS DES NUAGES, en collaboration avec Jemia Le Clézio. *Photographies de Bruno Barbey* (Folio, n° 3284)

Aux Éditions Skira

HAÏ

Aux Éditions Arléa

AILLEURS. Entretiens avec Jean-Louis Ezine sur France Culture

Aux Éditions du Seuil

RAGA, APPROCHE DU CONTINENT INVISIBLE

Achevé d'imprimer
sur Roto-Page
par l'Imprimerie Floch
à Mayenne, le 11 octobre 2011.
Dépôt légal : octobre 2011.
Numéro d'imprimeur : 80430.

ISBN 978-2-07-013634-6/Imprimé en France.

238191